U0931028

云岭学者专项成果丛书
丛书主编　杨　林

云南利用CAFTA培育沿边开放新优势研究

崔庆波　著

科学出版社
北　京

内 容 简 介

本书将云南培育沿边开放新优势战略放在我国开放经济及内陆沿边地区经济发展的特殊性背景下进行研究，从政治、地理、经济和文化等方面的特殊性分析了沿边地区在发展和扩大国际经贸关系中的天然优势和制约因素。从地理区位、产业结构和微观经济基础等方面分析了沿边地区经济发展因外部经济冲击和政策制约而形成的不稳定性。在此基础上，对沿边地区经济发展的决定因素、影响机制和应对策略的探讨有助于深化对我国沿边地区经济发展的认识，对促进我国沿边地区经济发展模式转变和经济政策创新具有参考价值。

本书可供经济管理部门相关工作者、经济政策制定者、企业管理者、经济研究人员、大专院校师生参考使用。

图书在版编目（CIP）数据

云南利用CAFTA培育沿边开放新优势研究/崔庆波著. —北京：科学出版社，2020.8

（云岭学者专项成果丛书）

ISBN 978-7-03-055113-9

Ⅰ.①云… Ⅱ.①崔… Ⅲ.①沿边开放-研究-云南 Ⅳ.①F127.74

中国版本图书馆CIP数据核字（2017）第268746号

责任编辑：马琦杰 李 莎 / 责任校对：陶丽荣

责任印制：吕春珉 / 封面设计：武守友

科学出版社 出版

北京东黄城根北街16号

邮政编码：100717

http://www.sciencep.com

北京中科印刷有限公司 印刷

科学出版社发行 各地新华书店经销

*

2020年8月第 一 版 开本：787×1092 1/16

2020年8月第一次印刷 印张：11 1/4

字数：220 000

定价：102.00元

（如有印装质量问题，我社负责调换〈中科〉）

销售部电话 010-62136230 编辑部电话 010-62138978-2046

丛书编委会

丛 书 序

“云岭学者专项（项目编号：C6183010）成果丛书”是我主持的云岭学者培养计划“中国西南地缘环境与边疆发展”的阶段性成果。云岭学者是 2014 年云南省委组织部开始实施的一项人才项目。我自 2015 年被确定为“云岭学者”人选后，组建了涵盖经济学、民族学、生态学、历史学等学科的高水平科研团队。团队成员层次分明、结构合理，有在其研究领域有一定影响力的专家，也有在其研究领域崭露头角的青年学者。该项目旨在通过人才梯队打造、合作研究、协同创新，为云南省主动融入和服务国家发展战略，培育沿边开放新优势，开拓经济社会发展新空间，形成跨越式发展新路子，为我国西南边疆生态安全、民族团结、社会稳定提供学术成果和决策咨询建议。此次出版的是部分团队成员潜心研究的著作，是围绕国家重大战略及当前颇受关注的现实问题完成的研究成果。

《云南利用 CAFTA 培育沿边开放新优势研究》围绕习近平总书记考察云南省时提出的云南省要建设成为面向南亚东南亚辐射中心这一目标定位，探讨了我国内陆边疆地区通过培育沿边开放优势，提高对外开放水平的机制和路径问题。这些探讨对拓展符合我国国情的沿边开放路径是有益的。

《贸易便利化、产业集聚与企业绩效》从产业集聚的视角，构建了贸易便利化对企业生产率和出口绩效影响的分析框架，对中国各地区贸易便利化进行了综合测算，对企业成长和出口绩效的影响进行了检验。该成果有助于了解中国各地区的贸易便利程度，对企业转变经营和发展方式有借鉴意义。

《中国少数民族法律运作机制研究：一种法律历史社会学的进路》围绕习近平总书记对云南省的要求即努力成为民族团结进步示范区，从长时段考察了西南地区少数民族历史上的法律问题，具体包括西南地区少数民族法律中固有的法律制度、历史上国家对西南地区少数民族的法律治理、少数民族的纠纷解决机制及当前西南地区民族区域自治州县的法律规范体系的构建、运行等问题。

《群体性事件发生学研究》是团队成员长期以来关注群体性事件的研究集成成果。该成果将发生学方法引入群体性事件分析过程，分析了群体性事件最初产生的矛盾过程及应对方法，既有实证研究又有理论架构。

围绕着习近平总书记要求云南省建设成为全国生态文明排头兵的目标定位，团队成员完成了多项成果，丛书还收入了《人工林的生态环境效应与景观生态安全格局——以云南桉树引种区为例》和《边疆视角：中国西南环境史研究》两部著作。《人工林的生态环境效应与景观生态安全格局——以云南桉树引种区为例》是团队成员长期关注桉树引种对云南的景观生态安全格局影响的最新研究成果。该成果以自然栖息地和生物多样性整体保护为目标，利用最小累积阻力模型开展对桉树引种的景观生态安全格局的定量研究。《边疆视角：中国西南环境史研究》则从边疆视角，长时段解读中国西南环境史，对云南省建设成为生态文明排头兵具有很强的启示和参考价值。

总之，此套丛书是团队成员潜心研究的最新成果，这些成果紧密结合习近平总书记考察云南时的讲话精神，具有很强的社会责任感。由于时间紧和跨学科等原因，书中不足之处在所难免，欢迎读者不吝指正。

杨　林

2018 年 3 月

序　言

当前，我国沿边地区与东部地区之间的经济差距仍在扩大，沿边经济政策还没有从根本上解决沿边地区经济持续发展的动力机制问题。沿边经济水平的提高受多种因素制约，与模仿和学习东部开放经验相比，沿边地区对外开放还需要进行更多立足内陆边疆发展实际的制度设计。

作为一个经济外向度很高的发展中国家，我国广大内陆边疆地区的经济发展，尤其是沿边地区的对外开放水平，对推动我国经济社会发展进程具有重要意义。云南作为我国重要的西部边疆省份，与缅甸、越南和老挝3个东盟国家接壤，处于中国-东盟自由贸易区（China-ASEAN Free Trade Area，CAFTA）的核心连接带，是大湄公河次区域经济合作的地方参与主体，是我国向西开放和经中南半岛进入印度洋的最前沿，是孟中印缅经济走廊的起点和门户，在“一带一路”建设中具有突出的区位优势，云南对外开放的建设目标是成为“我国面向东南亚南亚的辐射中心”，这既是云南经济发展面临的重大战略机遇，也是云南主动融入和服务国家发展战略的历史使命，对推动云南省经济、实现跨越发展和支撑我国实现“一带一路”建设目标具有重要意义。

当前，CAFTA为东南亚南亚的辐射中心建设提供了重要机遇。云南省有望通过发挥地域相邻、文化相近、口岸相对、道路相通、经贸密切的优势，加快打造成为我国经西南连接周边国家的枢纽。

作者把云南省培育沿边开放新优势放在我国内陆沿边地区经济发展的特殊性背景下进行研究，从政治、地理、经济和文化等方面的特殊性分析了沿边地区在发展和扩大国际经贸关系中的天然优势和制约因素，从地理区位、产业结构和微观经济基础等方面分析了沿边地区经济发展在遭受外部经济冲击和政策制约时形成的不稳定性和脆弱性。在此基础上对沿边地区经济发展的决定因素、影响机制和应对策略的探讨有助于深化对我国沿边地区经济发展的认识，对促进我国沿边地区经济发展模式转变和经济政策创新具有重要价值。

由于我国内陆沿边地区的特殊区位及普遍远离国内东部发达地区市场，要素、商品和服务的运输成本偏高，区域经济政策、对外开放的天然贸易伙伴首选市场存在较大差异，省际的分工，尤其是充分融入国内产业分工还存在很多制约因素，这使国内要素和商品的充分自由流通和价格均等化的实现还有一定距离。本书从国内市场一体化水平的测度出发，探讨了国际区域经济一体化对沿边地区融入国内市场、增强经贸联系和参与国内分工的影响。这对我国促进东西联合对外开放，在开放模式创新基础上打造沿边开放新优势具有一定的理论和现实意义。

为了全面研究云南省培育沿边开放新优势面临的困难和问题、路径和机制，本书还分析了 CAFTA 背景下云南省在贸易、投资、产业方面的发展变化特征及趋势，比较了云南省和广西壮族自治区在发展对东盟经贸关系中在发展基础、对外贸易、国际投资、产业结构等方面的差异及发展潜力，对未来更好地围绕云南省情探索符合区域实际的建设重点和政策创新具有指导意义。最后，本书还借助 CAFTA 对培育沿边开放新优势的环境及策略进行了分析，探讨了依托孟中印缅经济走廊加快打造“我国面向东南亚南亚的辐射中心”的思路，以及云南省挖掘内陆向西开放前沿发展潜力和机会，深化了参与 CAFTA 内的产业分工与合作，打造向西开放的产业集聚带，塑造全新的区位优势和提出发展环境的思路及对策。

由于具有特殊的地理区位优势和悠久的经贸联系，云南省在提高我国对外开放水平和实现“一带一路”建设目标中具备承担先行者、开创者的条件和责任。在云南利用 CAFTA 培育沿边开放新优势的研究中，本书很好地兼顾了一般性和特殊性的问题。书中关于对外开放条件、发展思路和策略的分析对云南及其他沿边地区都有较高的参考价值。本书以云南为例，分析了我国内陆边疆通过培育沿边开放新优势提高对外开放水平的条件、机制和路径，是对我国提高内陆沿边对外开放水平的有益探索，有利于为我国不同区域培育沿边开放新优势积累建设经验，拓展符合我国国情的沿边开放路径，加快构建我国以沿边地区为基础，辐射周边国家、面向全球市场的开放格局。随着我国对外开放政策从以东部为重点进入东西并重的新阶段，希望有更多学者在参与西部内陆边疆对外开放和边缘经济增长中心形成的研究中，共同推动和迎接我国内陆边疆对外开放新时代的到来。

云南大学经济学院院长

世界经济专业博士生导师

梁双陆

2017 年 9 月 28 日

前　　言

我国面临建设开放型经济和加快发展沿边地区经济的双重使命。党的十八大以来，国家层面高度重视内地和沿边地区的改革开放，沿边经济社会发展面临重大历史机遇。党的十八大报告明确指出“加快实施自由贸易区战略”是我国“全面提高开放型经济水平”的重要举措。党的十八届三中全会提出“加快沿边开放步伐”，“以周边为基础加快实施自由贸易区战略”，并提出“允许沿边重点口岸、边境城市、经济合作区在人员往来、加工物流、旅游等方面实行特殊方式和政策”，“形成全方位开放新格局”，“培育参与和引领国际经济合作竞争新优势”。以自由贸易区为主要形式的国际经济一体化趋势使我国沿边地区面临培育开放型经济发展和实现跨越式发展的重大机遇和历史使命。探索和利用国际经济一体化培育沿边开放新优势对我国今后发展与周边国家的自由贸易区和促进沿边地区经济增长具有重要的理论和实践价值。

云南作为深居内陆的西南沿边省份，与其他西部地区一样，长期处于改革开放的末端。云南与发达省区相比存在很大差距，仍面临自身高级生产要素不断流失、难以有效吸引区域外的产业转移和资本流入的困境。即使在西部大开发和多轮差别化区域政策的扶持下，内陆沿边地区与沿海地区仍呈现典型的中心外围结构。

随着2010 年CAFTA的全面建成，地处西南沿边的云南成为真正意义上的开放前沿。CAFTA的建立将使云南的对外贸易、投资和对外经济合作在更大范围和程度上转向东南亚，云南经济发展的重心将南移，沿边地区经济发展将显著加快，昆明有望成为中国西南和中南半岛的区域性国际中心（云南省社会科学院课题组，2002；贺圣达等，2003；梁双陆，2009）。这是地处西南沿边的云南从中心外围结构中突围的重要契机。能否把握住新一轮对外开放的战略契机，借助目前不断推进的CAFTA及其升级版切实受益，已经成为决定云南长期发展的关键因素。

CAFTA的发展使云南面临培育开放型经济发展和实现跨越式发展的重大机遇和历史使命。云南地处西南沿边，探索利用CAFTA培育开放型发展新优势对促进我国沿边地区经济发展具有重要指导和借鉴价值。党的十八届三中全会指出对外开放的重心和机会在内陆沿边，这是云南获得国家层面政策支持的重要基础和有利外部条件。同时，云南与周边3个东盟国家直接接壤带来的独特区位优势也是云南在新一轮对外开放中获得主动的关键。

本书的主要内容由以下6个方面组成。

第一，从内陆沿边地区发展条件出发，分析了沿边地区在政治、地理、经济和文化等方面的独特内涵。云南作为内陆沿边地区，具有自身独特的经济基础和外部条件。作者认为，受多维因素的影响和制约，我国沿边地区长期处于封闭落后状态，云南省也不例外。在国内区域经济发展失衡、结构性矛盾突出、国际经贸摩擦加剧和国际区域经济一体化蓬勃发展的背景下，加快沿边经济发展显得日益迫切。本书从开放经济条件下内陆沿边地区经济发展的特殊性出发，分析了制约和影响我国沿边地区经济发展的决定因素、影响机制，并从开放经济角度提出了我国沿边经济转变发展模式和促进经济政策创新的基本思路，为梳理云南培育沿边开放新优势奠定了基础。

第二，从国际区域经济一体化对国内市场一体化水平的影响出发，测算了当前国内一体化指数，并探讨了沿边地区融入国内市场的影响因素。作者认为，国内市场的地方分割是阻碍沿边地区融入国内区域经济发展的重要因素，使沿边地区难以有效吸引东部发达地区的生产要素和产业转移。本书运用价格指数法对国内市场一体化水平进行了测算，并在此基础上引入能够反映地方政府、基础设施和对外经济环境3个因素作为变量，对我国国内市场一体化的影响因素进行了实证分析。研究结果表明，CAFTA建设对我国国内市场一体化具有显著的正向作用。从实证结果看，以降低外部边界效应为主的CAFTA降低了国内市场分割，提高了国内市场的一体化水平。CAFTA的建立直接加强了我国与东盟各国接壤省份的沿边开放进程，CAFTA带来的市场扩大效应改善了西部地区承接产业的条件，促进了产业从东部到中西部的梯度转移，从而削减了市场分割，为内陆沿边联合开放提供了条件。中国与东盟各国的零关税政策加剧了行业和产业竞争，这也直接促进了国内贸易的发展和一体化水平的提高。当前我国加快实施自由贸易区战略有利于推进沿边地区的经济发展。

第三，从边境对区域经济发展的影响出发，梳理了沿边地区经济增长的理论和实证研究。现有研究表明，区域经济一体化对沿边经济的发展效应具有深远影响。一体化能使跨边界的要素流动更容易，从而改变空间均衡，同时，通过削弱国内市场的重要性，促使产业在边境地区聚集，给边境地区带来正效应，将边境地区转变成区域市场中心区。本书以此为基础，分析了国际区域经济一体化背景下沿边开放新优势的内涵、机制与路径。

第四，从贸易发展、产业发展和投资发展3个方面出发，分析了CAFTA框架下云南的发展现状与趋势。作者认为，在CAFTA的推动下，作为我国与东盟交界的重要省份，云南的区位环境和条件发生了重大变化，正在成为真正意义上的开放前沿，极大地促进了全省贸易、产业、投资的快速发展。云南的对外贸易、投资和对外经济合作将在更大范围和程度上转向东南亚，最终使云南经济发展的辐射影响范围进一步扩大，沿边地区经济发展将显著加快，昆明正处于成长为区域性国际城市的关键时期。从CAFTA全面建成以来，云南在区位上的独特优势已经得到凸显，在贸易、产业和投资方面都获得了显著的经济效益，沿边地区的贸易、产业和投资的总量和结构变化都非常明显。

第五，从外部环境和基础条件出发，比较了CAFTA全面建成后云南和广西贸易、产业及投资的发展情况。作者认为，由于特殊的地缘区位优势，CAFTA的建成和运行有望使云南和广西在新一轮沿边开放开发和区域经济合作进程中获得更多优势，对两者的贸易、投资和产业发展都产生了直接的推动作用。但同时，发展基础和外部环境的差异可能导致两者存在重要差异。研究发现，CAFTA已经成为沿边地区培育开放型经济新优势的重要平台和契机，但CAFTA对云南和广西在贸易、投资和产业发展等方面的影响呈现出不尽一致的特征、趋势和效果。对云南和广西的比较有利于沿边地区通过融入国际区域经济一体化，为培育开放型经济发展新优势提供指导和借鉴，以便沿边地区能更好地利用CAFTA这一平台，促进开放型经济发展水平的提高和开放模式的创新。

第六，从当前CAFTA合作机制存在的问题出发，分析了云南利用CAFTA培育沿边开放新优势的现状、思路和策略。作者认为，在全国东中西部区域经济发展失衡和加快实施自由贸易区战略的背景下，云南探索利用CAFTA培育沿边开放新优势，既是促进本地区经济发展的需要，又是对以自由贸易区带动沿边地区经济发展路径和经验的重要总结。本书在分析CAFTA框架下云南贸易、产业和投资发展成效的基础上提出，云南充分利用与周边3个东盟国家接壤的地缘优势加强区域合作、提高互联互通水平、促进贸易便利化是云南在新一轮对外开放中获得主动性的关键。

在上述研究的基础上，本书在对策部分指出，云南要把握和挖掘新一轮开放的制度红利，以沿边金融综合改革试验区为支点凸显云南在人民币区域化方面的特殊优势和昆明打造国际区域金融中心的潜力及优势；要打好“内陆沿边”“孟中印缅经济走廊”“大湄公河次区域”3张牌，前瞻性地、创新性地提出一批富有区域特色的、符合国家战略的措施和项目；借助打造CAFTA 升级版契机，加快推进跨境经济合作区建设，并争取以跨境高铁和泛亚物流整合为特色的自由贸易园区获得国家立项；要加强国内区域经济合作，以对内开放为基础推进对外开放，形成东西联合开放和良性竞争的新格局；顺应高铁时代的发展趋势和要求，提前谋划区域和功能定位，实现传统优势产业和特色产业的延伸拓展及创新性发展；完善城市服务功能，提高城市国际化水平，把以昆明为中心的滇中城市经济圈打造成为连通东南亚、南亚和印度洋的国际区域核心城市群；以物流业为龙头，在互联互通的基础上全面降低与周边国家的贸易成本，提高流通效率，打造要素流动、产品循环的国际大通道和物流枢纽；大力发展科技服务业，增强辐射周边市场的能力和资源配置效率，打造面向东亚东南亚的国际技术服务外包基地。

崔庆波

2017 年 6 月

目　　录

第一章　开放经济条件下我国内陆沿边地区经济发展的特殊性

20 世纪 80 年代，邓小平同志提出了我国现代化建设“两个大局”的战略思想，深圳、珠海和汕头经济特区的建立标志着我国开始实施有重点的梯次非均衡发展战略。随着东部沿海地区的快速发展，帮助内陆发展的大局日益紧迫，而促进沿边地区经济发展更成为重中之重。为此，国家政策逐步向中西部地区倾斜，1992 年对外开放一批沿边城市，1999 年提出西部大开发战略，2003 年 8 月提出振兴东北计划，2004 年 3 月提出中部崛起战略。与此同时，图们江区域合作、大湄公河次区域合作创新了沿边发展模式，使沿边经济发展不断提速。2010 年 7 月中央提出了新一轮西部大开发“上一个大台阶”的总体目标。① 但相比之下，沿边地区与中东部地区之间的经济差距仍在持续扩大，目前我国的沿边经济政策还没有从根本上解决沿边地区经济持续发展的动力机制问题，沿边经济发展的特殊性与脆弱性使我国沿边地区经济发展仍面临诸多困境。

第一节　沿边地区经济的特殊性

沿边地区具有政治、地理、经济和文化等多方面的内涵。政治上，沿边地区是与国界线接壤的特定区域，它的存在以民族国家的形成及发展和国家权力管辖为前提。地理上，沿边地区是国家疆域的边缘性部分，是依据特定地理特征划分出的地理空间范围。经济上，沿边地区是在拥有资源、从事生产和发展模式等方面都具有一定特性和一定程度边缘化的区域。文化上，沿边地区由于居住民族、内外交流、文化习俗等方面的原因而具有独特的文化特征，跨境民族在语言文字、价值观念、生活习俗等方面的共性使沿边地区在发展国际经贸关系等方面具有天然优势。

当前，区域经济发展不平衡和沿边地区经济发展滞后已经成为全球性的普遍现象。长期以来，沿边地区被笼统地包括在欠发达地区中，既忽略了沿边地区的地理区位、内部经济结构和外部发展环境等特殊性，也忽略了沿边地区经济发展的内在脆弱性。沿边地区不同于中东部地区的诸多内在特点决定了沿边地区的对外开放模式和工业化道路需要重新梳理和总结。

目前，我国绝大部分沿边地区的经济发展水平比较落后，但这一落后现状并非我

① 详见新华社《西部大开发工作会议在京举行》，《人民日报》海外版 2010 年 7 月 7 日，第 1 版。

国沿边地区固有的经济属性和特征。历史上，秦、汉、唐、明等王朝都非常重视沿边地区经济社会发展和稳定，部分沿边地区曾凭借地缘区位优势而成为当时的发达地区之一（邱济洲和秦梦宇，2000）。当前，我国地区间收入差距是随着以东部为先导的改革开放进程不断推进而逐渐扩大的（王怀民和李凯杰，2010）。因此，探究我国沿边地区经济发展，就要从我国沿边地区经济自身的特殊性和面临的特殊环境出发。

一、天然通道优势

我国沿边地区的通道优势非常突出。西南沿边面向东南亚、南亚和中东三大市场：由11个国家约4.2亿人口构成的东南亚市场（越南、老挝、柬埔寨、泰国、缅甸、马来西亚、新加坡、印度尼西亚、文莱、菲律宾、东帝汶）；由7个国家约15亿人口构成的南亚市场（尼泊尔、不丹、印度、巴基斯坦、孟加拉国、斯里兰卡、马尔代夫）；由23个国家约2.6亿人口构成的中东市场（巴林、埃及、伊朗、伊拉克、以色列等）。通过开辟西南和西北国际大通道，有利于实现我国“走出去”的国际大战略，促进东南亚、南亚及太平洋、印度洋经济圈的形成（胡鞍钢等，2001）。北部和东北部沿边面向由5个国家约3.48亿人口构成的东北亚市场，其中既有发展中国家，也包括日本、韩国等技术先进的发达国家，对优化我国贸易结构、提高技术水平具有重要意义。在贸易争端、国家风险和环境压力的背景下，发挥沿边通道优势有利于我国加快开拓周边市场，减少对传统欧美市场的依赖。

从区位条件来看，云南地处我国连接东南亚、南亚国家和通达印度洋的核心位置，是目前我国与周边国家的重要贸易通道，区位优势为全省发挥经济桥头堡作用奠定了重要基础。

二、双重边界效应

边界效应指国家或地区间地理边界对跨边界经济活动的影响。边界效应分为屏蔽效应和中介效应两个方面。边界的屏蔽效应指边界会阻碍跨边界经济活动的开展，而中介效应指共同边界的存在使国家和地区间的跨境经济交往更为便利和频繁。根据边界的不同，一般把基于国界的效应称为国外边界效应，把基于国内行政区划的效应称为国内边界效应（梁双陆，2008）。由于国界和国内行政区划的共同影响，沿边地区面临独特的双重边界效应。

1）国内边界效应加剧了沿边经济的封闭性。从国内边界效应来看，地方政府在竞争压力下产生市场保护冲动，形成基于行政区划的市场分割，阻碍了沿边地区融入国内市场。这使沿边地区难以全面参与国内产业价值链分工，难以实现商品、服务和要素的自由流通，同时沿边地区也无法依托内地资源优势、生产能力和销售渠道加快发展，加剧了沿边地区的边缘化，使沿边地区形成了相对封闭的经济系统。

2）国外边界效应阻碍了区域市场一体化。国家边界对贸易具有明显的阻碍作用。

即使在自由贸易区内部，国内区际贸易流仍然远大于国内地区与国外地区之间的贸易流。因此，虽然沿边地区具有对外开放的地缘优势，但这样的优势能否顺利转化为市场竞争优势和竞争能力，还取决于国家边界的中介效应和屏蔽效应的发展及转化。目前对边界屏蔽效应比较一致的观点是，虽然这种效应会随着区域一体化水平的提高而逐渐降低，但难以像同一个国家那样完全消除（姚大庆，2012）。即使在中国-东盟自由贸易区（China-ASEAN Free Trade Area，CAFTA）框架下，我国西南沿边地区的对外开放依然存在多方面的制约因素。

双重边界效应对沿边地区的经济发展产生了重要影响。一方面，国内边界效应的存在降低了沿边地区与中东部地区的经济联系和产业互动，不利于沿边地区的经济发展；另一方面，国外边界效应的存在又阻碍了沿边地区与周边国家的贸易往来，从而使沿边地区的经济发展缺乏有效路径。特别是在周边国家发展水平滞后条件下，其市场开放度和贸易壁垒都较发达市场更高，从而使沿边地区相较于沿海地区处于更加不利的地位。

三、地缘市场结构

沿海地区对外开放的目标市场主要是经济发展水平明显高于自身的欧美国家，贸易模式上主要是引进外资、先进技术和管理经验，同时输出农产品、初级产品和低附加值的制成品。我国出口产品的技术含量和附加值处于明显弱势地位，但我国沿边地区与周边市场相比无明显劣势。我国周边不仅有较发达的国家，而且还有发展中国家和中东石油输出国，互补性与竞争性并存。贸易市场由沿海地区的单向转向沿边地区的多向，沿边地区的对外开放更具合理性（牛德林，1998），为我国沿边地区互补性优势的发挥、区域产业合理分工、产业链附加值提高和避免东部地区产业链低端锁定提供了条件。研究表明，我国与印度尼西亚、缅甸、越南、不丹、老挝和蒙古国等周边国家呈现的是互补性的贸易结构，我国贸易的扩张不会对这些国家产生显著挤出效应（韩民春和袁秀林，2007）。这对缓解我国对外贸易市场结构失衡压力具有重要战略意义。

总体上看，地区市场结构和贸易特征是沿边地区经济增长的潜力所在。开拓周边市场，既符合国家经济发展目标，又契合沿边地区经济利益。目前，在以海洋运输为主导的世界经济模式下，沿边地区的地缘市场结构带来的发展机会尚未被充分挖掘。

四、相对封闭的经济系统

沿边地区经济的封闭性来自地理区位和政策因素两个方面。从地理区位上看，由于我国沿边地区北有沙漠，西北和西南有高山，地理条件的阻隔使沿边地区向内地发展比向外发展更容易，因而产生一种自然的内向性（成崇德，1999）。这样的独特性使我国改革开放以来的东-中-西部的经济地理格局具有一定的必然性。从政策因素上看，在梯度开放和梯度发展的战略导向下，我国以沿海地区为先导的模式使沿边地区长期处于“末端”状态，对沿边地区经济发展产生了显著负面影响。国家在经济发展战略、资金投入、经济体制改革等方面均向东部沿海地区倾斜，客观上使沿边地区经济长期处于相对封闭状态，与周边地区的互联互通和对外开放都处于较低水平（邱济洲和秦梦宇，2000）。

由于省际和国际贸易成本相对较高，沿边地区的经济系统更为封闭。从数据上看，受制于较高的贸易、投资成本，沿边地区吸引国内东部沿海地区投资和国际直接投资的比重仍然很小；同时，受制于当前以海运为主的贸易模式，远离海运港口的沿边地区难以发展大进大出的加工贸易，整体的贸易依存度保持较低水平。

五、独特的微观基础

（一）较高的国有经济比重

沿边地区国有经济比重过高，决策权高度集中于中央，使改革开放过程中西部地区始终受中央政府更为严格的控制，影响了国民经济效率的提高（刘国光，1994）。同时，由于改革开放进程中，我国对国有经济内部实施渐进式变革，而对非国有经济采取突破式变革，前者对传统体制的冲击力更小，产生的潜在收益机会也更少。较高的国有经济比重和民营中小企业发展滞后导致沿边地区微观层面的基层组织缺乏创新活力。

（二）双层二元结构

沿边地区工业企业数量、规模存在两极分化趋势：一头是规模和影响力大的国有企业，另一头是技术水平和规模化程度低的民营中小企业。大型国有企业依靠政府政策和资金支持逐渐走向垄断化经营，影响越来越大，获得了政府的持续性扶持（刘宏杰，2010）。从而，形成了沿边地区独特的双层二元结构：在沿边城市工业中，中央投资发展的现代工业与地方投资兴办的地方工业并存，相互封闭，缺乏分工协作关系，而且在资源开发上存在矛盾（张炜，1992）。双层二元结构最终导致各经济单元缺乏必然联系的“二元结构封闭现象”，难以发挥规模经济效应（陈辉宗，2000）。

六、低水平的要素集聚配置能力

沿边地区普遍面临要素集聚配置能力低下的问题。首先，沿边劳动力和人才外流现象非常严重。由于沿边地区处于经济外围，中心发达地区外商直接投资的大幅度增加和地区收入差距的扩大使东部地区劳动力需求剧增，导致大量劳动力流向东部地区。其次，沿边地区城市化水平的差异和公共产品的稀缺导致人才结构不合理，人才过于集中于中心城市。同时，沿边地区的资金、技术等稀缺要素在逐利本能驱使下，也不断流向发达地区。低水平的要素集聚配置能力使沿边地区产业发展缺乏基本的劳动要素、金融资本和知识技能作为支撑。

七、民族经济属性

沿边地区是我国少数民族分布最为集中的区域，具有鲜明的民族经济属性。全国5个民族自治区除宁夏以外均为沿边省区。沿边地区同一民族跨境而居的特征非常明显，语言风俗的相似性降低了沟通成本，地理上的毗邻也降低了运输成本。这使沿边经济区呈现繁荣发展景象，形成了一系列特色的集镇和中小城市，成为沿边经济发展的重要增长极。民族经济属性已经成为我国沿边地区发展周边市场的重要依托。

第二节　沿边地区经济的脆弱性

脆弱性的核心意义是在遭受各种外来力量冲击后所呈现的状态。脆弱性是由外来冲击力和内在抵抗力所决定的。当冲击力大于抵抗力时，脆弱性高；反之，脆弱性低。在相同冲击力作用下，具有较强抵抗力则具有较低的脆弱性（贵州省高等学校人文社科基地，2009）。因此，沿边地区经济的脆弱性可以定义为：沿边地区经济在遭受外部经济冲击时呈现出的内在不稳定性和潜在损害程度。由于沿边地区独特的地理区位、产业结构和微观基础，沿边地区经济具有明显的脆弱性。

一、区位优势和经济增长高度依赖于国际政治局势

地理区位优势是沿边地区经济增长的基础，也是其经济增长面临多重不确定风险的根源。沿边地区地处边陲，是国家安全的重要屏障，更是各国势力相互争夺和渗透的场所，因而它更容易受到国际政治经济关系的影响和冲击（马富英，2012）。当周边国际关系恶化时，相关经贸政策往往出现反复，沿边地区会失去开放条件下利用国内、国外两种资源、两个市场的优势。沿边地区的边界效应将发生逆向转化，中介效应会减弱，屏蔽效应会增强。这将使沿边地区丧失对国内要素的集聚能力和对国外市场的辐射能力，沿边地区经济迅速从区域开放前沿变为一国经济末端，经济发展出现显著下滑甚至停滞。这种对国际政治局势的高度敏感性极大削弱了沿边地区经济增长的稳定性。

二、资源型经济锁定与传统优势产业衰落并存

我国沿边地区普遍面临资源型经济锁定和传统优势产业日趋衰落的困境。从资源型经济锁定来看，我国沿边地区的自然资源都较为丰富，但资源禀赋往往没有形成产业发展优势，强化对自然资源的路径依赖，并陷入“资源诅咒”（李娅和杨先明，2010）。沿边区域分工被锁定在产业链低端，资源依赖不断强化，并抑制了其他产业的发展。研究表明，大多数西部地区的比较优势行业集中在资源开发和资源加工领域，只有少

数地区形成一些附加值高、技术含量高的比较优势行业（卢中原，2002）。从传统优势产业上看，沿边地区传统产业的竞争力持续下降，趋于衰落。沿边地区的产业结构是以计划经济和战备投资为基础的，一些不合理的高成本、低效益项目逐渐失去原有的体制保证优势和市场竞争优势。同时，东部地区在改革开放中形成的先发优势加剧了要素向东部聚集，沿边地区原有的要素投入优势在逐步丧失。尤其是以资源开采和加工型重工业为主的一些沿边地区，工业的结构性缺陷日益凸现，优势企业少和科技创新能力不足使沿边地区在形成产业竞争优势方面缺少足够的技术支撑。这使沿边地区传统优势产业趋于衰落，造成沿边地区工业在全国工业中的地位下降。

三、基于地缘优势的产业竞争力尚未形成

在资源型主导产业锁定和传统优势产业衰落背景下，受地理位置和基础设施的影响，我国沿边地区难以充分参与国内生产的地域分工和市场交换，地缘优势难以转换为竞争优势，基于地缘优势的产业竞争力尚未建立起来。

1. 运输成本削弱了沿边地区竞争优势

随着经济总量的迅速扩张，我国作为亚洲地区“市场提供者”的地位日益增强（韩民春和袁秀林，2007），这为沿边经济发挥地缘通道优势提供了重要契机。沿边地区位于地理上的边远位置，基础设施建设滞后，难以满足贸易大进大出和物流快进快出的要求。从联系国内市场来看，由于主要依赖公路、铁路运输，运输成本过高和运输能力不足，沿边地区商品和服务的竞争力大大降低。从开拓国外周边市场来看，国际运输通道不顺畅，贸易自由化、便利化不足，也限制了沿边地区地缘优势向市场竞争优势的转变。

2. 贸易和生产结构阻碍了产业向沿边地区转移

目前，东部沿海地区国际分工和目标市场阻碍了产业向沿边地区转移。首先，东部沿海地区主要承接了东亚、东南亚传统的以美欧特别是以美国为目标市场的出口加工产业链，这是造成我国贸易顺差过度集中于美欧的重要原因（邹加怡，2011）。由于海运成本优势和加工装配贸易的存在，这些产业链产生了极强的地域依附性，很难实现向我国没有出海港口的沿边地区转移，中、西部地区必须有效解决制约其加工贸易活动开展的运输成本、时间成本和配套产业问题，才能更好地通过承接沿海产业转移实现优化产业结构。其次，各地区比较优势不同，也限制了产业由东向西的梯次转移（陈斌开和林毅夫，2013）。我国东部的资本更为充裕，中部的劳动力比较充足，而西部则自然资源丰裕，区域间禀赋结构差异使国内梯次转移难以满足产业发展需求。这种现状导致很多由于人力成本上升的东部产业选择了向东南亚转移，而非向我国沿边地区转移。沿边地区产业结构面临转型升级的困境。

四、投资依赖与引资能力失衡

沿边经济发展对投资的依赖性大。研究表明，要拉动经济增长 1 百分点，西部地区需要有比全国更大规模的投资才能完成（梁双陆，2004）。但与投资依赖不对称的是，沿边地区引资能力低，不具备沿海地区那样的吸引外资的条件。资金短缺始终是沿边地区产业结构调整和升级过程中一个突出的制约因素，沿边地区的交通、能源、电力等基础设施建设的资金主要来自中央和地方财政拨款（荣毅宏，2009）。近年来，虽然财政转移支付规模逐年增大，但资金仍存在较大缺口。在吸引外商投资方面，尽管推出了一系列鼓励措施，但引资数量和三资企业发展水平仍远低于沿海地区（牛德林，1998）。如果沿边地区的投资依赖与引资能力持续失衡，势必阻碍沿边地区经济的可持续发展。

五、贸易模式成为发展瓶颈

1. 沿海模式使沿边陷入市场依赖并偏离了区位优势

我国沿海经济的改革和发展是以毗邻香港、澳门的地域优势为基础建立起来的（汪小娟，2008）。以沿海为先导的发展模式使我国过于依赖主要通过海运连接的欧美发达国家，而对沿边具有显著地缘优势的毗邻市场重视不够。沿边地区对沿海模式的沿袭使其对欧美发达市场产生了很强的依赖。这种市场选择上舍近求远的做法严重偏离了沿边地区的区位优势，增加了交易成本，阻碍了沿边地区的经济发展。

2. 产业内贸易成为沿边经济发展瓶颈

研究显示，在未来时间里，亚洲区域内经济体之间的产业内贸易将出现较快的增长（韩民春和袁秀林，2007）。但受发展水平、国际投资和要素禀赋结构等方面的影响，沿边地区产业内贸易的发展受到制约。加工贸易活动的“两头在外”特性决定了东部地区可以凭借隔海相望和便捷廉价的海运为加工企业节省运输成本，加工产业更容易集中在沿海地区。而周边市场的发展水平、国际分工格局和运输成本阻碍了加工产业在沿边地区的发展，使东部地区与沿边地区发展差距扩大。

3. 沿边地区对外贸易面临沿海地区的激烈竞争

沿边地区往往面临对外贸易企业的整体实力不强、进出口商品结构单一、出口产品技术含量低和口岸运输能力不足等问题，限制了沿边地区地缘优势的发挥。同时，沿边地区还面临来自沿海地区的激烈竞争。以黑龙江省为例，作为对俄罗斯贸易占传统优势的省份，黑龙江对俄罗斯的贸易优势地位在沿海地区的竞争下有所动摇。2010 年，黑龙江对俄罗斯出口总额落后于浙江和广东，江苏也有赶超之势。

六、人均收入差距持续扩大

我国沿边地区人均收入低于全国平均水平，而且这种差距仍在不断扩大。研究表明，东、中、西三类地区之间人均国内生产总值差异对全国整体地区差异的贡献份额很大，并呈明显的提高趋势，从 30.95%提高到 56.29%（蔡昉和都阳，2000）。沿边地区城镇化水平低和城市结构不合理加剧了人均收入差距的扩大。沿边地区普遍存在首位城市过大，大城市缺失，中等城市比重略偏高，小城镇比重明显偏高的特征，这些都不利于人均收入的提高（李华斌，2011）。另外，外出务工人员的消费结构变化也加剧了差距的扩大。到东部地区打工的 80 后、90 后将劳动所得用于当地消费的比重日益增加，使地区收入差距不断扩大的局面难以明显改观（王怀民和李凯杰，2010）。人均收入差距持续扩大阻碍了沿边经济的内生性增长。

七、脆弱的生态环境难以承载粗放型经济增长

我国沿边地区大多生态环境脆弱，生态承载力有限，但沿边经济却陷入过度依赖粗放型增长方式的困境。1990 年以来，我国经常账户和资本账户基本保持顺差，而这种双顺差的基础是以生产要素低成本优势来增加出口和吸引外资，助长甚至固化了沿边地区低成本、低标准、低质量的发展方式（邹加怡，2011）。很多高能耗、高排放、高污染的产业从日益重视环境保护的沿海地区转移到沿边地区，破坏了沿边地区的生态环境。

第三节　沿边地区经济发展的思考与展望

在分析我国沿边经济的特殊性和脆弱性的基础上，探讨制约和影响沿边地区经济发展的决定因素、影响机制和对策有助于深化对我国沿边地区经济发展的认识，对促进我国沿边地区经济发展模式转变和经济政策创新具有重要价值。

一、国际区域经济一体化水平是沿边地区发展为区域中心的决定性因素

理论研究表明，贸易自由化和经济一体化具有将边境区转变成区域共同市场的中心区倾向（Hanson，1996）。一体化能够削弱国内市场的重要性，促使产业在边界地区聚集，给边界地区带来正效应（Krugman and Elizondo，1996）。一体化过程还伴随显著的双层本地市场效应：区域一体化扩大了内部市场规模，使区域外部产业向区域内部转移；随着贸易成本的降低，区域内部产业从市场规模较小的国家转移到市场规模较大的国家（钱学锋，2010）。能否抓住区域经济一体化过程中的产业向沿边集聚和转移的重大机遇已经成为我国沿边地区发展的决定性因素。只有加强与周边国家的区域经济一体化，促进生产、贸易、投资的一体化，才能为沿边地区发展成为区域中心提供

必要条件。目前，云南与 CAFTA 3 个成员国接壤，已经建立了大湄公河次区域经济合作机制，同时是孟中印缅经济走廊的核心参与省份。

二、厂商空间选择模式加剧了沿边地区在中心-外围结构中的边缘化

贸易自由化的初步迹象表明，竞争机制正引导投资趋向有高需求的地区，市场潜能较低的偏远地区会受到进一步衰退的威胁（库姆斯等，2011）。我国沿边地区内部人均收入水平低，消费能力有限，周边国家经济发展水平不高，削弱了厂商通过在沿边地区集聚从而辐射周边市场的吸引力。加上沿边企业自身发展水平和结构限制，沿边地区产业竞争力持续下降，沿海地区的贸易集中度、产业集中度进一步上升，沿边地区面临边缘化加剧的风险。外商投资企业是沿边地区承接国际产业转移和促进技术进步的重要渠道。从数据上看，自 1993 年以来，外资在东部沿海地区集聚的态势仍然在延续。表 1-1 显示了 1993～2015 年各地区外资企业数量增长情况。在这期间，外资企业年均增长数量在 900 个以上的都是广东、上海、江苏等东部沿海地区，而且这些地区的年均外资企业增长数都显著超过西部 12 个地区之和。2012 年，排名前 5 位的发达地区外资企业数量只有江苏出现 4.7%的负增长，而绝大多数西部地区均为负增长，这表明，近年来，沿边地区在厂商的空间选择模式中仍处于不利地位。沿边地区的微观经济发展基础仍然薄弱。2015 年，全国外资企业数量增长率为负值的有河南（−17.3%）、陕西（−11.3%）、黑龙江（−17.3%）、云南（−3.6%）、内蒙古（−2.3%）、甘肃（−6.7%）和西藏（−13.3%），在开放经济条件下依靠以资本为主的流动要素解决“中部塌陷”和西部区域经济发展仍面临诸多阻碍，外资企业在东部优势集聚的态势仍在持续。

表 1-1　1993～2015 年外资企业数量增长情况

地区	1993/%	1996/%	1999/%	2002/%	2006/%	2009/%	2012/%	2015/%	年均增长数量/个	年均增长率/%
广东	69.6	1.7	−7.0	5.9	5.5	0.1	1.5	6.3	2 889.7	4.0
上海	121.6	9.9	−14.5	15.4	8.9	1.4	4.2	8.6	2 905.6	10.2
江苏	103.2	4.1	−12.0	17.3	9.4	0.6	−4.7	3.7	1 542.1	4.8
浙江	134.6	1.3	−4.6	8.2	10.2	−1.0	1.0	5.7	1 073.6	6.3
北京	88.7	1.1	−10.5	4.0	9.9	3.6	3.4	4.8	994.8	6.8
山东	122.0	4.2	−13.0	7.2	3.8	−4.6	−10.5	4.7	638.2	3.4
福建	61.5	8.2	−0.6	1.0	4.3	−0.8	−1.5	6.5	604.6	3.4
辽宁	114.0	9.9	−2.2	3.7	−0.8	−10.9	−1.1	3.8	451.3	3.9
天津	142.2	3.1	5.8	−4.8	−1.6	−15.5	−3.0	6.7	272.8	3.2
河南	150.8	0.2	−11.3	1.5	−2.2	−4.4	−2.3	−17.3	233.0	4.6
四川	63.7	5.6	2.7	6.4	10.2	22.6	−9.2	3.3	296.0	4.6

续表

地区	1993/%	1996/%	1999/%	2002/%	2006/%	2009/%	2012/%	2015/%	年均增长数量/个	年均增长率/%
湖北	128.1	2.3	-10.5	-16.6	-1.3	-4.3	7.4	6.0	206.4	3.5
江西	103.8	-7.0	-9.8	8.5	7.4	2.7	5.9	1.1	206.1	4.9
河北	95.6	0.4	-8.9	-6.2	5.0	-9.3	-15.8	0.8	133.4	2.6
陕西	118.8	-96.4	6.2	0.7	-0.9	18.2	3.8	-11.3	205.6	6.9
重庆	—	—	-0.2	-7.6	3.4	2.6	11.9	-2.7	—	—
湖南	131.3	-0.4	-6.0	3.5	8.7	2.7	-7.1	9.6	152.0	4.0
黑龙江	124.5	4.7	-1.8	-30.6	5.2	0.9	-7.1	-17.3	50.7	1.4
云南	202.4	10.8	1.3	-0.8	8.3	-5.0	0.9	-3.6	136.9	7.4
安徽	113.8	11.1	-10.9	-6.9	12.5	1.0	-17.7	7.2	138.3	4.4
吉林	143.6	4.4	-3.9	-7.7	-5.2	1.1	-0.7	1.5	99.2	3.2
山西	130.0	-3.5	-5.9	-6.5	16.6	63.1	-5.9	2.1	108.8	5.3
内蒙古	125.2	5.6	-5.9	3.5	12.7	58.0	-13.5	-2.3	97.1	6.3
甘肃	225.7	4.7	-9.6	-21.3	-34.5	-4.5	3.9	-6.7	61.2	4.8
广西	128.1	-11.0	-12.6	3.0	7.0	2.2	-18.9	6.7	-6.7	-0.2
贵州	168.1	1.1	-14.8	-10.5	-7.4	-10.7	-16.8	9.7	40.1	3.6
新疆	209.8	-8.5	-25.1	-5.6	22	16.9	5.1	4.5	38.1	4.5
宁夏	186.8	4.4	-8.8	4.4	-19.0	5.0	-17.8	8.6	14.0	3.6
青海	600.0	20.6	-14.4	3.7	-10.9	5.5	-26.3	11.3	14.8	8.4
海南	161.2	-16.1	3.1	-62.1	3.3	-7.9	4.9	2.4	-186.0	-3.7
西藏	350.0	4 354.9	-5.4	10.6	15.0	84.1	-30.2	-13.3	8.4	9.6

资料来源：国家统计局。

注：表中前8列数据系1993～2015年当地外资企业数量较上年的增长率（未按年连续列出），后2列为1993～2015年均值，重庆由于设立直辖市原因未计算。

三、沿边地区目标市场与区位条件错配制约了沿边经济的发展

沿边地区存在显著的目标市场与区位条件错配，削弱了沿边区位优势，阻碍了沿边地区的经济发展。沿边地区地域广阔，资源分散，远离主要市场，交通限制较大，以欧美为主要目标市场的贸易发展模式使沿边区位劣势尤为明显。这主要表现为缺乏海运等必要的交通运输条件，与国际市场的联系差，没有沿海地区广泛的海外侨属关系（肖慈方，2003）。由于沿边地区商品运输主要依赖公路和铁路，远距离运输成本高，

周边地理相邻国家才是沿边地区合理的目标市场。沿边地区开拓周边市场的最大优势是天然的地理联系和基于跨境民族的侨属关系。改变目前沿边地区目标市场与区位条件错配的状况，有利于沿边地区构建起符合自身区位优势的产业、贸易和投资体系。

四、沿边经济的长远发展依赖于多边统筹开发

我国与周边国家都面临发展沿边经济的历史使命，周边国家的发展水平和趋向对我国沿边地区经济发展具有显著的外部性。以俄罗斯为例，由于俄罗斯基础设施建设不足，我国出口到俄罗斯的货物有70%需要从阿姆斯特丹、汉堡、芬兰等第三方国家和地区绕道运输，极大地制约了双边贸易的发展（周学明，2013）。因此，在周边市场发展水平低、差距大和基础设施建设滞后的背景下，多边统筹开发是我国沿边经济发展的必然选择。我国沿边地区的经济发展必须加强与周边国家的经济政策协调和合作，在区域和次区域经济合作基础上加快沿边地区的多边协同发展，提高周边市场的发展水平和边界两侧产业的关联性，不断提高贸易的自由化和便利化。

综上所述，由于特殊的地理区位和周边环境，我国沿边经济在生产、贸易和投资等方面有着不同于东、中部地区的特殊性，同时也面临来自多重因素冲击的风险和不确定性。要推动沿边经济社会发展，就必须立足沿边经济特点，在扩大沿边对外开放与对内开放的领域、步骤、程度、机制和保障等方面都要有所创新和超越，而不能一味沿袭东部沿海地区的经济政策和发展模式。只有超越对传统工业化和城市化道路的依赖和对东部经验的模仿，才能找到加快我国沿边经济发展的新机制和新模式，实现沿边经济的赶超。

第二章　国际区域经济一体化与沿边地区国内市场一体化

难以有效吸引东部发达地区的生产要素和产业转移是沿边地区经济发展的重要瓶颈，而国内市场的地方分割现象则进一步成为阻碍沿边地区融入国内区域经济发展的重要因素。目前，国内市场一体化水平的提高有利于国际区域经济一体化的观点已经得到证实，但关于国际区域经济一体化对沿边地区融入国内市场、增强经贸联系和参与国内分工影响的研究尚不多见。研究该问题，有利于揭示国际区域经济一体化对国内市场一体化的一般性影响，从而为沿边地区融入东部和中部国内产业链和价值链提供借鉴，同时也是促进东西联合对外开放，在开放模式创新基础上打造沿边开放新优势的内在要求。

第一节　问题的提出

我国国内市场存在地方分割已被众多学者所证实，这种分割主要表现在：地区间存在较大的贸易壁垒和较高的运输成本；各地区的产品价格水平长期缺乏收敛趋势；各地区的产业结构趋同，地区产出与比较优势相背离；财政分权制度下形成的地方保护主义使地方政府更倾向于扶持本地企业（行伟波和李善同，2009）。关于市场分割的研究主要集中在成因、测度和趋势判断方面。关于市场分割形成原因的争议较小，比较有影响力的是 Young（2000）的观点，他认为中国的地方市场分割实际上陷入了渐进性改革陷阱，资源扭曲下推进的渐进性改革和财权下放使地方政府成为既得利益者，而保护既得利益的冲动又诱使地方政府滥用行政权力，进一步制造资源扭曲。这种行政分权导致地方保护和市场分割的观点得到了众多国内学者的认同（林毅夫和刘培林，2004）。也有学者指出，政治晋升博弈中的政绩竞争才是导致地方保护主义盛行，并形成市场分割的原因（周黎安，2004）。

国际经济一体化与我国国内市场一体化水平的关系一直是学界的研究重点。现有研究表明，在地区经济发展中，国际贸易和省际贸易存在替代关系。赵永亮和才国伟（2009）认为，我国对外贸易与国内省际贸易之间的关联主要来自市场壁垒的干扰，国内边界壁垒的存在使省际贸易成本甚至高于国际贸易成本，进而地方政府产生了用发展国际贸易来替代省际贸易的需求，导致国内地方保护和市场分割程度与省际贸易呈负相关，而与对外贸易呈正相关。盛斌和毛其淋（2011）也指出国际贸易与省际贸易的确存在一定程度的“替代”关系。赵永亮和才国伟（2009）的研究认为，我国国内市场一体化与国际市场一体化具有同步性特征，国内市场一体化的推进有利于国际市场一体化程度的提高。实际上，该研究只解释了国内市场分割对国际市场一体化的影响，而没有回答国际市场一体化对国内市场一体化的影响。

以自由贸易区（free trade area，FTA）为主要形式的国际经济一体化进程对沿边地区经济发展的积极影响已经取得广泛共识并得到验证。通过影响对外贸易，自由贸易区的建立必然会对国内市场一体化进程产生重要影响。本章以省际贸易和国际贸易“替代性”为基础，提出一个亟待检验的命题：自由贸易区将在何种方向和程度上影响国内市场一体化水平。研究该问题对我国应对和推进当前以自由贸易区为主的国际市场一体化进程具有重要意义。在省际贸易和国际贸易替代性关系基础上，分析以自由贸易区为主的国际市场一体化对国内市场一体化的影响，有利于我国在加强国际区域经济合作的同时，稳步提高国内市场一体化水平，促进沿边地区的经济发展。

第二节　文献综述

很多研究已经指出国内市场和国际市场可能具有潜在的逻辑联系。叶劲松和钟昌标（2003）认为，与国际上大多数国家在国内区际贸易开展得相对成熟时才开始对外开放不同，我国是在国内地区间存在大量贸易壁垒时推动对外开放的，这种贸易格局将影响我国无法充分利用国内外两种资源，尤其是难以充分发挥大国经济所拥有的独特优势。郭树清（2007）指出，中国经济的对外失衡来自内部失衡，对外贸易扩张可部分归因于内需不足。这实际上意味着地方政府具有用国际贸易替代省际贸易的压力。盛斌和毛其淋（2011）的研究也表明，在促进地区经济增长方面，贸易开放与国内市场一体化之间是相互替代的，不同地区可依据自身的实际情况选择性地利用国际市场和国内市场发展地区经济。这些研究表明，对地区经济发展而言，国际贸易与省际贸易存在某种程度的“替代”关系。但目前关于自由贸易区对国内市场一体化影响的研究成果尚不多见。

边界效应是研究国内一体化和国际一体化的重要方法。边界效应被界定为，不同国家或地区之间由于经济规模和距离之外的因素而导致的跨边界贸易量的减少。边界效应的存在被认为是阻碍市场一体化的重要因素。边界效应的降低意味着一体化水平的上升。根据国界和国内行政边界的不同，边界效应可以分为外部边界效应和内部边界效应（梁双陆，2009）。国内市场分割，则表明国内市场存在较强的边界效应；国际区域经济一体化水平提高，如建立自由贸易区，则表明国际市场的边界效应得到削减。

目前，对边界效应的研究主要在国际贸易和国内贸易研究方面。McCallum（1995）利用边界效应方法实证考查了美国各州和加拿大各省之间的国际贸易和国内贸易，开创性地发现国家间的边界效应（外部边界效应）非常显著，在相同规模和距离条件下，加拿大各省之间的平均贸易量是美国各州平均贸易量的22倍。之后，很多学者通过不同的方法验证了在国际贸易中普遍存在不同程度的外部边界效应（Wei，1996；Nitsch，2002；Chen，2004；Helble，2007）。虽然很多研究将边界效应区分为阻碍贸易的屏蔽效应和促进贸易的中介效应，但基于实证研究所揭示的国界对跨境贸易的负面影响，更多研究主要关注和强调边界对贸易的阻碍作用。外部边界效应主要指国界带来的对贸易流量的减少。洪勇（2013）在将贸易分为省内贸易、国内贸易（省际贸易）和国际贸易3个层次的基础上，对内部边界效应和外部边界效应进行了比较。该研究指出，我国存在贸易的本地偏好，其中，省内贸易边界效应最小，国际贸易边界效应次之，国内贸易边界效应最大。

区际贸易和国际贸易能较好地反映区域市场和国际市场一体化水平。传统贸易理论指出，贸易量主要受到经济规模、地理距离和贸易自由度的影响。在距离和经济规模一定的情况下，由边界效应决定的贸易自由度是贸易水平的决定性因素。贸易自由度越大，要素和商品的区际流动障碍越小，两个地区的一体化水平就越高；反之，贸易自由度越小，两个地区的一体化水平越低。

省际边界在我国国内市场一体化进程中的阻碍作用是目前研究所取得的共识之一。以省为界限的行政区域管理模式导致了行政区经济现象，省际边界成为国内市场一体化的主要障碍（鲁勇，2002；洪银兴和刘志彪，2003）。更重要的是，在对外经济开放与区域市场整合存在替代效应的前提下，对外经济开放水平越高的地区，其区域市场整合对省际全要素生产率的影响越小，反之亦然（毛其淋和盛斌，2012）。这就形成了一个国内市场一体化的困境：对外经济开放水平高的东部地区推动市场一体化整合的能力较强，但潜在收益较小，动力不足；而亟待通过国内市场整合加快经济发展和承接东部地区产业转移的内陆地区虽然潜在收益大，但推动能力较弱，使国内市场整合难以实现。改革开放以来，我国国内市场一体化主要是中央政府在强力推动的，而地方政府的积极性不高。

根据区域市场整合的影响因素和特征，各国学者提出了很多种估计中国市场一体化水平的方法（行伟波和李善同，2010）。目前，比较成熟的方法主要有3种：一是贸易流量法，主要通过国内贸易的增长情况判断国内市场一体化水平，其难度主要在于国内贸易量特别是省际贸易量缺乏直接统计，存在数据和方法上的限制。二是产出法，主要根据产出结构、产出效率和经济周期的同步性来检验市场一体化水平。三是价格法，主要从“冰山贸易成本”和“一价定律”出发，根据商品价格的差异衡量市场的一体化水平。

关于我国市场分割程度测算的结果存在一定争论。以Young（2000）、Poncet（2003）为代表的研究者认为，中国国内市场分割非常严重，而且其程度趋于加重。但随着研究方法的改进，更多学者的研究表明，中国国内市场分割呈逐步减轻态势，区域市场日趋整合，一体化水平在不断提高（蔡昉等，2002；白重恩等，2004；李善同等，2004；盛斌和毛其淋，2011）。

当前以自由贸易区为主要形式的国际经济一体化，主要通过关税和非关税壁垒的削减和贸易自由化、便利化措施降低国界的边界效应。而这种外部边界效应的变化，必然会通过地方政府在国际贸易和区际贸易之间的权衡而对内部边界效应和内部市场一体化产生影响。目前，国内较多学者关注到贸易开放度对国内市场一体化的影响。赵永亮和才国伟（2009）研究认为，我国内部市场一体化的推进和外部市场一体化的目标是一致的，国内市场一体化与国际市场一体化具有同步性特征，国内市场一体化水平的提高有利于国内市场一体化的提高。

鉴于现有研究主要关注国内市场一体化对外部市场一体化的影响，而探讨国际经济一体化对我国国内市场一体化影响的实证研究尚不多见，本书拟在对国内市场一体化水平进行测算的基础上，通过构建计量经济模型，以 CAFTA 为例分析国际经济一体化进程对我国国内市场一体化的实际影响。

第三节 市场一体化指数测算

为了验证以自由贸易区为主的国际经济一体化对我国国内经济一体化的影响，本书首先测算反映国内市场分割程度的国内市场一体化指数，然后把该指数作为被解释变量，对自由贸易区对我国市场一体化水平的影响进行实证分析，并提出结论和启示。

一、市场一体化指数的测算方法

目前，国内市场一体化水平的测度基本是以市场分割为基础的。借鉴桂琦寒等（2006）的方法，本书采用价格指数法对反映国内市场分割程度的国内市场一体化指数进行测算。选择的时间跨度为 1990～2015 年，采用零售价格分类指数中的 8 类商品（包括一般商品、食品、粮食、水产品、日用品、中西药品、报纸杂志、燃料）的零售价格指数的分省数据。各年数据均来自《中国统计年鉴》。由于重庆、海南、西藏数据不全而未被列入样本。利用以上包括时间、地区和商品的三维面板数据（26×28×8），采取一阶差分计算相对价格方差，即

$$\Delta Q_{ij_t}^k=\ln\left(P_{i_t}^k/P_{j_t}^k\right)-\ln\left(P_{i_{(t-1)}}^k/P_{j_{(t-1)}}^k\right)=\ln\left(P_{i_t}^k/P_{i_{(t-1)}}^k\right)-\ln\left(P_{j_t}^k/P_{j_{(t-1)}}^k\right) \tag{2-1}$$

式中，i、j 表示地区；k 表示商品；t 表示时间；$P_{i_t}^k$ 和 $P_{j_t}^k$ 表示 t 时期商品 k 分别在地区 i 和地区 j 的价格，$P_{i_{(t-1)}}^k$ 和 $P_{j_{(t-1)}}^k$ 表示 t-1 时期商品 k 分别在地区 i 和地区 j 的价格。$P_{i_t}^k/P_{i_{(t-1)}}^k$ 和 $P_{j_t}^k/P_{j_{(t-1)}}^k$ 是商品零售价格的环比指数，相关统计数据已经直接报告了这一指数。式（2-1）之所以对价格比的对数值进行一阶差分，就是为了利用现有的商品零售价格环比指数构造衡量市场分割程度的指标。如果相对价格方差波动范围收窄，则意味着内部边界效应的下降和国内市场分割程度的降低。

由于邻省之间的市场分割程度是判断整体市场分割水平的重要依据（陈敏等，2007），

本书对 28 个省级行政区按照是否接壤进行了配对，形成 61 对接壤省级行政区①，并根据式（2-1）求出不同时期 61 对接壤省级行政区的 12 688 个（=26×61×8）相对价格方差 $\Delta Q_{ij_t}^k$。

由于相对价格波动只与幅度相关，而与方向无关（不受接壤省级行政区样本顺序的影响），故对式（2-1）表征的相对价格方差取绝对值 $\left|\Delta Q_{ij_t}^k\right|$。同时，由于不同类别商品的价格方差本身会存在不同水平的差异，为了避免商品异质性导致的不可加性，采取去均值的方法来消除商品的固定效应。

首先，在根据不同商品类别逐对、逐年计算出价格方差 $\Delta Q_{ij_t}^k$ 的基础上取绝对值，得到 $\left|\Delta Q_{ij_t}^k\right|$，形成一个由 $\left|\Delta Q_{ij_t}^k\right|$ 构成的包含 12 688 个数据的时间序列组；其次，对给定时间 t 和商品种类 k 的 $\left|\Delta Q_{ij_t}^k\right|$ 在 61 对接壤省级行政区之间求平均值 $\overline{\left|\Delta Q_t^k\right|}$，求得 208 个值；最后分别用给定年份和商品种类的 61 个 $\left|\Delta Q_{ij_t}^k\right|$ 减去该均值，记为

$$q_{ij_t}^k = \left|\Delta Q_{ij_t}^k\right| - \overline{\left|\Delta Q_t^k\right|} \tag{2-2}$$

以此类推，按照式（2-2）可以求出所有 12 688 个 $q_{ij_t}^k$ 的观测值。这里，$q_{ij_t}^k$ 才是最终用于计算方差价格变动的指标，其方差记为 $\mathrm{Var}(q_{ij_t})$。$\mathrm{Var}(q_{ij_t})$ 表征的是给定时间下配对省级行政区之间 8 类商品的相对价格波动的方差。在此，由于 $\mathrm{Var}(q_{ij_t})$ 通过式（2-2）剔除了与商品自身特征相关的信息，已经能够直接反映在特定时期两个接壤省级行政区相对价格的波动范围。

通过逐年对给定配对省级行政区计算 $\mathrm{Var}(q_{ij_t})$，可得到 61 组省份 26 年的时间序列，共包括 1586 个（=61×26）$\mathrm{Var}(q_{ij_t})$ 的观测值。这些观测值能够反映不同接壤省级行政区之间的市场分割程度。

为了获得市场一体化指数，参照盛斌和毛其淋（2011）的方法，本书在市场分割指数的基础上进一步构造如下国内省级行政区之间市场一体化指数：

$$\mathrm{Integ}_{i_t} = \sqrt{1/\mathrm{Var}(q_{ij_t})} \tag{2-3}$$

依据式（2-3），得到 1403 个表征接壤省级行政区之间市场一体化指数。为了进一步判断某个省级行政区的市场分割程度，可以将 61 组观测值以省级行政区为单位合并。例如，云南的市场一体化指数就是取云南与广西、云南与贵州、云南与四川 3 组指数的平均值，以此类推，得到 28 个省级行政区之间的市场一体化指数，共 728 个（=28×26）数据②，记为 $\mathrm{Integ}_{28_{26}}$。

---

① 剔除海南、重庆和西藏后，行政边界意义上的接壤仅有 58 对，把被重庆间隔的四川与湖北、四川与湖南、贵州与陕西视为接壤省区加入，则达到 61 对。

② 由于考查范围限定于相邻省级行政区，从严格意义上来说，本书的市场分割和一体化水平指的是某一省级行政区与所有接壤省级行政区之间的平均分割水平和平均一体化水平。但正如陈敏等（2007）所指出的那样，某个省级行政区在对周边地区设置贸易壁垒时，对距离更远的省级行政区也不会例外，因此接壤省级行政区之间的平均水平也能很好地反映一个省级行政区的市场分割程度。刘小勇（2013）的研究已经证明，采用全部省级行政区计算得到的市场分割指数与采用相邻省级行政区得到的结果基本一致。这既保证了市场一体化指数的一致性和可靠性，又显著降低了计算量。

二、市场一体化指数的计算结果及分析

按照式（2-1）～式（2-3）测算的国内市场一体化指数如下。

（一）省区市的市场一体化指数

以省级行政区为单位，对各省区依次取与接壤区域的一体化指数平均值即得到各省区市市场一体化的平均水平。由于数据较多，这里只截取了部分年份的数据，见图 2-1。总体上看，自 1990 年以来，全国各省级行政区的一体化水平总体上呈不断提高态势。特别是自 2010 年以来，市场整合的速度显著加快。一个特别值得关注的现象是，各省级行政区之间的市场一体化水平的相对差异持续扩大，相同发展水平省级行政区之间的差异度也逐步扩大。图 2-1 箱线图的箱体、尾部长度和异常点及表 2-1 中各省级行政区市场一体化水平的剧烈变化都清楚地表明了这一点。

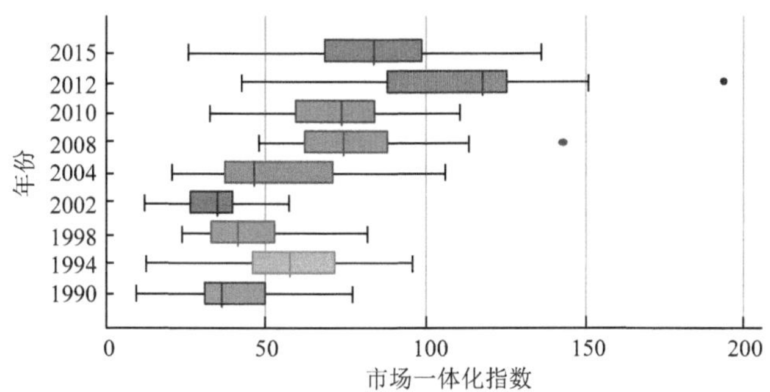

图 2-1　28 个省级行政区市场一体化指数箱线图

表 2-1　1990～2015 年各省级行政区市场一体化指数排名

排名	1990 年	1994 年	1998 年	2002 年	2006 年	2010 年	2011 年	2012 年	2015 年
1	云南	山东	吉林	山东	贵州	贵州	黑龙江	上海	贵州
2	安徽	黑龙江	宁夏	福建	上海	上海	吉林	浙江	内蒙古
3	山西	江苏	辽宁	吉林	广西	广西	辽宁	江苏	陕西
4	天津	辽宁	黑龙江	广西	福建	福建	山西	湖北	广西
5	河南	吉林	云南	贵州	湖南	湖南	河北	黑龙江	江西
6	山东	浙江	甘肃	新疆	湖北	湖北	云南	贵州	上海
7	河北	江西	新疆	浙江	广东	广东	江西	辽宁	湖北
8	黑龙江	广东	内蒙古	内蒙古	内蒙古	内蒙古	福建	吉林	北京
9	江苏	湖北	四川	云南	山东	山东	湖北	内蒙古	福建
10	福建	内蒙古	湖北	辽宁	山西	山西	江苏	广东	浙江
11	湖北	湖南	福建	黑龙江	辽宁	辽宁	广东	山西	青海
12	浙江	陕西	陕西	江苏	陕西	陕西	陕西	江西	广东
13	上海	贵州	贵州	青海	河北	河北	山东	陕西	宁夏

续表

排名	1990 年	1994 年	1998 年	2002 年	2006 年	2010 年	2011 年	2012 年	2015 年
14	江西	福建	广西	河北	江西	江西	贵州	广西	山东
15	北京	四川	青海	广东	浙江	浙江	内蒙古	湖南	天津
16	广西	广西	广东	四川	黑龙江	黑龙江	青海	福建	江苏
17	贵州	宁夏	江西	陕西	北京	北京	四川	天津	四川
18	青海	山西	湖南	湖南	四川	四川	宁夏	山东	甘肃
19	陕西	天津	河北	上海	江苏	江苏	湖南	河北	云南
20	新疆	上海	北京	江西	吉林	吉林	浙江	北京	辽宁
21	吉林	甘肃	山东	宁夏	云南	云南	新疆	青海	新疆
22	四川	青海	浙江	甘肃	青海	青海	甘肃	宁夏	湖南
23	湖南	河北	安徽	山西	宁夏	宁夏	河南	四川	河北
24	广东	安徽	河南	湖北	新疆	新疆	安徽	甘肃	吉林
25	内蒙古	北京	江苏	安徽	甘肃	甘肃	上海	云南	山西
26	甘肃	河南	天津	天津	天津	天津	广西	新疆	黑龙江
27	辽宁	云南	山西	北京	河南	河南	天津	安徽	安徽
28	宁夏	新疆	上海	河南	安徽	安徽	北京	河南	河南

作为一种非参数估计方法，核密度估计是研判数据动态变化的有力工具。使用全国 28 个省级行政区国内市场一体化指数绘制的核密度图（图 2-2）显示，1990 年以来，除 1995 年外，历年的核密度图均呈现单峰形态，峰值呈持续下降态势，变得更加平坦，同时密度曲线整体向右移动。其中，2000 年以后的密度曲线右移趋势更为显著。这表明，在全国 28 个省级行政区的一体化水平仍稳步提高（曲线向右平移）的同时，区域之间的一体化水平差异也呈持续扩大趋势（曲线趋于平坦）。

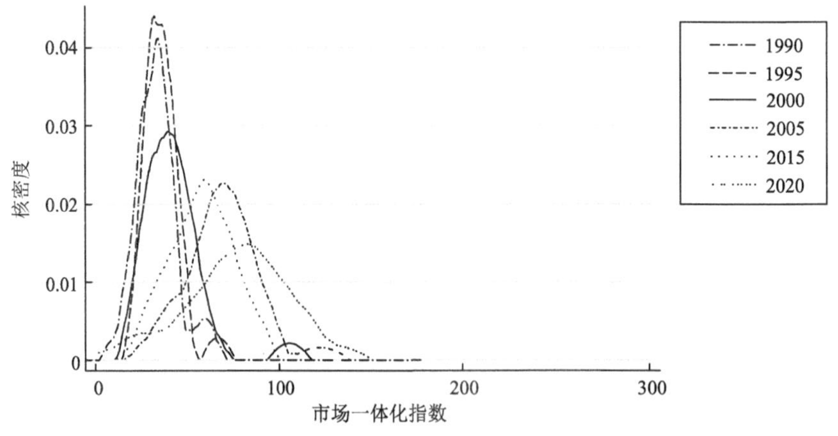

图 2-2　28 个省级行政区国内市场一体化指数核密度图

在我国 12 个西部省级行政区中，与周边国家接壤的沿边省级行政区为云南、广西、内蒙古、新疆、甘肃和西藏，而非沿边省级行政区则为四川、重庆、宁夏、青海和陕西。由于数据缺失或不完整，非沿边省区的计算未计入重庆，沿边省区的计算未计入西藏。图 2-3 描述了 1990～2015 年西部沿边省级行政区和非沿边省级行政区的国内市场一体化指数的核密度图。

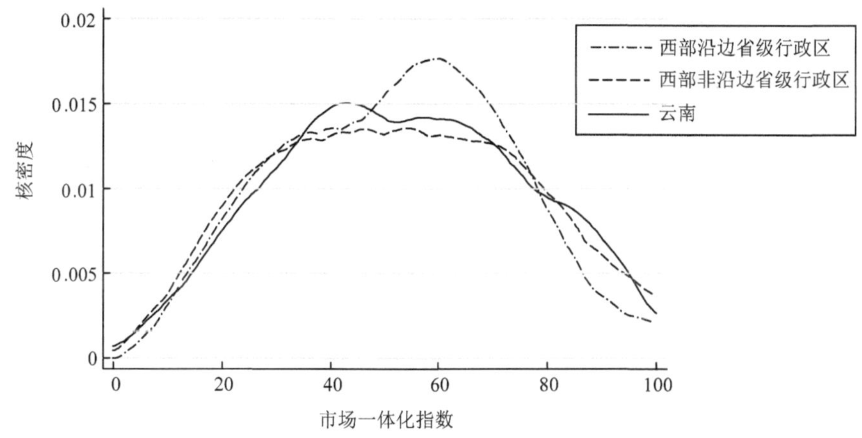

图 2-3 1990～2015 年西部省级行政区的国内市场一体化指数核密度图

核密度图显示，1990～2015 年，云南与西部沿边省级行政区和非沿边省级行政区市场一体化指数的核密度函数没有太大差异，峰度和偏度都大致相当。从峰值上看，非沿边省级行政区峰值最小，云南居中，沿边省级行政区最大，说明沿边省级行政区的一体化水平变化最小，而非沿边省级行政区的一体化水平上升幅度最大。云南分布的均值较非沿边省级行政区更靠右，表明云南一体化水平高于一般非沿边省级行政区。

从西部 5 个沿边省级行政区国内市场一体化指数核密度图（图 2-4）来看，2005 年以来，西部 5 个沿边省级行政区的一体化水平持续提高（曲线右移），而 5 个沿边省级行政区之间的一体化水平差异也持续扩大（曲线更加平坦）。

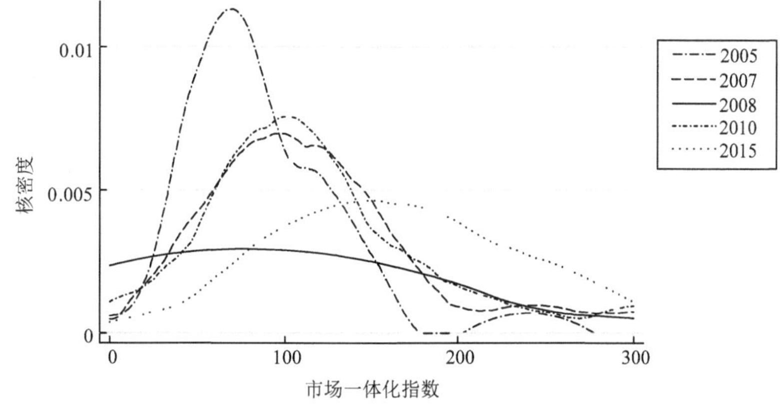

图 2-4 西部 5 个沿边省级行政区国内市场一体化指数核密度图

从分省级行政区数据来看，1990 年以来的全国各省级行政区市场一体化水平呈现出较强的波动性，“上蹿下跳”特征明显，但在总体上仍呈不断提高态势。特别是，2010年以来的各省级行政区市场一体化水平并不稳定，相同发展水平的区域之间也存在很大差异。云南和上海是市场一体化水平剧烈波动的代表，其市场一体化指数都曾位列全国之首，又都曾跌落到全国倒数第 4 的水平，见表 2-1。这种相对差距扩大和同一区域不同年份剧烈变化的形成原因、作用机制和潜在影响仍待研究。

在我国 12 个西部省级行政区中，与周边国家接壤的沿边省级行政区除西藏外包括云南、广西、内蒙古、新疆和甘肃 5 个省级行政区。图 2-5 描述了 1990～2015 年西部沿边省级行政区国内市场一体化指数变化情况。总体上看，1990 年以来，西部 5 个沿边省级行政区的国内市场一体化指数呈波浪式上升的发展态势。同时，各省级行政区之间的一体化指数在“上蹿下跳”过程中存在差异扩大趋势。

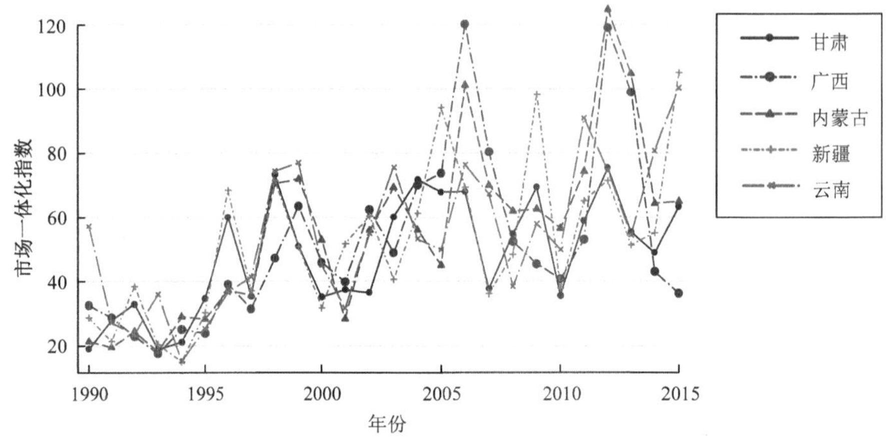

图 2-5　1990～2015 年西部沿边省级行政区国内市场一体化指数变化趋势

表 2-2 是对西部沿边 5 个省区市场一体化指数取 5 年滑动均值的结果。数据显示，1994 年和 2000 年，云南在 5 个西部沿边省区中的一体化水平最高；2006 年，广西取代云南成为西部沿边省区中一体化水平最高的省区；2012 年，内蒙古又取代广西成为第 1 名，并保持到 2015 年。从 1990～2015 年的 26 年平均值来看，内蒙古居首位，广西和云南居中，而甘肃则垫底。

表 2-2　西部 5 个沿边省区市场一体化指数 5 年滑动均值比较

年份	甘肃	广西	内蒙古	新疆	云南
1994	23.96	25.40	22.49	24.83	31.82
2000	50.92	45.36	53.63	51.86	54.83
2006	60.81	75.03	65.48	65.17	62.01
2012	58.82	62.09	76.00	64.20	62.29
2015	60.84	76.90	90.87	62.18	76.05
1990～2015 年均值	48.16	53.69	56.54	50.88	53.62

（二）国内各区域的市场一体化指数

在测算出各省级行政区一体化指数的基础上，将各省级行政区一体化指数 Integ_{i_t} 按不同区域板块分组并取平均值，就得到不同区域的市场一体化指数。按照东部、中部、西部分组的结果显示，3 个区域的市场一体化水平都呈收敛趋势。但在 1990～2015 年的大多数时期，3 个区域的市场一体化水平在整体上呈现出东部最低、中部次之、西部最高的特征。这与桂琦寒等（2006）、刘再起和徐艳飞（2013）的结论基本一致；同时，也验证了陆铭和陈钊（2009）关于具有较高经济发展水平和经济开放程度的地区具有更强烈的市场分割动机的判断。说明在过去较长时期，东部地区外向型经济发展模式使东部市场分割十分显著，中部和东部地区之间非对等的市场整合程度和中部较东部更低的市场分割表明中部地区确实面临一定的边缘化压力。随着东部地区更加依赖国内市场，东部地区的市场分割实现了较快下降，提升了国内市场一体化水平，见图 2-6。

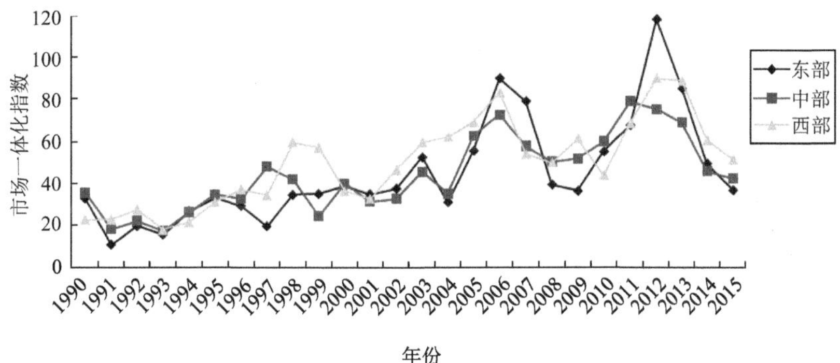

图 2-6　东部、中部和西部地区市场一体化水平的变化趋势（1990～2015 年）

（三）全国整体的市场一体化指数

逐年对 28 个省级行政区的分割指数取平均值，可得到 26 个能够反映国内市场一体化水平的时间序列①。图 2-7 显示了国内市场一体化水平的变化趋势。

与大多数学者的测算结果相同，本书的测算数据显示，除了 20 世纪 90 年代初期国内市场一体化水平有所下降外，1995 年以来的国内市场一体化水平不断上升，市场呈一体化整合趋势。桂琦寒等（2006）已经通过面板单位根检验证明，这种以相对价格的方差运动表征的国内市场一体化进程属于规律性的逐渐收敛过程。

为了进一步对各省级行政区、区域和全国的市场一体化指数进行比较，本书通过

① 实际上，如果不需要比较各省级行政区的市场分割情况，全国市场分割指数可以通过逐年对 61 组接壤省区的 $\text{Var}(q_{ij_t})$ 取平均值得到。书中所用的方法相当于把 61 组数据进行了两次平均，首先是以省区为单位对接壤省级行政区求平均，得到一个表征单个省级行政区分割程度的指标，其次是在 28 个省区之间求平均，得到一个表征全国市场分割程度的指标。

方差分析对全国和不同区域的一体化指数进行研究。采用非配对 t 检验的结果表明，全国、东部地区、中部地区、西部地区之间的市场一体化指数的均值存在明显差异，分别为 42.73、43.1、43.17、47.24。市场一体化水平最高的是西部地区，而中部和东部地区大致相当，均落后于西部地区。这正好与我国对外贸易依存度的区域特征相反，间接验证了便利的对外贸易条件在较大程度上对省际贸易和国内市场一体化产生了抑制作用。

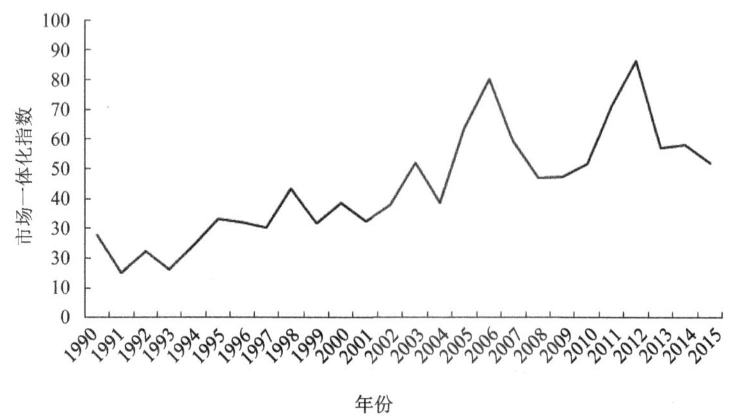

图 2-7　国内市场一体化水平的变化趋势（1990～2015 年）

本书后续部分的分析将以测算出的国内市场一体化指数为基础，探讨自由贸易区、对外贸易、基础设施等因素对我国国内市场一体化的影响。

第四节　检验模型设定及数据说明

现有研究表明，我国国内市场分割主要受政府的本地产品偏好与地方保护、决定省际贸易成本的基础设施建设和对外贸易三类因素的影响。为此，本书引入地方政府财政收入占 GDP 比重测度财政分权下的本地偏好和地方保护动机，引入公路和铁路里程基础设施水平表征国内区域贸易成本，引入是否属于同一个自由贸易区和对外贸易占 GDP 比重两个指标测度我国对外贸易的发展水平。计量模型设定如下：

$$\text{Integ}_{i_t} = \alpha + \beta_{i_1}\text{FTA}_{i_t} + \beta_{i_2}\text{GOV}_{i_t} + \beta_{i_3}\text{TRADE}_{i_t} + \beta_{i_4}\text{RAIL}_{i_t} + \beta_{i_5}\text{ROAD}_{i_t} + \varepsilon_{i_t}$$

式中，i 表示省级行政区；t 表示时间；Integ 表示省级行政区国内市场一体化指数；FTA 为表征自由贸易区建设的虚拟变量；GOV 表示地方政府的本地偏好；TRADE 表示各省级行政区对外贸易比重；RAIL 表示各省级行政区铁路里程增长率；ROAD 表示各省级行政区公路里程增长率。

各项数据均根据历年《中国统计年鉴》整理计算。这里采用目前我国全面建成的最大自由贸易区 CAFTA 替代。为克服 CAFTA 建成时间较短的问题，本书根据 CAFTA 于 2005 年 7 月开始实施全面降税的实际，对 2006 年及以后选择赋值为 1，之前为 0，各省级行政区取值一致。主要变量的含义和描述性统计见表 2-3[①]。

表 2-3　主要变量的含义和描述性统计

解释变量	含义	样本数	平均值	标准差	最大值	最小值
Integ	国内市场一体化指数	644	51.11	28.10	193.94	6.44
FTA	自由贸易区虚拟变量	644	0.30	0.46	1	0
GOV	地方政府的本地偏好	644	8.18	3.29	27.00	0.001
TRADE	对外贸易比重	644	15.73	18.48	93.68	1.49
RAIL	铁路里程增长率	644	3.57	2.43	13.57	0.32
ROAD	公路里程增长率	644	3.57	1.88	10.96	0.30

第五节　实证结果分析

使用 Stata 12.1 软件对全国 28 个省级行政区 1990～2012 年的平衡面板数据分别进行混合 OLS、FE 和 RE 估计，其回归结果见表 2-4[②]。

表 2-4　回归结果

解释变量	估计方法					
	混合 OLS		FE		RE	
	(1)	(2)	(3)	(4)	(5)	(6)
FTA	34.727	34.642	35.207	34.260	34.978	34.787
	(13.59) ***	(12.93) ***	(14.48) ***	(12.98) ***	(17.20) ***	(17.00) ***
GOV	-1.018	-1.085	-1.276	-1.240	-1.153	-1.238
	(2.99) ***	(3.01) ***	(3.11) ***	(2.89) ***	(3.38) ***	(3.54) ***
TRADE		0.062		0.258		0.103
		(0.92)		(1.39)		(1.32)
RAIL		0.889		-0.572		0.650
		(2.52) **		(0.41)		(1.05)
ROAD		-0.421		-1.338		-0.608
		(0.47)		(0.86)		(0.79)
常数项	48.881	46.817	50.846	53.603	49.908	48.899
	(14.23) ***	(9.27) ***	(15.37) ***	(5.74) ***	(16.15) ***	(10.07) ***
可决系数	0.30	0.31	0.33	0.33	0.30	0.30
Hausman 检验					0.44	4.77

① 本部分使用了 1990～2012 年数据进行回归分析，但出版时对 2013～2015 年的一体化指数进行了补充计算。

② 事实上，本书还同时进行了云南、东部地区、中部三大区域和全国的回归分析，结果基本一致，内容详见附录。

续表

解释变量	估计方法					
	混合 OLS		FE		RE	
	（1）	（2）	（3）	（4）	（5）	（6）
Breusch and Pagan LM 检验					41.49***	34.66***
观测值	644	644	644	644	644	644

注：①（）内为 t 统计量；②Breusch and Pagan LM 检验的原假设是误差项独立同分布，结果不显著意味着不能拒绝原假设，从而混合 OLS 模型比随机效应模型更优。③**、***分别表示在 5%和 1%水平上显著。

表 2-4 分别给出了不同方法的估计结果。其中，列（1）、列（3）、列（5）是考虑自由贸易区、地方政府本地偏好 2 个变量的情形，列（2）、列（4）、列（6）是把对外贸易、公路和铁路里程纳入模型的解释变量后的结果。在各次回归结果中，自由贸易区和地方保护倾向对国内市场一体化水平的影响保持一致，自由贸易区与国内市场一体化水平呈正相关，而地方政府本地偏好则与国内市场一体化水平呈负相关。

从包含两个解释变量的模型来看，表 2-4 列（1）给出了使用混合最小二乘法（OLS）的估计结果，列（3）和列（5）分别是固定效应（fixed effects，FE）和随机效应（random effects，RE）的回归结果。Hausman 检验的 P 值为 0.8，无法拒绝原假设，回归系数不存在系统差异，随机效应模型优于固定效应模型；另外，由于随机效应模型的 P 值在 1%水平上显著，表明随机效应模型优于混合 OLS，同时，Breusch and Pagan LM 检验结果显著，也说明随机效应模型优于混合 OLS 模型，故最终选择随机效应模型。后续包括两个解释变量的分析将以随机效应模型为基础。

从包含 5 个解释变量的模型来看，在列（2）、列（4）和列（6）基础上，Hausman 检验的 P 值为 0.44，无法拒绝原假设，随机效应模型优于混合 OLS 模型；Breusch and Pagan LM 检验结果显著，说明随机效应模型优于混合 OLS 模型，故而仍然选择随机效应模型。后续包括 5 个解释变量的分析也将以随机效应模型为基础。

表 2-4 列（3）和列（4）的结果均表明，CAFTA 的建成对国内市场一体化水平的提高均有显著的推动作用，而地方政府的本地偏好则始终是显著的阻碍因素。

地方政府对国内市场一体化水平的态度主要受 GDP 竞争及本区域对外开放程度的影响，而国内市场一体化水平本身也会对地方发展区域经济和促进 GDP 增长产生影响，因此二者可能存在双向因果关系。为解决由此带来的内生性问题，本书引入市场接近度作为对外贸易开放度的工具变量。考虑到我国对外贸易以海运为主，这里的市场接近度采用各省级行政区到最近的主要出海港口（广州、上海和天津）的距离作为对外贸易的工具变量，其中，出海港口到所在的省级行政区距离视为 0。同时，本书进一步考虑地方政府本地偏好的内生性。鉴于地方政府本地市场偏好主要是为了在 GDP 竞赛中胜出，其中最重要的目标是实现对周边省级行政区 GDP 的赶超。因此，本书建立 GDP

领先度作为地方政府本地偏好的工具变量。具体地，把各省级行政区按照东部、中部、西部归属进行划分，分别取年度内各省级行政区 GDP 的平均值作为区域 GDP 的基准，然后用各省级行政区的 GDP 减去区域均值，再除以区域均值并乘以 100，得到各省级行政区的 GDP 领先度结果，见表 2-5。

表 2-5　工具变量回归结果

解释变量	GOV 内生	TRADE 内生	GOV、TRADE 内生	GOV 内生	TRADE 内生	GOV、TRADE 内生
	（1）	（2）	（3）	（4）	（5）	（6）
FTA	38.255	34.764	37.151	36.421	34.776	35.591
	（3.23）***	（16.61）***	（9.13）***	（16.37）***	（16.56）***	（16.00）***
GOV	−3.172	−0.950	−2.333	−2.133	−0.972	−1.456
	（0.48）	（2.86）***	（1.22）	（4.41）***	（2.93）***	（3.42）***
TRADE	0.143	−0.048	0.008	0.140	−0.039	−0.045
	（0.69）	（0.43）	（0.09）	（1.71）	（0.34）	（0.37）
RAIL				0.676	0.724	0.759
				（1.03）	（1.63）	（1.61）
ROAD				−0.774	−0.499	−0.712
				（0.95）	（0.92）	（1.25）
常数项	63.192	49.070	58.781	55.579	48.306	52.821
	（1.33）	（19.39）***	（4.08）***	（9.81）***	（11.97）***	（11.80）***
可决系数	0.26	0.30	0.28	0.10	0.29	0.39
最小特征值统计量	25.98	181.25	8.04	1548.02	168.42	80.18
	[16.38]	[16.38]	[7.03]	[16.38]	[16.38]	[7.03]
观测值	644	644	644	616	644	616

注：①（）内为 t 统计量；②最小特征值统计量中[]内为 2sls Wald test 在 10%显著性水平上的临界值。③***表示在 1%水平上显著。

表 2-5 是使用工具变量的 GMM 回归结果。其中，列（1）～列（3）、列（4）～列（6）分别是包含 3 个和 5 个解释变量的模型。各次回归结果都证实了 CAFTA 的建立对我国国内市场一体化存在显著的正向拉动作用，FTA 都在 1%的水平上保持显著。

在表 2-5 中，列（1）是把 GDP 领先度作为地方政府本地偏好的工具变量的回归结果。最小特征值统计量大于 10%水平上的临界值，拒绝“弱工具变量”的原假设，所选工具变量与内生变量存在较强相关性。列（2）是把市场接近度作为对外贸易的工具变量的回归结果。最小特征值统计量也显示了工具变量与内生变量存在较强的相关性。列（3）是同时引入两个工具变量的回归结果。在列（1）～列（3）的回归中，FTA 对国内市场一体化水平的影响始终保持在 1%水平上显著。列（4）是把滞后一期的地方政府本地偏好的工具变量引入回归结果。最小特征值统计量远大于 10%显著性水平上的临界值，拒绝“弱工具变量”的原假设，所选工具变量与内生变量存在显著相关性。列（5）是把市场接近度作为对外贸易的工具变量的回归结果。列（6）是把滞后一期的地方政府本地偏好和市场接近度两个工具变量同时引入的回归结果。由于列（5）和列（6）回归的最小特征值统计量都拒绝“弱工具变量”的原假设，所选工具变量与内生变量存在较强相关性。在所有的回归结果中，自由贸易区和地方政府本地偏好两个核心变量都保持显著，系数都保持高度一致。值得注意的是，虽然基础设施在各次回归结果中并不显著，但并不影响得出 CAFTA 的建立显著提高了国内市场一体化水平的基本结论。

为了检验分析结果的稳健性，本书针对全国 28 个省级行政区的面板回归结果进行了以下 3 个方面的检验。

1）对工具变量进行替换。按照一般性的做法，采用变量 GOV、FTA、RAIL、ROAD 的滞后一期作为工具变量，进行了面板模型回归。与之前的各次回归结果相比，没有对变量的显著性造成实质影响，回归系数的符合性保持一致，结果见表 2-6 列（1）～列（2）。FTA 和 GOV 都在 1%的水平上保持显著。

2）剔除样本中的极值。以 2012 年为基准，分别把全国 28 个省级行政区中市场一体化水平处于最高水平和最低水平的 10%的省级行政区剔除，分别剔除了最高的上海（193.9）和浙江（151.1）及最低的安徽（43.7）和河南（42.1），然后进行再次回归，发现各变量，特别是自由贸易区的影响仍然保持显著，结果见表 2-6 列（3）～列（4）。这表明样本中的极端样本的存在并不影响本书结论的稳健性。

3）对自由贸易区的赋值进行调整。区别于前文的从 2006 年起赋值为 1，本部分把 2010 年 CAFTA 全面实施作为赋值分界点，之前赋值为 0，其余赋值为 1，结果见表 2-6 列（5）～列（6）。估计结果显示，自由贸易区、地方政府本地偏好、对外贸易等变量都至少在 5%的水平上显著，估计系数符号也没有发生变化。这表明，CAFTA 的建立有利于我国国内市场一体化水平的提高，估计结果具有较强稳健性。其中，由于赋值为 1 的年份从 2006 年变为 2010 年，FTA 对一体化的解释力下降，从而使整个模型解释力略有下降也符合预期。

表 2-6　稳健性分析结果

解释变量	估计方法					
	混合 OLS		FE		RE	
	（1）	（2）	（3）	（4）	（5）	（6）
FTA	36.370	36.398	36.284	36.275	37.566	37.575
	（16.47）***	（16.38）***	（17.03）***	（17.01）***	（12.52）***	（12.51）***

续表

解释变量	估计方法					
	混合 OLS		FE		RE	
	(1)	(2)	(3)	(4)	(5)	(6)
GOV	-2.060	-2.094	-1.520	-1.506	-0.899	-0.904
	(4.32)***	(4.30)***	(4.34)***	(4.29)***	(2.43)**	(2.41)**
TRADE	0.108	0.122	-0.067	-0.053	0.230	0.252
	(1.25)	(1.38)	(0.92)	(0.73)	(2.93)***	(3.12)***
RAIL		0.726		0.635		0.923
		(1.05)		(1.24)		(1.44)
ROAD		-0.564		0.030		-0.346
		(0.63)		(0.05)		(0.43)
常数项	55.166	54.638	55.017	52.203	49.952	47.602
	(14.13)***	(9.43)***	(17.39)***	(11.75)***	(14.74)***	(9.32)***
可决系数	0.28	0.29	0.34	0.35	0.18	0.19
观测值	616	616	552	552	644	644

注：①（）内为 t 统计量。②**、***分别表示在 5%和 1%水平上显著。

第六节 结论及启示

本书运用价格指数法对国内市场一体化水平进行了测算，并在此基础上引入能够反映地方政府本地偏好、基础设施和对外贸易 3 个因素的变量对我国国内市场一体化的影响进行了实证分析，得出以下结论。

1）CAFTA 建设对我国国内市场一体化具有显著的正向作用。从实证结果来看，以降低外部边界效应为主的自由贸易区降低了国内市场分割，提高了国内市场的一体化水平。这表明，CAFTA 的建立直接加强了我国与东盟接壤的省级行政区开放进程，CAFTA 带来的市场扩大效应改善了西部地区承接产业的条件，促进了产业从东部到中部、西部的梯度转移，从而削减了市场分割，为内陆与沿边联合开放提供了条件。当前我国加快实施自由贸易区战略有利于推进国内区域经济协调发展。

2）地方保护倾向与国内市场一体化水平呈负相关。在我国财政分权体制下，地方政府的本地偏好强化了国内市场分割，地方政府为了保护本地企业而对市场进行过度干预，造成了跨地区贸易成本的提高。

3）基础设施对国内市场一体化存在不同影响。其中，铁路运营里程增长与国内市场一体化水平呈正相关，有利于国内市场一体化；公路运营里程增长与国内市场一体化呈负相关。公路与国内市场分割呈正相关可能是由于运营里程分布不均衡造成的。与铁路相比，公路在跨省远程运输方面具有明显的成本劣势。因此，进一步加强落后省级行政区铁路网络的建设有利于提高国内市场一体化水平。

4）各省级行政区到出海港口的距离对贸易开放度有显著影响。考虑到我国主要对外贸易区的分布存在显著区域特征，同时我国对外贸易以海运为主，本书引入各省级行政区的市场接近度作为对外贸易开放度的工具变量。结果显示，市场接近度是对外贸易开放度的有效工具变量，各省级行政区到出海港口的距离对贸易开放度具有显著影响，距离出海港口越近，对外贸易开放度越高。

5）区域 GDP 差异加剧了地方政府本地市场偏好。考虑到地方政府受 GDP 竞赛的影响，实现对周边省级行政区 GDP 的赶超是地方政府的首要目标之一。为此，本书建立 GDP 领先度作为地方政府本地偏好的工具变量。结果显示，GDP 领先度是地方政府本地偏好的有效工具变量，区域 GDP 差异加剧了地方政府本地市场偏好。

综合以上分析，作者认为，CAFTA 对未来云南经济发展的借鉴意义主要表现在以下两个方面。

1）CAFTA 的建立有助于推动云南加快融入国内市场，提高市场一体化水平。研究显示，自由贸易区通过强化国内区域分工、合作的方式促进了省际贸易的发展，从而有利于云南提高国内市场一体化水平。未来，云南要紧紧抓住我国打造 CAFTA 升级版发展机遇，加快与东部发达省级行政区联合开放的路径，促进产业承接，实现区域经济协调发展。

2）加快出省、出境基础设施建设有利于扩大云南对外开放水平，进一步发挥区域枢纽作用。对于内陆边疆省份来说，在封闭条件下，经济具有天然的内向性。在开放条件下，对外开放水平主要受自身发展水平、周边地区经济发展状况、国内发达区域经济发展模式等因素的影响。目前，云南提高对外开放水平的瓶颈还是经济发展水平和交通基础设施效率。解决经济发展水平问题还要依托承接国内外产业转移和促进沿海、沿边合作来实现，而解决交通基础设施效率问题主要还是加强出省、出境公路和铁路的建设。可以预见，随着周边基础设施互联互通水平的提高，云南对外开放和对内开放的进程都将大大加快，区域物流、信息、金融枢纽作用将日益凸显。随着 2016 年昆明高铁开通，云南融入国内市场的速度和水平大幅提升，内向开放将成为云南经济增长的重要推动力，这将进一步提升对外开放水平和能力，进而为云南更好地辐射东南亚、南亚市场提供新的发展动力。

第三章　国际区域经济一体化与沿边开放新优势

当前，我国面临建设开放型经济和加快发展沿边地区经济发展的双重使命。党的十八大以来，国家高度重视内陆和沿边地区的改革开放，沿边经济社会发展面临重大历史机遇。党的十八大报告明确指出“加快实施自由贸易区战略”是我国“全面提高开放型经济水平”的重要举措。探索利用国际区域经济一体化培育沿边开放新优势，对我国发展与周边国家的自由贸易区和促进沿边地区经济增长具有重要的理论和实践价值。

第一节　经济一体化与沿边经济的文献综述

沿边地区是沿国境线分布的地区，它的界定和划分以国家边境为基本要素。边境对沿边地区的经济增长具有决定性的影响。长期以来，边境对区域经济发展的影响存在两种截然相反的代表性观点。[①] 勒施（Losch，1995）从市场区位理论角度指出，沿边地区面临政治和经济双重边界[②]。边境的存在导致市场被分割并向着不同的中心分散，阻碍了贸易的发展，降低了边境企业的收益，从而抑制了企业在边境地区的布局，使边境地区在经济上被边缘化。按照克里斯塔勒（Christaller，1933）的中心地理论，边境地区存在“社会政治分割原则”，边境地区以国家政治利益为优先，经济处于从属地位，从而限制了边境中心区的发展。[③] Prugman（1996）则是持相反观点的代表。他认为，在开放条件下，由于边境地区的贸易运输距离短，会促使生产和消费向边境地区集中，从而改变地区间的资源分配结构。这两个方面的观点最终被分别归纳为：阻碍空间相互作用的屏蔽效应和促进空间接触、交流的中介效应（汤建中等，2002）。

在国际区域经济一体化潮流的影响下，边界的屏蔽效应不断减弱，而中介效应不断增强，沿边地区经济社会发展进入新的历史阶段。研究和实践经验表明，区域经济一体化对沿边经济的发展具有深远影响。经济一体化能使跨边界的要素流动更容易，从而改变空间均衡（Krugman，1991a，b）。同时，经济一体化通过削弱国内市场的重要性，促使产业在边界地区聚集，给边界地区带来正效应。因此，经济一体化具有将边境地区转变成区域市场中心区的倾向（Hanson，1996；Krugman and Elizondo，1996；

---

① 全洪涛等：《沿边开放的战略选择：中缅跨境经济合作区研究》，经济管理出版社，2012，第 6 页。

② 原文表述为“政治境界”和“经济境界”，意指政治上的国境和经济上的边界对边境地区的影响。为了更符合语言表达习惯，并避免歧义，本书引述为“边界”。

③ 李铁立：《边界效应与跨边界次区域经济合作研究》，中国金融出版社，2005，第 68 页。

Fujita，1999）。经济一体化进程中边界效应的下降和转化对边缘经济增长中心的形成和产业升级都具有积极作用（梁双陆，2009），如北美自由贸易区、欧洲一体化实践。北美自由贸易区成立后，形成了以美国为轴心的生产和加工一体化，美国和墨西哥的制造业纷纷向边界地区转移，极大地促进了墨西哥边境地区的发展，使紧靠美国的北部地区成为墨西哥经济发展最快的地区，一些边境城镇发展成为拥有数百万人口的现代化城市（陈芝芸，1996；Hanson，1998；华晓红，2007）。类似地，欧洲市场一体化也使匈牙利的制造业布局趋向于边境区域，尤其是临近欧盟的区域，专业化水平也得到加强（Iara and Traistaru，2003）。

但由于边界效应不同，跨边界的一体化并不总是成功的。虽然一体化使跨边界的要素流动更容易，从而改变空间均衡（Krugman，1991 a，b），但沿边转变为中心的倾向还有赖于边界两侧产业关联性的提高（李铁立和姜怀宇，2005）。

在CAFTA的推动下，地处西南沿边的云南成为真正意义上的开放前沿，区位环境发生了重大变化，极大地促进了边境贸易、产业、投资的快速发展。云南的对外贸易、投资和对外经济合作将在更大范围和程度上转向东南亚，云南经济发展的重心将南移，沿边地区经济发展将显著加快，昆明有望成为中国西南和中南半岛的区域性国际中心（云南省社会科学院课题组，2002；贺圣达等，2003；梁双陆，2009）。

综上所述，沿边地区是处于封闭经济条件下，还是处于开放经济条件下，对沿边地区经济增长具有决定性影响。在封闭经济条件下，沿边地区属于典型的边缘区域。由于远离区域经济增长中心，发展水平往往较低且与经济中心（如省会）之间的地理距离成反比。[①] 而在开放经济条件下，边界的阻碍效应大幅削减，沿边地区反而具有利用跨境运输距离短、能同时辐射境内外市场等区位优势。在国际区域经济一体化的推动下，沿边地区有望成长为区域增长中心，甚至是核心区域，从而降低对远距离中心区域的依赖。本书将顺应国际经济发展趋势，着重讨论开放经济条件下沿边地区的发展。

第二节　国际区域经济一体化与沿边经济发展

在封闭经济条件下，由于远离消费市场、运输成本高昂和信息不畅，沿边地区往往被边缘化，区域经济发展滞后。在开放经济条件下，特别是当前国际区域经济一体化浪潮的影响下，沿边地区特别是边境地区往往能获得更大的发展机遇。自由贸易区作为当前国际区域经济一体化的主要形式，为内陆沿边地区的经济发展注入了新的动力。随着CAFTA的建成和运行，云南的区位发展条件发生了重大变化。

国际区域经济一体化与沿边经济发展的逻辑关联是国家间客观存在的边境。国际

---

① 罗贞礼：《边缘区域经济发展研究》，湖南人民出版社，2007，第2～3页。

区域经济一体化促进了贸易、投资的自由化和便利化，降低了跨境交易成本。这对沿国境线分布的沿边地区的经济增长形成了直接的溢出效应和深远影响。

借助一体化理论和空间经济学方法，自由贸易区建立以后对区域经济的影响显而易见。但目前，关于以自由贸易区为主的国际区域经济一体化影响沿边经济发展的研究呈碎片化，尚未形成系统框架。在整合现有研究的基础上，本书提出自由贸易区的经济发展效应，细分为产业发展效应、贸易发展效应和投资发展效应 3 个层面，并以此深入分析 CAFTA 给云南培育沿边开放新优势带来的契机及影响。

一、产业发展效应

产业发展效应包括产业集聚和产业竞争两个方面。产业集聚主要是在一体化过程中由于边境地区接近扩展后的大市场而吸引更多企业和产业投资，实现产业进一步集聚的过程。这方面，墨西哥北部边境和匈牙利制造业在边境的集聚都是最典型的案例。产业竞争是指随着市场扩大，区域内进入的企业增加，也会加剧企业在采购、生产和营销等方面的竞争，实现企业的优胜劣汰，促进产业的结构转型和升级。理论上，随着周边市场一体化水平的提高，云南优势产业的发展将会加速，产业集中度也可能进一步上升，从而为全省的产业结构转型升级创造条件。

二、贸易发展效应

贸易发展效应主要包括贸易创造效应、贸易转移效应和贸易条件效应。由于各国比较优势的不同，贸易效应可以分为贸易数量和贸易结构两个方面。贸易发展效应作为产业发展的结果，依然可以参照产业发展效应得以体现。理论上，贸易创造是一个国内低效率生产被国外高效率生产所取代的过程。而从周边市场来看，与北美自由贸易区这种南北型区域不同，周边与我国接壤的地区，其经济发展水平接近云南，贸易创造效应可能不会很显著，但同时，也不会发生明显的贸易转移，这将保证我国与周边国家的贸易利益，确保经济一体化的顺利推进。

三、投资发展效应

投资发展效应包括投资创造效应和投资转移效应。判断投资效应有总量和配置两个视角。在总量方面，如果区域贸易协定使第三国的对外直接投资（foreign direct investment，FDI）流向该区域，则属于投资创造效应；如果该区域作为一个整体吸引区外 FDI 的数量减少，则属于投资转移效应（Kindleberger，1966）。在配置方面，当投资遵循区域贸易协定从低效率的地区向高效率的地区转移时，就产生了投资创造效应；当投资从相对有效率的地区向无效率的地区转移时，就产生了投资转移效应。目前，主要从配置方面，即投资效率，判断投资效应的产生。根据国际区域经济一体化理论，CAFTA 建成以后，扩大的市场规模更有利于吸引国际投资。因此，理论上，云南在吸引国际投资和省外投资方面会出现显著增长。同时，云南与周边国家贸易壁垒的进一步降低也会使云南对外投资显著增长。

第三节 沿边开放新优势的内涵和基础

沿边地区具有天然联系的通道优势和区位优势。历史上，很多沿边地区曾凭借区位优势而成为当时的发达地区。① 自改革开放以来，以东部为先导的开放发展进程使中、西部与之差距逐渐扩大。② 当前，世界经济全球化、国际区域经济一体化使沿边经济发展面临巨大机遇的同时，也面临诸多挑战。随着国内劳动力、原材料、资源和土地等要素成本进入集中上升期，以及人民币升值带来的出口和利用外资成本上升，弱化了我国的传统竞争优势。③ 沿边地区只有在依托传统地缘经济基础上，顺应国内外经济发展形势，形成参与国际经济合作与竞争的新优势，才能改变沿边开放落后于沿海、沿江的现状，打破资源和产业向东部单向集聚的态势，在沿边地区形成国内外资金、技术、人才、商品、信息的汇集区和集散地，从而把沿边地区打造成全国经济发展新的增长极。

当前的国内外经济发展趋势是培育沿边开放新优势。与传统的沿边区位和通道优势相比，所谓的沿边开放新优势就是要顺应国内外经济发展潮流和契机，在深度和广度两个层面拓展沿边地区的对外开放优势。

1）周边国家的经济发展水平和市场化水平的提高为沿边开放带来崭新市场机遇。长期以来，由于周边国家经济发展水平滞后，我国沿边地区处于一个较为封闭的市场循环，主要贸易和产业对国内东、中部地区的市场、资源和港口形成了较强的依赖，沿边地区的经济发展未能充分利用其毗邻周边区域的市场优势。随着周边国家经济的快速发展和市场化水平的不断提高，东南亚、南亚市场对我国东、中部地区的吸引力日益提高，云南等沿边地区的贸易、产业和投资迎来巨大发展机遇。

2）与周边国家的自由贸易区建设空前地降低了沿边地区的交易成本和风险。在以周边为基础加快实施自由贸易区战略的背景下，我国沿边地区与周边国家的贸易自由化和便利化措施日益完善，显著降低了沿边地区跨境贸易的交易成本和风险，促进了边界屏蔽效应向中介效应的转化。我国与周边国家的自由贸易区合作涉及很多交通和基础设施建设，这有利于降低跨境运输成本，从而为沿边地区的贸易、投资发展提供推动力。

3）内陆沿边开放战略史无前例地把沿边地区推到改革开放的最前沿。与沿海、沿江开放相比，内陆沿边开放的启动时间滞后、政策倾斜不足、经济基础薄弱，难以满足区域开放型经济建设的需要。而随着我国西部地区经济发展战略价值的不断凸显和

---

① 邱济洲，秦梦宇，周建国：《沿边地区沿边开放战略及对策》，《世界经济文汇》，2000年第1期。

② 王怀民，李凯杰：《加工贸易与地区收入差距》，《世界经济研究》，2010年第8期。

③ 厉以宁，等：《中国经济改革警示录》，人民出版社，2013，第164～165页。

促进国内区域经济均衡发展的需要，沿边地区先试先行的制度优势和以贯通境内外为目标的大通道建设，使沿边地区获得了从边缘区成长为中心区的历史契机。沿边地区的增长潜力已经从资源禀赋转移到区位优势和资源整合领域，考验的是沿边地方政府对政策的创新能力和执行能力。

4）次区域经济合作赋予了沿边地区参与国际经济合作的准主体地位。在次区域经济合作中，沿边地区作为主要的利益代表，在一定程度上获得了同毗邻国家的政府进行会晤、协调乃至签署协议的授权，极大地调动了沿边地区的积极性和主动性。在国际区域经济一体化浪潮中，使沿边地区可以掌握先机，获得先发优势。特别是在国家难以整体推进的领域，可以通过次区域合作的形式进行实验性的探索。目前，我国已经形成了大湄公河、图们江等次区域经济合作，对加快我国与周边区域的互信共赢和深度融合发挥了积极作用。

5）我国经济的快速发展极大地提高了我国沿边地区的区位优势和通道价值。随着我国政治经济影响力的快速提升，沿边地区的辐射范围和战略价值都发生了本质性的变化。我国西南沿边地区的区位优势从连接周边国家进一步扩充到辐射东南亚、南亚和中东地区，甚至面向整个印度洋经济圈。沿边地区与周边国家互联互通水平也迈上新台阶，口岸便利化水平大幅提升，运输成本显著下降，为路桥经济的来临奠定了基础。目前，我国领导人积极向世界推介我国高铁项目，推动我国与世界主要地区的高铁连通。如果我国实现了与周边国家主要地区的高铁直通，东部的产业、资金向西部转移的速度将进一步加快，沿边地区的经济发展和区域通道价值将进入崭新阶段。

6）国内市场化改革导向为沿边地区吸引资金和产业集聚提供了条件。长期以来，我国的劳动和资本都在向沿海地区转移。劳动向工资高的地区转移是合乎情理的，但资本没有转移到工资较低的地区则与市场规律相悖，或者只能用基础设施、金融基础、内陆当地政府观念等因素的影响来解释。[①] 党的十八届三中全会提出了要“发挥市场在资源配置中的决定性作用”，这为提高沿边地区的产业、资金聚集能力提供了条件。在更大程度上发挥市场作用的改革导向下，沿边地区投资环境有望持续优化，从而吸引逐利资本和产业的进入。

7）发挥市场作用和规范政府职能的改革导向为沿边地区打造区域产业新优势创造了新机遇的同时也带来了挑战。区域经济发展首先要通过市场机制在产业价值链中找到最合适的位置。但政府由于从当地企业股权中获益丰厚，不愿意看到企业自由进入或退出，发展竞争型经济的积极性并不高。[②] 与依靠市场相对应的是，沿边地区政府职能规范问题仍有较大推进空间，避免过度干涉企业和市场有望释放更大活力。根据世界银行的归纳，沿边地区政府的主要职能是维护市场秩序、解决市场失灵和提供公共

① 德怀特·珀金斯：《中国经济对中国经济学家提出的挑战》，载吴敬琏主编《比较》，中信出版社，2011，第44页。

② 霍米·卡拉斯：《中国向高收入国家转型：避免中等收入陷阱的因应之道》，载吴敬琏主编《比较》，中信出版社，2011，第116页。

产品，见表 3-1。为了避免政府干预导致的发展问题，要充分发挥市场机制作用，依靠市场力量促进区域内企业和产业在生产、供需和空间分布上形成产业链的延伸和发展，从而奠定区域产业发展优势。从沿边地区经济发展来看，首先要研究市场机制条件下要素和产业向沿边地区集聚的条件和存在的障碍；其次要加快转变政府职能，强化服务意识。目前来看，市场作用和政府职能及效率仍是造成东西部差距的重要因素。

表 3-1　市场经济中沿边地区政府的职能

职能	解决市场失灵	促进社会公平
小职能	提供纯粹的公共产品	保护穷人（贫困、疾病）
中型职能	外部效应、垄断、信息不对称	提供社会保险
积极职能	协调私人活动，实施产业政策	再分配

资料来源：世界银行，《1997 年世界发展报告》，中国财政经济出版社，1997，第 27 页。

8）国内外贸易结构和产业结构调整为沿边地区拓展开放空间提供了契机。目前，我国对外贸易结构面临深刻调整。低附加值和低技术含量使我国贸易条件不断恶化。我国对外贸易亟须改变过去高出口、低收益的外贸增长模式，尽快形成以技术、品牌、质量和服务为核心竞争力的对外贸易新优势。作为一个出口大国，我国一直遭受着各领域保护主义的冲击。如何有效应对当前的保护主义调整也是培育我国发展空间的关键。同时，产业结构也面临国内和国际调整压力。从国内情况来看，在地方保护和市场分割影响下，部分行业存在重复建设和产能过剩问题，区域间产业发展亟待协调，国内产业需要进一步增强发展活力和竞争力。从国际情况来看，全球产业结构面临重大调整。发达国家提出再工业化，新兴经济体发展迅速，广大发展中国家积极承接产业转移，全球贸易和产业结构面临进一步复杂变革。国内外的调整变革和压力为沿边地区产业结构优化和对外贸易的多元化发展创造了新的发展空间。

第四节　结论与启示

1）自由贸易区对提升我国沿边地区经济发展已经初显成效。在 CAFTA 的推动下，地处西南沿边地区的云南成为真正意义上的开放前沿。从云南的 16 个州市来看，CAFTA 建设使各沿边州市获得了差异化发展优势，成为推动全省产业、贸易和投资发展的重要动力。这验证了在国际区域经济一体化进程中，交易成本下降和边界效应降低给边境地区经济发展带来的机遇。在我国对缅甸出口不断发展的背景下，云南各行业出口占全国比重整体下降，但保持增长的 5 个行业中，有 4 个属于制造业，显示了沿边地区的发展成效。随着贸易自由化和便利化的进一步推进，沿边地区资源集聚能力有望持续改善，经济发展的优势和成效将进一步凸显。

2）沿边地区的贸易发展面临我国国内省级行政区的激烈竞争。仅从云南对缅甸的出口贸易数据来看，2009～2011 年，云南各行业对缅甸出口金额占全国的比重下降的行业占实际出口行业的 86%，保持增加的仅有烟草制造、皮革及其制品、化学原料及化学制品、专用设备制造，而对于电力、热力的生产和供应业，云南一直是全国的唯一出口省份，始终保持 100%的比重。这表明，沿边地区的贸易发展面临较为激烈的国内竞争。事实上，国内企业在开拓东盟市场过程中，部分行业出现了较为普遍的不规范竞争甚至过度竞争，降低和损害了我国的贸易利益。因此，在进一步挖掘和提高沿边地区的贸易发展优势的同时，应该加快探索促进内陆沿边地区与国内其他省级行政区，特别是沿海发达地区的产业合作、优势互补和政策协调，促进对外贸易的差异化、多元化发展，避免恶性竞争。

3）沿边地区的产业结构优化升级是激发活力和打造沿边经济增长中心的基础。从西南沿边来看，我国沿边地区的产业发展水平由于周边缅甸、越南、老挝都处于工业化加速发展阶段，在亚洲区域生产网络中的地位和作用有相似性，都以劳动和资源密集型环节的生产加工为主，表现出较强的同质化和竞争性。因此，产业之间的潜在利益冲突必然容易诱发市场和贸易保护行为，从而不利于推动国际区域经济一体化进程，发挥自由贸易区带来的市场扩大效应。为此，我国沿边地区应该加强与国内发达地区的合作，并出台激励政策，加快具有较强互补性和竞争优势的产业向西部地区转移，减少沿边产业与周边市场的同质化，扩大产业、贸易和投资方面的发展空间。

综上所述，国际区域经济一体化是培育沿边开放新优势的重要动力，是沿边地区实现从边缘区域向中心区域跃升的最大契机。CAFTA 使滇桂两省区的区位环境发生了重大变化（云南省社会科学院和广西社会科学院，2003）。自由贸易区建设极大地促进了边境贸易、产业、投资的快速发展（贺圣达等，2003；梁双陆，2009），CAFTA 的建立将使云南的对外贸易、投资和对外经济合作在更大范围和程度上转向东南亚，云南经济发展的重心将南移，沿边地区经济发展将显著加快，昆明有望成为中国西南和中南半岛的区域性国际中心（云南省社会科学院课题组，2002）。2014 年 8 月 1 日，据英国《卫报》报道，泰国政府批准了从我国昆明经老挝万象抵达曼谷直通新加坡的泰国段高铁项目[①]。这一超过 230 亿美元的投资项目有望改变整个地区的商品贸易模式，并使昆明成长为东南亚市场的区域核心枢纽，同时将显著提升我国在东南亚地区的影响力。进入 21 世纪，东亚地区已经成为世界经济的重要增长极，亚太地区的区域合作也将进一步加强。在国际区域经济一体化迅猛发展的背景下，沿边地区只有把握好发挥地缘优势的机会，借助国家推进丝绸之路经济带、海上丝绸之路建设的契机，积极开拓并融入周边市场，奠定内引外联的核心优势，从而为沿边地区的经济增长营造良好的内外部条件，从根本上扭转东部产业和生产要素不向西部转移的不利局面。

---

① Kate Hodal. Thailand's ruling junta approves China rail links worth $23bn[EB/OL]. The Guardian. http://www.theguardian.com/world/2014/aug/01/thailand-junta-approve-china-rail-link-23bn，2014-08-01.

第四章　云南利用 CAFTA 培育沿边开放新优势的现状与趋势

在 CAFTA 的推动下，作为我国与东盟交界的重要省份，地处西南沿边的云南成为真正意义上的开放前沿。CAFTA 使云南和广西的区位环境发生了重大变化，极大地促进了边境贸易、产业、投资的快速发展。云南的对外贸易、投资和对外经济合作将在更大范围和程度上转向东南亚，云南经济发展的重心将南移，沿边地区经济发展将显著加快，昆明有望成为中国西南和中南半岛的区域性国际中心（云南省社会科学院课题组，2002；贺圣达等，2003；梁双陆，2009）。自 CAFTA 全面建成以来，云南在区位上的独特的优势已经得到凸显，在贸易、产业和投资方面都获得了显著的经济效益。

第一节　贸易发展现状与趋势

边境贸易是边境地区经济的重要组成部分，对促进沿边地区经济发展、增进相邻两国间的了解等都有重要作用。CAFTA 的建立进一步激发了云南沿边地区的中介效应，为云南沿边地区开展广泛的国际贸易活动带来了便利，边境贸易的数额总体呈逐年上升趋势。这种贸易增长既体现了毗邻地区天然的特殊性和内在优势，又体现了特定区位条件下不同于其他地区的发展趋势和特征。

从总体上看，云南进出口都呈快速增长态势。尤其值得关注的是，2002～2011 年，全省出口总额始终大于进口总额，但在 2012 年出现逆转，全省进口总额第一次超过出口总额，是 1999 年以来的首次逆差。图 4-1 表明，2014 年之前，云南进出口总额除了因为金融危机冲击在 2009 年大幅回落以外，其余年度都保持增长。特别是从 2010 年 CAFTA 全面启动以后，全省进口总额大幅增加，增长速度超过全省出口总额，从而使全省贸易呈现逆差状态。在我国与东盟在贸易结构和产业存在一定竞争性和同质化背景下，这种逆差对我国开拓周边市场、发挥市场提供者角色是有益的。然而，逆差状况存在的时间很短。2013 年开始，全省出口总额又迅速超过进口总额，贸易顺差进一步扩大，这也体现出云南在我国向西开放和走出去的重要区位优势和巨大市场潜力。

从云南对东盟、南亚的贸易总额及比重来看，数据显示，2000～2016 年，在贸易自由化和便利化的推进下，全省对外贸易总值持续增加，周边东盟和南亚国家占云南的贸易比重持续上升，从 2000 年的 28.57%升至 2016 年的 61.97%，见表 4-1。

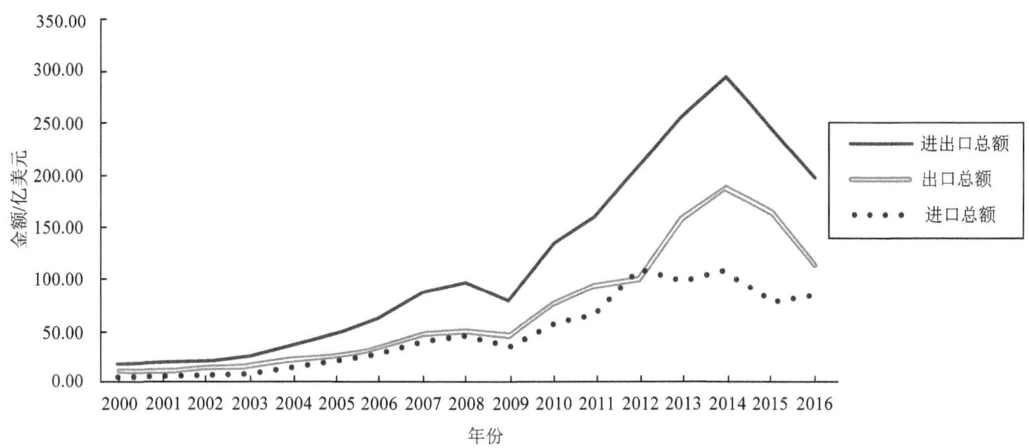

图 4-1　云南省 2000～2016 年对外贸易情况

资料来源：《云南统计年鉴》。

表 4-1　2000～2016 年云南与东盟、南亚贸易情况

年份	云南贸易总额/亿美元	对东盟贸易额/亿美元	占比/%	对南亚贸易额/亿美元	占比/%	对东盟和南亚总比重/%
2000	18.13	4.61	25.43	0.57	3.14	28.57
2002	22.26	6.39	28.71	0.87	3.91	32.61
2004	37.48	10.09	26.92	1.91	5.10	32.02
2006	62.32	21.75	34.90	2.16	3.47	38.37
2008	95.99	27.64	28.79	8.96	9.33	38.13
2010	133.68	45.71	34.19	9.27	6.93	41.13
2012	210.05	67.66	32.21	5.69	2.71	34.92
2014	296.22	143.14	48.32	7.69	2.60	50.92
2016	199.99	118.33	59.17	5.61	2.81	61.97

资料来源：《云南统计年鉴》。

从云南对东盟各成员国的进口总额及各国占比来看（表 4-2），2008～2016 年，缅甸一直是云南最重要的进口来源国，近 2 年进口总额占比均在 60%以上。2012 年以后，随着我国与周边国家海上领土争端加剧，云南从印度尼西亚、菲律宾、马来西亚的进口占比大幅下降，而从老挝的进口总额和比重均大幅上升。2016 年，缅甸占云南进口比重的 62.67%。预计这样的进口格局将持续，缅甸、越南、老挝等周边国家将在较长时间里继续成为云南从东盟进口的主要来源国。

表 4-2　2008～2016 年云南从东盟进口总额及各国占比

项目	2008 年		2010 年		2012 年		2014 年		2016 年	
	进口总额/亿美元	占比/%	进口总额/亿美元	占比/%	进口总额/亿美元	占比/%	进口总额/亿美元	占比/%	进口总额/亿美元	占比/%
缅甸	4.65	57.34	6.49	38.84	7.43	24.05	35.79	64.01	35.76	62.67
印度尼西亚	0.65	8.01	2.68	16.04	7.84	25.38	5.90	10.55	0.04	0.07
老挝	0.53	6.54	1.01	6.04	1.95	6.31	4.66	8.33	6.59	11.55
马来西亚	0.33	4.07	3.47	20.77	7.92	25.64	5.24	9.37	0.12	0.21
菲律宾	0.04	0.49	0.00	0.00	0.78	2.53	0.02	0.04	0.00	0.00
新加坡	0.18	2.22	0.14	0.84	0.18	0.58	0.39	0.70	0.28	0.49
泰国	0.21	2.59	1.31	7.84	2.62	8.48	2.47	4.42	1.35	2.37
越南	1.52	18.74	1.61	9.63	2.17	7.03	1.44	2.58	12.92	22.64
合计	8.11	100.00	16.71	100.00	30.89	100.00	55.91	100.00	57.06	100.00

资料来源：《云南统计年鉴》，其中文莱、柬埔寨的数据缺失。

从云南对东盟各成员国的出口总额及各国占比来看（表 4-3），2008～2016 年，缅甸是云南最重要的出口市场，而且占云南对东盟出口的比重比较稳定，始终保持在 40%左右。2014 年，云南对缅甸的出口总额比 2012 年翻了一番，达到 34.68 亿美元。而 2016 年全省对印度尼西亚的出口占比呈下降趋势，对越南的出口占比则提高到 22.69%，对泰国出口占比提高到 16.47%，全省对东盟出口的市场集中度进一步提高。

表 4-3　2008～2016 年云南向东盟出口总额及各国占比

项目	2008 年		2010 年		2012 年		2014 年		2016 年	
	出口总额/亿美元	占比/%	出口总额/亿美元	占比/%	出口总额/亿美元	占比/%	出口总额/亿美元	占比/%	出口总额/亿美元	占比/%
文莱	0.00	0.00	0.01	0.03	0.06	0.16	0.43	0.49	0.04	0.06
缅甸	7.28	37.27	11.10	38.27	15.29	41.58	34.68	39.76	24.89	40.62
柬埔寨	0.17	0.87	0.04	0.14	0.07	0.19	0.14	0.16	0.50	0.82
印度尼西亚	1.57	8.04	1.68	5.79	3.58	9.74	7.10	8.14	4.28	6.98
老挝	0.57	2.92	1.03	3.55	1.52	4.14	9.06	10.39	2.10	3.43
马来西亚	0.82	4.20	2.11	7.27	2.31	6.28	7.24	8.30	3.67	5.99
菲律宾	0.40	2.05	0.39	1.34	0.42	1.14	1.03	1.18	1.04	1.70
新加坡	1.50	7.68	1.43	4.93	0.84	2.28	5.11	5.86	0.76	1.24
泰国	2.29	11.73	3.33	11.48	4.39	11.94	8.26	9.47	10.09	16.47
越南	4.93	25.24	7.89	27.20	8.29	22.55	14.18	16.25	13.90	22.69
合计	19.53	100.00	29.01	100.00	36.77	100.00	87.23	100.00	61.27	100.00

资料来源：《云南统计年鉴》。

在对外贸易总量持续增长的同时，云南出口结构也持续优化。从云南工业行业出口交货值来看（表 4-4），出口行业的集中度不断降低，并呈更替态势。2003 年，云南农副食品加工业的出口交货值排名第 7 位；到 2007 年则分别超过纺织业、医药制造业、食品制造业和木材加工及木、竹、藤、棕、草制品业，排名第 3 位，仅次于化学原料及化学制品制造业和烟草制品业；2011 年，又进一步超过烟草制品业，排名第 2 位，仅次于化学原料及化学制品制造业。同时，在国内用工成本上升和部分劳动密集型产业向东南亚转移的背景下，云南部分出口行业的出口交货值持续萎缩。其中，纺织业从 2003 年的第 3 位下降到 2011 年第 6 位，木材从 2003 年的第 6 位降至 2011 年的第 8 位。到 2014 年，云南工业各行业的出口交货值排序已经发生显著变化，农副食品加工业超过化学原料及化学制品制造业，位居第 1 位，饮料制造业首次进入前 5 位。这样的行业调整也给云南省内产业结构升级带来了外部机遇。

表 4-4　云南工业各行业出口交货值及排序

单位：千元

行业	2003 年		2007 年		2011 年		2014 年	
	出口交货值	行业排序	出口交货值	行业排序	出口交货值	行业排序	出口交货值	行业排序
26 化学原料及化学制品制造业	1 538 751	1	4 533 528	1	1 973 749	1	2 059 753	2
16 烟草制品业	524 165	2	1 071 761	2	1 140 868	3	1 472 084	3
17 纺织业	182 962	3	312 389	5	298 024	6	476 103	7
27 医药制造业	98 370	4	369 444	4	331 275	5	483 087	6
14 食品制造业	63 161	5	226 369	6	935 174	4	1 074 712	4
20 木材加工及木、竹、藤、棕、草制品业	63 044	6	143 117	8	52 107	8	29 709	11
13 农副食品加工业	58 391	7	597 612	3	1 434 886	2	3 559 900	1
15 饮料制造业	23 854	8	175 638	7	233 443	7	517 752	5
10 非金属矿采选业	19 077	9	0		0	14	0	21
19 皮革、毛皮、羽毛（绒）及其制品业	15 581	10	2 129	10	0	15	51 900	10
18 纺织服装、鞋、帽制造业	9 392	11	33 314	9	18 768	9	94 877	8
22 造纸及纸制品业	565	12	1 764	11	0	—	0	21
06 煤炭开采和洗选业	0	—	0	—	0	—	0	—
07 石油和天然气开采业	0	—	0	—	0	—	0	—
08 黑色金属矿采选业	0	—	0	—	0	—	0	—

续表

行业	2003年		2007年		2011年		2014年	
	出口交货值	行业排序	出口交货值	行业排序	出口交货值	行业排序	出口交货值	行业排序
09 有色金属矿采选业	0	—	0	—	0	—	0	—
21 家具制造业	0	—	0	—	0	—	0	—
23 印刷业和记录媒介的复制业	0	—	0	—	993	10	0	—
24 文教体育用品制造业	0	—	0	—	0	—	69 424	9
25 石油加工、炼焦及核燃料加工业	0	—	0	—	0	—	0	—
28 化学纤维制造业	0	—	0	—	0	—	0	—
11 其他采矿业	0	—	0	—	0	—	0	—

资料来源：国研网工业统计数据库。

东盟是云南最大的贸易伙伴。从云南对东盟的出口来看，在CAFTA的推动下，云南出口贸易对东盟市场的依赖度持续提高，结构也持续改善，区域优势日益凸显。如表4-5所示，2002年以来，云南植物产品出口能力大幅上升；受出口市场半径限制，云南矿产品出口目的地基本是东盟国家；随着东盟国家劳动密集型产品的快速发展，云南出口东盟的纺织品、鞋帽的比重快速下降，而运输设备的出口集中度则一直保持高位。同时，云南对东盟出口依赖程度不断上升，但2014年以后出现下降，出口市场多元化有较大进展。

表4-5　云南对东盟国家出口总额占云南对世界出口总额的比重（%）

类别	2002年	2003年	2004年	2005年	2006年	2007年	2008年	2009年	2010年	2011年	2012年	2013年	2014年	2015年	2016年
第1类 活动物；动物产品	58	62	65	77	67	63	38	19	15	16	15	9	6	15	3
第2类 植物产品	26	26	28	25	28	38	52	66	75	78	71	73	71	70	60
第3类 动、植物油等	12	10	0	9	6	84	0	0	0	0	0	0	45	0	6
第4类 食品、烟草等	66	62	61	62	63	61	67	64	67	67	72	70	63	43	50
第5类 矿产品	73	88	95	97	98	99	98	100	100	99	99	97	97	59	97
第6类 化工产品	55	53	48	36	44	39	27	40	33	36	43	44	50	32	37
第7类 塑料及橡胶等	58	89	90	87	92	81	88	73	73	78	85	62	77	75	76
第8类 皮革制品等	0	6	6	7	2	4	21	43	47	70	42	42	43	21	10
第9类 木及木制品等	2	2	4	9	8	11	19	—	30	44	41	61	55	96	28
第10类 木浆制品等	94	96	91	88	88	62	94	88	88	95	96	79	78	49	90
第11类 纺织品等	67	53	74	76	78	84	90	60	68	77	78	72	74	29	32
第12类 鞋、帽等	74	82	64	91	83	80	88	35	57	72	12	36	36	26	20

续表

类别	2002年	2003年	2004年	2005年	2006年	2007年	2008年	2009年	2010年	2011年	2012年	2013年	2014年	2015年	2016年
第13类 石料等	96	82	80	91	87	95	91	76	70	97	79	63	69	59	63
第14类 珍宝贵金属等	34	47	51	55	42	41	51	15	40	8	17	85	94	90	49
第15类 贱金属制品	26	30	37	34	57	70	48	70	72	63	84	75	81	62	72
第16类 机器设备等	92	86	75	81	75	74	79	78	68	74	55	78	71	34	30
第17类 运输设备	93	97	96	95	87	85	83	90	66	93	90	88	90	20	96
第18类 光学仪器等	9	6	11	12	8	11	9	15	12	10	12	40	48	9	4
第20类 杂项制品	49	26	26	19	51	79	93	78	80	90	87	66	72	57	39
第21类 艺术品等	19	35	4	3	2	100	0	—	—	—	—	—	100	1	36
第22类 特殊交易品	100	100	78	100	97	52	99	—	—	—	—	0	0	0	0
合计	47	48	47												

资料来源：国研网国际贸易研究及决策支持系统。

注：第19类为武器、弹药及其零件、附件，所有年份统计数据均为0，故没有列出。

云南对缅甸的出口商品结构也在不断优化。缅甸一直是云南最大贸易伙伴国。2009年，云南对缅甸出口占比最大的前5个行业依次是通用设备制造业（10.46%）、纺织业（9.64%）、化学原料及化学制品制造业（8.67%）、金属制品业（8.23%）和交通运输设备制造业（7.16%），而到2011年，占比最大的5个行业依次是化学原料及化学制品制造业（13.83%）、交通运输设备制造业（10.29%）、黑色金属冶炼及压延加工业（10.16%）、专用设备制造业（9.95%）和纺织业（8.48%）。同时，云南对缅甸出口的行业集中度也进一步上升，占比居前10位的行业出口比重从2009年的72.6%上升到2011年的82.0%，见表4-6。

表4-6　云南向缅甸出口金额及比重变化情况（2009年和2011年）

行业	2009年			2011年		
	金额/美元	占全省全行业比重/%	占全国同行业比重/%	金额/美元	占全省全行业比重/%	占全国同行业比重/%
农业	15 902 685	5.05	99.26	1 067 868	0.21	74.86
农、林、牧、渔服务业	6 593	0	3.48	237 120	0.05	2.49
煤炭开采和洗选业	216 919	0.07	42.68	265 067	0.05	14.18
石油和天然气开采业	205 660	0.07	21.89	429 635	0.08	11.53
非金属矿采选业	1 552 078	0.49	53.39	670 334	0.13	22.08
农副食品加工业	84 704	0.03	1.75	39 849	0.01	0.53
食品制造业	4 701 153	1.49	26.17	4 886 902	0.94	15.39
饮料制造业	15 390 535	4.88	70.93	24 533 560	4.73	63.86

续表

行业	2009 年			2011 年		
	金额/美元	占全省全行业比重/%	占全国同行业比重/%	金额/美元	占全省全行业比重/%	占全国同行业比重/%
烟草制造业	6 137 381	1.95	69.93	12 880 948	2.48	79.23
纺织业	30 359 890	9.64	11.11	44 029 701	8.48	7.59
纺织服装、鞋、帽制造业	4 458 708	1.42	27.97	1 321 938	0.25	5.35
皮革、毛坯、羽毛（绒）及其制品业	321 737	0.10	2.48	2 333 834	0.45	4.56
木材加工及木、竹、藤、棕、草制品业	704 829	0.22	47.60	1 107 106	0.21	16.79
家具制造业	3 974 103	1.26	32.91	1 036 999	0.20	0.95
造纸及纸制品业	309 4631	0.98	28.60	3 763 517	0.72	18.13
印刷业、记录媒介的复制业	505 083	0.16	23.47	201 045	0.04	8.89
文教体育用品制造业	545 078	0.17	10.65	708 870	0.14	7.87
石油、炼焦及核燃料加工业	2 021 310	0.64	3.71	2 392 225	0.46	1.70
化学原料及化学制品制造业	27 307 204	8.67	33.35	71 781 526	13.83	43.78
医药制造业	8 447 982	2.68	36.95	10 664 308	2.06	40.42
化学纤维制造业	72 588	0.02	3.44	0	0	0
橡胶制品业	1 742 584	0.55	2.97	2 982 401	0.57	3.37
塑料制品业	10 063 668	3.19	35.78	15 224 683	2.93	22.69
非金属矿物制品业	20 302 201	6.44	41.76	23 289 986	4.49	25.71
黑色金属冶炼及压延加工业	21 828 957	6.93	11.39	52 704 520	10.16	8.28
有色金属冶炼及压延加工业	4 160 440	1.32	38.03	7 624 593	1.47	33.55
金属制品业	25 915 188	8.23	22.33	40 401 753	7.79	18.70
通用设备制造业	32 949 575	10.46	10.87	43 113 022	8.31	10.53
专用设备制造业	16 296 267	5.17	8.63	51 607 907	9.95	12.52
交通运输设备制造业	22 546 859	7.16	6.97	53 395 409	10.29	5.63
电气机械及器材制造业	10 880 814	3.45	6.23	15 546 337	3.00	5.99
通信设备、计算机及其他电子设备制造业	12 753 408	4.05	12.52	20 452 250	3.94	7.39
仪器仪表及文化、办公用机械制造业	869 246	0.28	3.53	1 301 325	0.25	4.62
工艺品及其他制造业	2 443 607	0.78	9.70	2 083 699	0.40	4.36
电力、热力的生产和供应业	6 296 459	2.00	100.00	4 849 334	0.93	100.00
合计	315 060 124	100.00	14.5	518 929 571	100.00	10.9

资料来源：根据 EPS 数据库（中国行业贸易数据库）整理。

注：由于国民经济行业分类发生变化，2009 年、2011 年是按照 2002 版行业分类进行统计的，已剔除未发生实际贸易的林业、畜牧业、渔业、黑色金属矿采选业、有色金属矿采选业和废弃资源及废旧材料回收加工业等行业。

2014 年和 2016 年的出口行业是按照 2011 版行业分类进行统计的。2014 年，云南对缅甸出口占比最大的前5个行业依次是非金属矿采选业（28.50%），文教、工美、体育和娱乐用品制造业（18.98%），计算机、通信和其他电子设备制造业（9.02%），汽车制造业（5.61%），农业（5.51%），而到2016年，占比最大的5个行业依次是汽车制造业（13.06%），计算机、通信和其他电子设备制造业（9.70%），化学原料和化学制品制造业（9.22%），文教、工美、体育和娱乐用品制造业（8.50%），电气机械和器材制造业（6.37%）。同时，云南对缅甸出口的行业集中度呈先升后降趋势，占比居前10位的行业出口比重从2011年的82.0%上升到2014年的84.2%，2016年又回落到73.3%，见表4-7。

表4-7　云南向缅甸出口金额及比重变化情况（2014年和2016年）

行业	2014年			2016年		
	金额/美元	占全省全行业比重/%	占全国同行业比重/%	金额/美元	占全省全行业比重/%	占全国同行业比重/%
农业	132 930 889	5.51	91.30	1 321 3971	1.59	46.60
林业	0	0.00	0.00	97 160	0.01	84.01
畜牧业	100	0.00	100.00	200	0.00	50.00
渔业	0	0.00	—	0	0	0
农、林、牧、渔服务业	4 405 750	0.18	40.15	527 500	0.06	17.55
煤炭开采和洗选业	746 802	0.03	10.49	338 590	0.04	71.45
石油和天然气开采业	8 034 154	0.33	67.28	2 341 791	0.28	83.60
黑色金属矿采选业	217 171	0.01	100.00	0	0	
有色金属矿采选业	0	0	0	0	0	
非金属矿采选业	688 091 705	28.50	99.87	438 331	0.05	24.48
农副食品加工业	74 334	0	0.49	86 111	0.01	0.43
食品制造业	5 402 263	0.22	14.56	4 843 799	0.58	8.09
酒、饮料和精制茶制造业	26 777 608	1.11	45.66	31 853 846	3.83	42.79
烟草制品业	21 273 724	0.88	90.92	22 716 336	2.73	91.45
纺织业	109 520 524	4.54	11.18	33 337 842	4.01	2.87
纺织服装、服饰业	11 894 512	0.49	30.05	934 211	0.11	3.17
皮革、毛皮、羽毛及其制品和制鞋业	1 311 130	0.05	1.61	1 006 545	0.12	1.08
木材加工和木、竹、藤、棕、草制品业	1 487 970	0.06	7.33	1 641 990	0.20	5.63
家具制造业	42 678 738	1.77	42.56	474 741	0.06	0.86
造纸和纸制品业	7 926 411	0.33	16.57	6 339 286	0.76	8.93
印刷和记录媒介的复制	461 570	0.02	4.13	1 498 524	0.18	7.35

续表

行业	2014 年			2016 年		
	金额/美元	占全省全行业比重/%	占全国同行业比重/%	金额/美元	占全省全行业比重/%	占全国同行业比重/%
文教、工美、体育和娱乐用品制造业	458 225 533	18.98	92.35	70 759 866	8.50	60.25
石油、炼焦及核燃料加工业	9 594 195	0.40	3.75	2 108 305	0.25	2.04
化学原料和化学制品制造业	70 344 508	2.91	26.75	76 756 111	9.22	22.48
医药制造业	15 886 494	0.66	31.03	10 163 499	1.22	24.42
橡胶和塑料制品业	32 398 557	1.34	13.05	31 428 132	3.78	11.34
非金属矿物制品业	38 720 694	1.60	21.25	19 600 312	2.36	7.88
黑色金属冶炼和压延加工业	69 996 429	2.90	6.54	45 498 691	5.47	5.34
有色金属冶炼和压延加工业	7 207 929	0.30	13.28	51 733 549	6.22	49.02
金属制品业	80 500 069	3.33	25.19	51 119 289	6.14	18.33
通用设备制造业	48 861 188	2.02	8.58	24 739 553	2.97	4.76
专用设备制造业	70 626 164	2.93	15.19	38 320 196	4.60	9.42
汽车制造业	135 356 658	5.61	27.92	108 718 716	13.06	25.13
铁路、船舶、航空航天和其他运输设备制造业	21 400 435	0.89	4.07	18 241 635	2.19	3.21
电气机械和器材制造业	49 325 660	2.04	10.30	53 017 561	6.37	8.59
计算机、通信和其他电子设备制造业	217 903 062	9.02	17.41	80 717 537	9.70	8.13
仪器仪表制造业	2 625 907	0.11	6.20	1 294 419	0.16	5.32
其他制造业	6 683 965	0.28	9.61	115 171	0.01	0.16
废弃资源综合利用业	0	0	0	821	0	15.96
电力、热力生产和供应业	15 564 990	0.64	100.00	26 222 645	3.15	100.00

资料来源：根据 EPS 数据库（中国行业贸易数据库）整理。2014 年和 2016 年是按照 2011 版行业分类进行统计的。

第二节　贸易结合度指数分析

为了进一步分析云南与东盟的贸易发展情况，本书采用贸易结合度指数进一步对贸易发展趋势进行分析。

贸易结合度（trade combined degree，TCD）指数是衡量区域贸易密切程度的重要指标。该指标是指一国对贸易伙伴国（地区）的出口额占该国出口总额的比重与该贸易伙伴国（地区）进口总额占世界进口总额的比重之比。借鉴霍伟东和杨碧琴（2013）

所采用的计算方法，贸易结合度指数的计算公式为

$$\mathrm{TCD}_{ab_t}=\frac{X_{ab_t}/X_{a_t}}{M_{b_t}/M_{w_t}} \tag{4-1}$$

式中，a 和 b 表示国家；t 表示时间（年）；TCD_{ab_t} 表示在第 t 年 a 国对 b 国的贸易结合度；X_{ab_t}、X_{a_t} 分别表示第 t 年 a 国对 b 国的出口总额和 a 国对世界的出口总额；X_{ab_t}/X_{a_t} 表示第 t 年 a 国向 b 国的出口额占 a 国出口总额的比重；M_{b_t}、M_{w_t} 分别表示第 t 年 b 国和世界的进口总额；M_{b_t}/M_{w_t} 表示第 t 年 b 国的进口总额占世界进口总额的比重。

如果 $\mathrm{TCD}_{ab_t}<1$，表明相应年份中 a 国对 b 国的出口水平低于 b 国从世界进口的平均水平，两国贸易关系疏远；如果 $\mathrm{TCD}_{ab_t}=1$，表明 a 国和 b 国在第 t 年的贸易结合度达到 b 国贸易的平均水平；如果 $\mathrm{TCD}_{ab_t}>1$，则表明 a 国和 b 国在第 t 年贸易水平高于平均水平，两国贸易关系密切。

一、我国与东盟的贸易结合度

由于老挝、文莱、缅甸、柬埔寨的数据缺失，以下东盟数据（表 4-8～表 4-10）仅包括印度尼西亚、泰国、菲律宾、新加坡、马来西亚和越南 6 个国家，但并不妨碍数据的代表性。以 2011 年为例，上述六国占我国与东盟进出口额的 96.8%，其中出口总额、进口总额占比都超过 95%。因此，东盟六国的贸易数据已经能够全面反映我国与东盟的贸易结合度全貌，这样的处理不会对结果带来显著影响。

中国对东盟贸易结合度的相关数据见表 4-8。可以看到，2002～2014 年，中国对东盟出口总额、中国对世界出口总额、东盟进口总额、世界进口总额都呈快速增长态势。因此，贸易结合度指数主要由上述数据的相对增长速度决定。具体地，主要取决于中国对东盟出口总额占中国总出口总额比重、东盟进口总额占世界进口总额比重这两个数值的比值大小。

表 4-8　2002～2014 年中国与东盟进出口总额

单位：亿美元

年份	中国对东盟出口总额	中国对世界出口总额	东盟进口总额	世界进口总额
2002	225.33	3 255.96	3 518.86	79 940.81
2003	295.90	4 382.28	3 949.14	92 761.29
2004	413.60	5 933.26	4 977.36	112 666.34
2005	537.40	7 619.53	5 764.54	100 579.09
2006	691.38	9 689.36	6 584.57	115 569.07
2007	918.43	12 200.60	7 482.54	133 718.13
2008	1 108.45	14 306.93	9 244.32	154 718.32
2009	1 026.12	12 016.47	7 157.85	119 152.86
2010	1 324.86	15 777.64	9 367.40	145 340.22

续表

年份	中国对东盟出口总额	中国对世界出口总额	东盟进口总额	世界进口总额
2011	1 617.19	18 983.88	11 297.05	175 184.25
2012	1 937.03	20 487.82	11 943.16	176 588.00
2013	2 298.65	22 090.07	12 132.96	179 233.03
2014	2 558.26	23 423.43	12 739.61	179 233.03

资料来源：中国和东盟进出口数据来自国研网 APEC 数据库，世界进口数据来自联合国贸易和发展会议 UNCTADSTAT 数据库，2014 年东盟进口总额根据 2014 年已报告数据平均增幅 5%估算，2014 年东盟出口总额按照 8%增速估算。

东盟对中国贸易结合度指数的相关原始数据见表 4-9。可以看到，2002～2014 年，东盟对中国出口总额、东盟对世界出口总额、中国进口总额、世界进口总额都呈快速增长态势。因此，贸易结合度指数也主要由上述数据的相对增长速度决定。具体地，主要取决于东盟对中国出口总额占东盟总出口总额比重、中国进口总额占世界进口总额比重这两个数值的比值大小。

表 4-9　2002～2014 年东盟与中国进出口总额

单位：亿美元

年份	东盟对中国出口总额	东盟对世界出口总额	中国进口总额	世界进口总额
2002	185.52	3 964.16	2 951.70	79 940.81
2003	266.45	4 624.33	4 127.60	92 761.29
2004	365.18	5 592.68	5 612.29	112 666.34
2005	454.99	6 407.48	6 599.53	100 579.09
2006	577.74	7 510.93	7 914.61	115 569.07
2007	686.37	8 419.58	9 561.15	133 718.13
2008	764.11	9 615.69	11 325.62	154 718.32
2009	698.67	7 915.67	10 055.55	119 152.86
2010	963.48	10 274.83	13 960.02	145 340.22
2011	1 176.21	12 137.65	17 433.95	175 184.25
2012	1 185.50	12 219.43	18 181.99	176 588.00
2013	1 487.45	24 575.99	19 499.92	179 233.03
2014	1 606.45	26 542.07	19 580.21	179 967.99

资料来源：中国和东盟进出口数据来自国研网 APEC 数据库，世界进口数据来自联合国贸易和发展会议 UNCTADSTAT 数据库，2014 年东盟进口总额根据 2014 年已报告数据平均增幅 5%估算，2014 年东盟出口总额按照 8%增速估算。

以上述数据为基础，计算出的 2002～2014 年中国与东盟贸易结合度指数见表 4-10。显然，中国对东盟贸易结合度指数与东盟对中国贸易结合度指数的变化趋势并不一致，前者经历了一个 U 形波动，而后者则始终保持趋势性下降。

表 4-10　2002～2014 年中国与东盟贸易结合度指数

年份	中国对东盟贸易结合度指数	东盟对中国贸易结合度指数
2002	1.57	1.27
2003	1.59	1.29
2004	1.58	1.31
2005	1.23	1.08
2006	1.25	1.12
2007	1.35	1.14
2008	1.30	1.09
2009	1.42	1.05
2010	1.30	0.98
2011	1.32	0.97
2012	1.40	0.94
2013	1.54	0.56
2014	1.54	0.56

如图 4-2 所示，2002～2015 年中国与东盟的双边贸易结合度指数呈先降后升发展态势。中国对东盟贸易结合度指数呈现 U 形特征，其中，2002～2005 年呈逐步下降趋势，2006～2010 年在 U 形底部盘整，2011～2014 年呈趋势性上升。

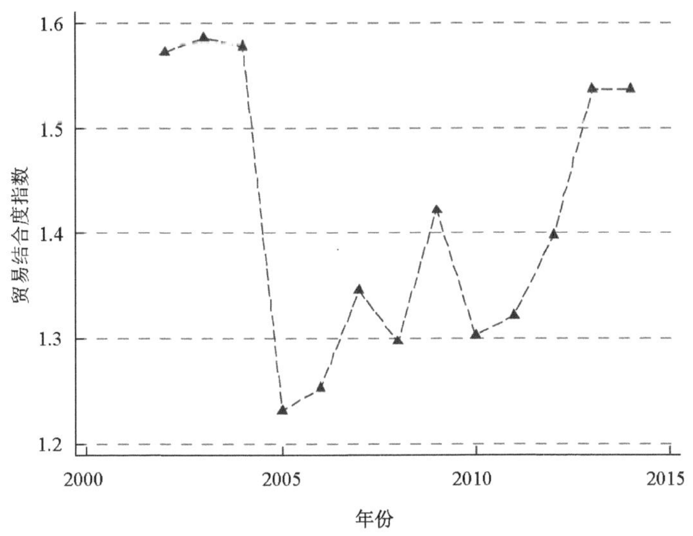

图 4-2　中国对东盟贸易结合度指数变化

需要着重指出的是，虽然整体上 2013 年和 2014 年我国对东盟的贸易结合度与 2002

年和 2003 年基本相当，但在 CFATA 的推动下，我国对东盟的出口快速增长，使对东盟出口总额占我国出口总额的比重持续上升，从 2002 年的 6.9%上升到 2014 年的 10.9%，见图 4-3。另外，随着东盟各国经济的快速发展，东盟进口总额占世界进口总额的比重持续上升，从 2002 年的 4.4%上升到 2014 年的 7.1%。作为分子和分母，二者在趋势上的一致性使中国对东盟贸易结合度指数保持了相对稳定。

与中国对东盟贸易结合度指数保持相对稳定所不同的是，东盟对中国的贸易结合度指数呈趋势性下降特征。从 2002 年的 1.27 下降到 2009 年的 1.05，并在 2010 年 CFATA 全面建成时下降到 0.98，2013 年和 2014 年保持在 0.56。这表明，东盟对中国市场的依赖度有所下降，对中国的出口比重减少，东盟对中国的贸易结合度从较为密切阶段进入松散发展阶段，见图 4-4。

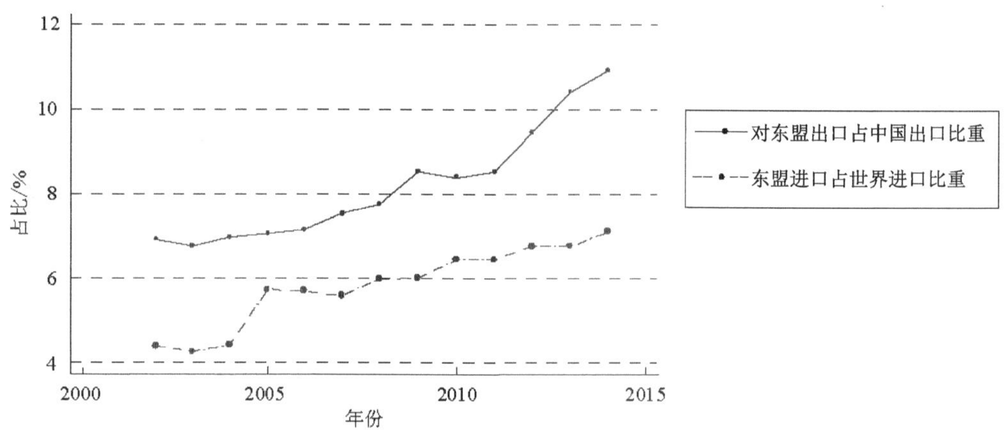

图 4-3　对东盟出口占中国出口比重及东盟进口占世界进口比重变化

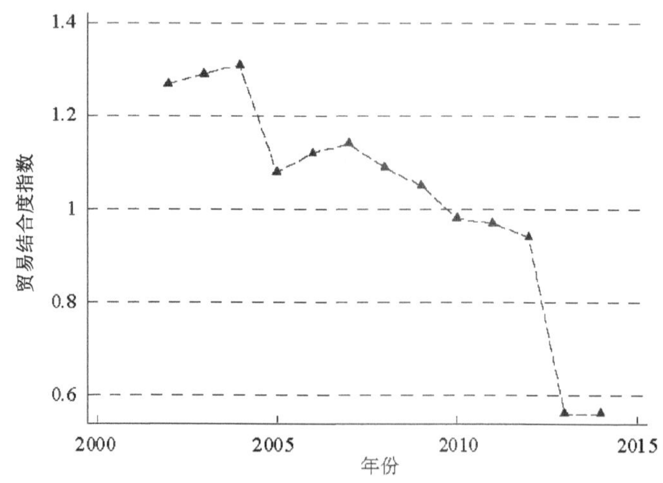

图 4-4　东盟对中国的贸易结合度指数变化

尽管如此，但这不意味着 CAFTA 的建成没有推动东盟对中国市场的出口。相反，东盟对中国出口占东盟出口比重从 2002 年的 5.39%连续稳定上升到 2014 的 13%。从计算过程来看，东盟对中国贸易结合度指数的下降原因，主要是作为分子的东盟对中国出口占东盟出口比重的增长速度落后于作为分母的中国进口占世界进口比重的增长速度。作为一个重要时点，2010 年，中国进口占世界进口比重开始超过对中国出口占东盟出口比重，这个差距在 2013 年和 2014 年快速扩大，这直接导致了东盟对中国贸易结合度指数的大幅下降，见图 4-5。

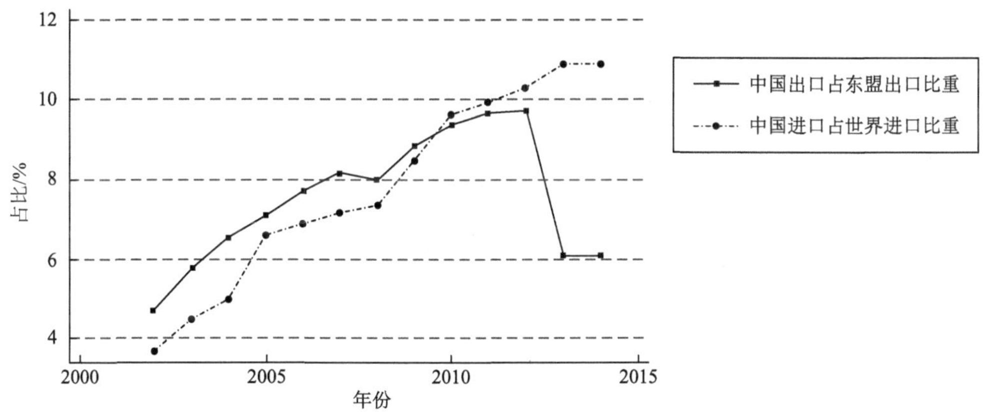

图 4-5　中国出口占东盟出口比重和中国进口占世界进口比重

总体来看，中国对东盟的贸易结合度指数总体大于东盟对中国的贸易结合度指数，这表明，中国对东盟市场的依赖度高于东盟对我国市场的依赖度。整体上，我国对东盟国家的出口占我国出口比重持续上升，而我国在东盟国家的出口市场中的比重出现了下降趋势。特别是在 2010 年 CAFTA 建成以后，东盟在中国出口市场中的比重快速提升，这可以从图 4-6 中清晰地看到。在 2002～2010 年，中国在东盟出口市场中的比重在经历了 3 年的缓慢增长后，于 2013 年和 2014 年出现大幅下降。作者认为，这主

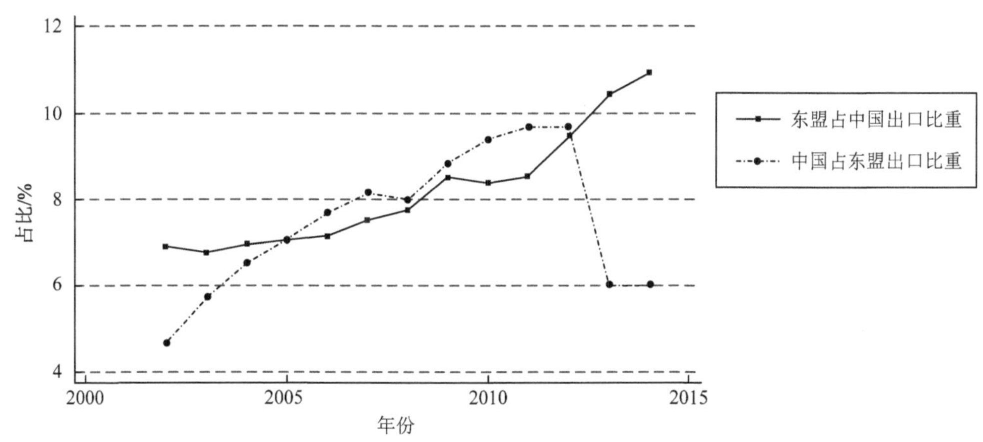

图 4-6　中国与东盟出口比重分析图

要是由 3 个方面的原因造成的，一是东盟各国加快开拓国际市场且成效显著，导致中国市场占其出口总额的比重有所下降；二是 2012 年以来中国与周边国家领土和海域争端不断，这也影响了东盟对中国出口贸易的增长；三是中国和东盟国家比较优势和产业结构的调整对贸易产生了重要影响。当然，以上判断能否成立仍需进一步验证。

二、云南与东盟的贸易结合度

为了与全国的情况比较，本书以贸易结合度的计算公式为基础进一步计算云南省的贸易结合度指数。与前面不同的是，由于数据限制，东盟对云南出口的出口总额用云南从东盟的进口总额替代，显然，由于东盟离岸价格（free on board，FOB）变成了云南的到岸价格（cost, insurance, and freight，CIF），这样可能略微高估贸易结合度指数，但由于 FOB 对 CIF 的价格偏离有限，因此结果也是完全可以接受的。另外，云南进口总额以《云南统计年鉴》为准，东盟和世界数据依然来自国研网 APEC 数据库。东盟对云南出口总额来自中国海关数据。为反映全貌，此处东盟包括东盟 10 国贸易数据。相关原始数据见表 4-11 和表 4-12。

表 4-11　2002～2014 年东盟与云南进出口总额

单位：亿美元

年份	东盟对云南出口总额	东盟对世界出口总额	云南进口总额	世界进口总额
2002	1.81	3 964.16	7.97	79 940.81
2003	2.34	4 624.33	9.92	92 761.29
2004	2.84	5 592.68	15.04	112 666.34
2005	4.42	6 407.48	20.97	100 579.09
2006	13.53	7 510.93	28.40	115 569.07
2007	7.45	8 419.58	40.44	133 718.13
2008	7.41	9 615.69	46.12	154 718.32
2009	9.68	7 915.67	35.05	119 152.86
2010	14.40	10 274.83	57.62	145 340.22
2011	20.76	12 137.65	65.80	175 184.25
2012	24.82	12 219.43	109.87	176 588.00
2013	36.89	24 575.99	98.70	179 233.03
2014	51.10	26 542.07	108.20	179 967.99

资料来源：云南数据源自《云南统计年鉴》，东盟和世界数据来自国研网 APEC 数据库。

表 4-12　2002～2014 年云南与东盟进出口总额

单位：亿美元

年份	云南对东盟出口总额	云南对世界出口总额	东盟进口总额	世界进口总额
2002	4.57	14.30	3 518.86	79 940.81
2003	5.36	16.77	3 949.14	92 761.29
2004	7.25	22.39	4 977.36	112 666.34
2005	7.92	26.42	5 764.54	100 579.09
2006	12.59	33.91	6 584.57	115 569.07
2007	17.63	47.36	7 482.54	133 718.13
2008	14.61	49.87	9 244.32	154 718.32
2009	15.67	45.14	7 157.85	119 152.86
2010	21.00	76.06	9 367.40	145 340.22
2011	23.99	94.73	11 297.05	175 184.25
2012	25.50	100.18	11 943.16	176 588.00
2013	46.91	159.59	12 132.96	179 233.03
2014	60.65	188.02	12 739.61	179 967.99

资料来源：云南对世界出口总额来自《云南统计年鉴》，云南对东盟出口总额来自中国海关、东盟和世界数据来自国研网 APEC 数据库。

如表 4-13 所示，2002～2014 年，云南对东盟的贸易结合度和东盟对云南的贸易结合度都比较高，远高于 1，表明云南和东盟的贸易关系比较密切。其中，云南对东盟贸易结合度指数最小也在 5.43 以上，而东盟对云南贸易结合度指数保持在 2.46～6.32。在所有年份中，云南对东盟贸易结合度指数均高于东盟对云南贸易结合度指数。这表明，云南对东盟市场的依赖度高于东盟对云南的依赖度，这与现有的实证研究和发展实际相符合。同时也表明，从全国对东盟的贸易发展而言，云南省发展对东盟贸易的潜力和空间更大，这正是云南利用 CAFTA 加快培育经济增长新动力的重要基础。

表 4-13　2002～2014 年云南与东盟贸易结合度

年份	云南对东盟贸易结合度指数	东盟对云南贸易结合度指数
2002	8.03	3.54
2003	8.56	3.76
2004	8.11	3.33
2005	5.79	2.66
2006	7.21	6.32
2007	7.40	2.62
2008	5.43	2.46

续表

年份	云南对东盟贸易结合度指数	东盟对云南贸易结合度指数
2009	7.10	3.86
2010	6.38	3.93
2011	6.35	5.25
2012	6.96	5.36
2013	7.90	3.83
2014	8.15	3.69

资料来源：根据相关数据计算得出。

从贸易结合度的计算结果来看，2014年云南对东盟贸易结合度指数、东盟对云南贸易结合度指数都与2002年水平基本持平，但中间正好经历了一个相反的变化过程。云南对东盟贸易结合度指数经历了从高到低再逐步回升的U形变化过程，而东盟对云南贸易结合度指数经历的是一个从低到高再到低的倒U形变化过程。从计算过程来看，云南对东盟贸易结合度指数的变化主要是因为2002年以来，作为分母的东盟进口占世界进口比重稳步上升，从4.4%增长到2014年的7.08%，而作为分子的东盟出口占云南出口比重经历了几个周期性下探和平稳发展时期，大多保持在35%～45%，直到2011年才开始持续增长，在2014年达到历史性的57.69%。这表明，最近几年，云南对东盟市场的依赖度是呈持续上升的，见图4-7。

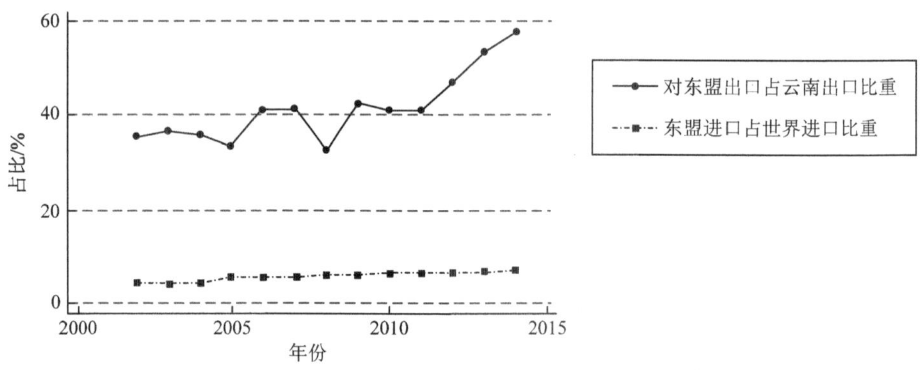

图4-7　对东盟出口占云南出口比重和东盟进口占世界进口比重

而东盟对云南贸易结合度指数的变化主要是因为在2002～2014年，东盟对云南出口占东盟出口比重、云南进口占世界进口比重都呈显著增长趋势。其中，东盟对云南出口占东盟出口比重从0.046%快速上升到2014年的0.192%，翻了近两番；而云南进口占世界进口比重从0.013%快速上升到2014年的0.052%，也翻了两番。这表明，2002年以来，东盟和云南的外贸发展都取得巨大进步，双边贸易结合度始终保持在较高水平，贸易增长空间比较大，见图4-8。

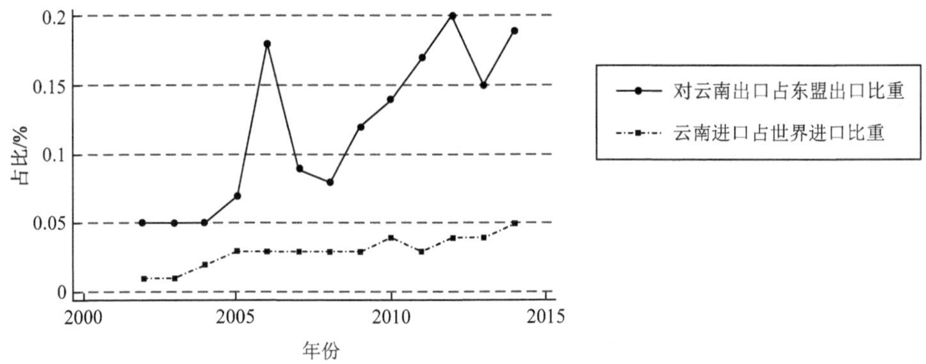

图 4-8　东盟对云南出口占东盟出口比重和云南进口占世界进口比重

与全国相比，云南与东盟的贸易结合度指数的最显著的差别主要表现在两个方面：一是云南对东盟贸易结合度指数始终比较高，最低也保持在 5 以上；二是东盟对云南的贸易结合度指数远高于全国，而且东盟对云南的贸易结合度并没有出现持续下降趋势，这表明双方的贸易始终处于密切发展阶段。

与全国和东盟贸易结合度指数相比，云南与东盟贸易结合度指数的变化在以下几个方面具有一致性：一是全国和云南对东盟贸易结合度指数均高于东盟对全国和云南的贸易结合度指数；二是全国和云南对东盟贸易结合度指数都经历了一个 U 形发展过程。这表明，全国和云南对东盟的市场依赖度高于东盟对全国和云南的依赖度，其中，云南作为沿边省区，地理上与东盟接境，贸易成本更低，因此在对东盟出口上具有巨大优势，东盟对云南的出口水平也大幅领先于全国平均水平。随着我国加快推进跨境基础设施的互联互通，云南作为沿边省区有望获得更大的发展机遇，见图 4-9。

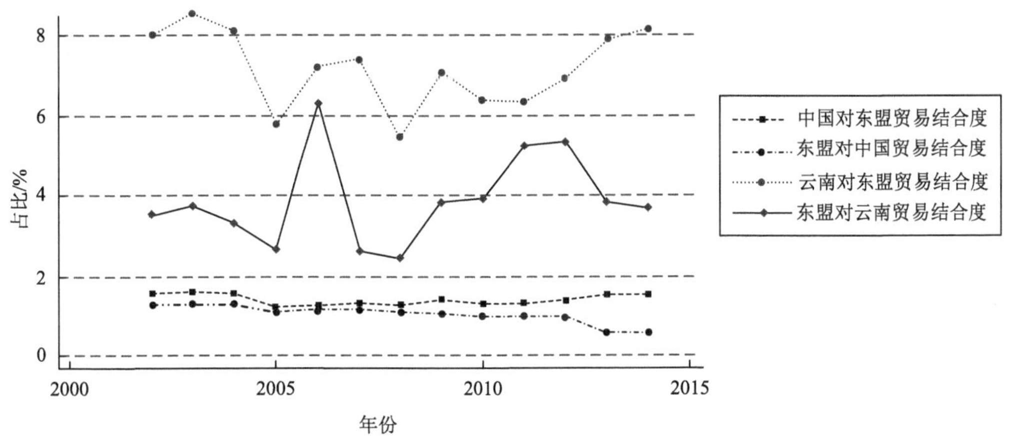

图 4-9　历年各区域贸易结合度比较

当然，贸易结合度也可以按照海关标准（HS）下的 22 大类商品更进一步地分析不同商品类别的贸易结合度，并有望得出更多启发性的结论，但限于篇幅原因，此项工作留待以后的研究中进行专门的分析阐述。

第三节　产业发展现状与趋势

CAFTA 的建立整合并拓宽了周边市场容量，为沿边地区的产业创造了新的需求和驱动力，这将促进区内外投资的增加，为云南沿边地区产业发展创造优越条件。但在我国区域经济发展失衡背景下，这样的市场整合目前尚不能完全改变西部地区对发展要素缺乏凝聚力和吸引力的困境。总体上看，云南的工业化水平仍显著落后于全国平均水平，而且差距在不断扩大。1993 年，云南规模以上工业增加值占全国的比重为 2.03%，2013 年下降到 1.41%；在西部十省级行政区（包括重庆、四川、贵州、云南、西藏、陕西、甘肃、青海、宁夏和新疆）中，云南的优势也在不断削弱。1993 年，云南规模以上工业增加值占全国比重约为西部十省级行政区平均比重的 2 倍，而 2013 年下降为 1.2 倍，见表 4-14。这表明在利用 CAFTA 培育沿边开放新优势的过程中，云南受自身产业结构和工业化发展水平的限制依然非常明显。只有与中东部地区形成较好的互动和合作，才能更好地发挥开放前沿的地位和作用。因此，如何在产业层面与发达地区及其市场形成更紧密的联系已经成为沿边地区能否获得培育新开放型发展新优势的决定性因素。

表 4-14　云南工业增加值及比重

年份	云南增加值/亿元	全国增加值/亿元	云南占全国比重/%	西部十省级行政区平均比重/%
1993	285	14 051	2.03	1.05
1994	384	18 539	2.07	1.05
1995	481	23 033	2.09	1.05
1996	600	26 865	2.23	1.05
1997	657	30 200	2.18	1.03
1998	706	32 122	2.20	1.01
1999	686	34 135	2.01	0.98
2000	704	38 579	1.82	0.95
2001	731	42 096	1.74	0.94
2002	788	46 754	1.69	0.94
2003	882	56 248	1.57	0.92
2004	1 066	69 863	1.53	0.93
2005	1 169	85 708	1.36	0.92
2006	1 402	102 566	1.37	0.95

续表

年份	云南增加值/亿元	全国增加值/亿元	云南占全国比重/%	西部十省级行政区平均比重/%
2007	1 696	123 496	1.37	0.97
2008	2 052	148 486	1.38	1.01
2009	2 088	157 497	1.33	1.02
2010	2 604	193 139	1.35	1.07
2011	2 994	231 508	1.29	1.12
2012	3 451	249 954	1.38	1.16
2013	3 768	267 514	1.41	1.18

资料来源：国研网工业统计数据库。

另外，目前云南全省资源型经济发展特征依然十分显著。从2013年云南工业行业产成品金额来看（表4-15），云南产成品金额占全国比重最高的依次是烟草制品业、非金属矿采选业、有色金属冶炼和压延加工业等资源型行业，而高附加值行业占全国比重依然非常低，这也是云南产业结构存产期存在的一大挑战。目前，中国周边市场也都处于资源驱动型发展阶段，这样的产业格局将使中国与周边国家的竞争性增强，不利于形成互利共赢的合作模式。

表4-15　2013年云南工业行业产成品金额及比重

行业	云南产成品金额/千元	全国产成品金额/千元	云南占全国比重/%
16 烟草制品业	6 921 721	20 929 736	33.07
10 非金属矿采选业	926 773	11 143 311	8.32
32 有色金属冶炼和压延加工业	8 928 052	138 949 677	6.43
09 有色金属矿采选业	1 151 751	19 675 414	5.85
08 黑色金属矿采选业	1 344 379	26 138 152	5.14
23 印刷和记录媒介复制业	575 934	16 638 920	3.46
45 燃气生产和供应业	59 478	2 183 346	2.72
15 酒、饮料和精制茶制造业	1 723 815	67 976 536	2.54
27 医药制造业	2 010 720	92 098 392	2.18
31 黑色金属冶炼和压延加工业	5 572 920	267 399 486	2.08
26 化学原料和化学制品制造业	5 023 841	242 474 755	2.07
14 食品制造业	1 000 732	53 252 219	1.88
20 木材加工和木、竹、藤、棕、草制品业	527 709	32 132 908	1.64
06 煤炭开采和洗选业	1 225 479	84 001 622	1.46

续表

行业	云南产成品金额/千元	全国产成品金额/千元	云南占全国比重/%
37 铁路、船舶、航空航天和其他运输设备制造业	674 745	47 282 930	1.43
30 非金属矿物制品业	2 169 192	159 057 530	1.36
13 农副食品加工业	2 165 392	183 512 857	1.18
22 造纸和纸制品业	462 668	45 015 219	1.03
29 橡胶和塑料制品业	893 964	95 327 829	0.94
25 石油加工、炼焦和核燃料加工业	812 578	108 979 084	0.75
34 通用设备制造业	1 263 845	184 189 382	0.69
46 水的生产和供应业	4 122	649 612	0.63
38 电气机械和器材制造业	1 479 193	249 791 336	0.59
33 金属制品业	660 632	113 782 805	0.58
41 其他制造业	40 188	8 701 414	0.46
35 专用设备制造业	587 168	150 590 116	0.39
40 仪器仪表制造业	112 049	29 445 072	0.38
36 汽车制造业	648 566	198 085 968	0.33
19 皮革、毛皮、羽毛及其制品和制鞋业	95 019	32 705 190	0.29
11 开采辅助活动	2 612	916 300	0.29
24 文教、工美、体育和娱乐用品制造业	166 439	63 458 121	0.26
17 纺织业	310 201	142 820 236	0.22
28 化学纤维制造业	44 621	39 353 638	0.11
18 纺织服装、服饰业	85 808	87 621 040	0.10
39 计算机、通信和其他电子设备制造业	197 173	209 469 627	0.09
21 家具制造业	15 336	22 942 552	0.07
42 废弃资源综合利用业	6 683	11 048 526	0.06
44 电力、热力生产和供应业	213	3 213 308	0.01
07 石油和天然气开采业	—	11 121 077	0
12 其他采矿业	—	30 983	0
43 金属制品、机械和设备修理业	—	1 840 930	0

资料来源：国研网工业统计数据库。

2015 年云南工业行业产成品中，占全国比重最高的几个资源型行业，如非金属矿采选业、有色金属冶炼和压延加工业等行业的占比都无一例外地下降了。同时，医药制造业、通用设备制造业等行业也有所下降，体现了云南经济面临的压力，见表 4-16。

表4-16　2014～2015年云南工业行业产成品金额及比重

行业	云南产成品金额/千元		全国产成品金额/千元		云南占全国比重/%	
	2014年	2015年	2014年	2015年	2014年	2015年
采掘业	51.89	43.01	1 761.99	1 733.78	2.94	2.48
煤炭开采和洗选业	9.64	9.01	977.23	979.08	0.99	0.92
石油和天然气开采业	—	—	99.82	99.38	0	0
黑色金属矿采选业	14.86	10.8	323.77	267.77	4.59	4.03
有色金属矿采选业	12.85	10.96	207.36	218.23	6.20	5.02
非金属矿采选业	14.54	12.24	141.14	155.75	10.30	7.86
开采辅助活动	—	—	12.34	13.21	0	0
其他采矿业	—	—	0.33	0.36	0	0
制造业	511.79	514.65	36 442.97	37 594.66	1.40	1.37
农副食品加工业	31.15	32.37	2 114.69	2 116.48	1.47	1.53
食品制造业	10.24	13.8	638.5	674.15	1.60	2.05
酒、饮料和精制茶制造业	25.12	29.85	797.43	839.57	3.15	3.56
烟草制品业	97.94	119.65	301.24	362.67	32.51	32.99
纺织业	3.58	3.32	1 541.41	1 553.16	0.23	0.21
纺织服装、服饰业	1.23	1.02	954.9	1 001.43	0.13	0.10
皮革、毛皮、羽毛及其制品和制鞋业	1.27	1.23	423.61	437.34	0.30	0.28
木材加工和木、竹、藤、棕、草制品业	9.02	9.65	382.42	412.73	2.36	2.34
家具制造业	2.02	1.49	288.54	303.18	0.70	0.49
造纸和纸制品业	5.09	6.38	477.38	494.5	1.07	1.29
印刷和记录媒介复制业	5.91	5.66	210.84	227.41	2.80	2.49
文教、工美、体育和娱乐用品制造业	2.94	4.37	780.33	809.11	0.38	0.54
石油加工、炼焦和核燃料加工业	7.4	4.25	1 188.85	968.65	0.62	0.44
化学原料和化学制品制造业	66.09	52.53	2 797.96	2 920.53	2.36	1.80
医药制造业	21.26	21.73	1 161.04	1 313.32	1.83	1.65
化学纤维制造业	0.6	0.35	380.53	398.37	0.16	0.09
橡胶和塑料制品业	11.92	10.99	1 146.75	1 195.74	1.04	0.92

续表

行业	云南产成品金额/千元		全国产成品金额/千元		云南占全国比重/%	
	2014 年	2015 年	2014 年	2015 年	2014 年	2015 年
非金属矿物制品业	22.95	22.86	1 858.04	1 961.79	1.24	1.17
黑色金属冶炼和压延加工业	43.53	32.48	2 835.13	2 429.09	1.54	1.34
有色金属冶炼和压延加工业	90.03	86.24	1 657.2	1 818.38	5.43	4.74
金属制品业	8.35	8.95	1 380.36	1 419.44	0.60	0.63
通用设备制造业	7.4	6.64	2 235.98	2 290.99	0.33	0.29
专用设备制造业	6.01	6.9	1 767.55	1 825.69	0.34	0.38
汽车制造业	7.93	10.39	2 413.37	2 545.99	0.33	0.41
铁路、船舶、航空航天和其他运输设备制造业	3.28	0.08	545.09	613.42	0.60	0.01
电气机械和器材制造业	15.72	15.36	2 915.77	2 923.73	0.54	0.53
计算机、通信和其他电子设备制造业	2	2.05	2 629.81	3 077.83	0.08	0.07
仪器仪表制造业	0.93	2.98	355.59	387.42	0.26	0.77
其他制造业	0.56	0.44	112.9	118.05	0.50	0.37
废弃资源综合利用业	0.33	0.64	132.07	129.89	0.25	0.49
金属制品、机械和设备修理业	—	—	17.69	24.61	0.00	0.00
电力、燃气和水的生产和供应业	2.19	1.5	154.54	172.72	1.42	0.87
电力、热力生产和供应业	1.48	0.99	106.36	118.62	1.39	0.83
燃气生产和供应业	0.61	0.38	35.93	42.84	1.70	0.89
水的生产和供应业	0.11	0.13	12.25	11.25	0.90	1.16
合计	565.88	559.16	38 359.51	39 501.15	1.48	1.42

资料来源：国研网工业统计数据库。

分行业对外出口比重也是一个地区产业竞争力的一种表现。表 4-17 将云南对东盟出口占云南对亚洲出口比重由高到低进行了排序。可以看到，总体上，云南出口商品的主要市场在东盟，2014 年总体占比超过 70%，这显示了云南出口在东盟的较强竞争力。在比重最高的几类出口商品中，除了第 21 类艺术品、收藏品及古物外，排名居前 5 位的依次是第 5 类矿产品，第 14 类天然或者养殖珍珠、宝石或者半宝石、贵金属、包贵金属及其制品、仿首饰、硬币，第 17 类车辆、航空器、船舶及有关运输设备，第

15 类贱金属及其制品，第 10 类木浆及其他纤维状纤维素浆、回收（废碎）纸或纸板、纸、纸板及其制品。从 2014 年的数据来看，总体上，全省绝大多数品类的产品出口以东盟为主，只有第 1 类活动物、动物产品和第 12 类鞋、帽、伞、杖、鞭及其零件等产品的出口比较分散，东盟所占比重为 5.59%～35.94%。

表 4-17　云南对东盟出口占云南对亚洲出口比重（%）

类别	2002 年	2004 年	2006 年	2008 年	2010 年	2012 年	2013 年	2014 年
第 21 类	18.58	4.22	1.50	0.00	—	—	—	100.00
第 5 类	72.79	94.82	98.30	97.74	99.61	98.83	97.29	97.36
第 14 类	33.99	51.33	41.55	51.27	40.17	16.68	85.06	93.60
第 17 类	92.91	96.10	86.81	83.06	66.22	90.25	88.29	90.23
第 15 类	26.41	36.53	56.93	48.30	71.71	83.65	74.83	81.42
第 10 类	93.76	91.01	87.80	94.19	88.49	96.42	79.44	78.40
第 7 类	58.16	90.35	91.84	87.82	72.56	85.39	61.70	77.35
第 11 类	67.15	73.71	78.03	90.07	68.35	78.06	71.90	73.85
第 20 类	49.24	25.50	50.93	92.91	79.87	86.75	65.61	72.19
第 16 类	91.80	74.57	74.90	78.79	67.50	54.99	77.81	71.11
第 2 类	25.76	28.24	27.74	52.20	74.58	71.38	72.72	70.87
第 13 类	95.59	80.31	86.96	91.19	69.56	78.90	62.76	68.59
第 4 类	66.25	61.43	62.53	66.80	67.13	71.93	70.47	62.84
第 9 类	1.82	3.74	8.33	18.59	30.22	41.31	61.08	55.07
第 6 类	54.74	47.51	44.36	27.00	33.19	42.99	44.23	49.67
第 18 类	9.22	10.64	7.66	8.84	12.48	11.89	39.53	47.68
第 3 类	12.47	0	5.62	0	0	0	0	44.92
第 8 类	0.48	6.16	2.17	21.43	46.96	41.52	42.19	43.26
第 12 类	74.40	63.64	82.52	87.88	57.26	11.64	36.02	35.94
第 1 类	57.53	64.93	67.02	38.31	14.60	15.06	8.92	5.59
第 22 类	100.00	78.46	97.10	99.41	—	—	0	0
合计	46.67	47.11	54.94	47.35	57.15	60.88	68.43	70.61

资料来源：中国海关。表中第一列将商品按照 HS 编码分为 22 大类，从第 1 类开始，依次是活动物、动物产品等，详细商品名称请查阅相关资料。

在考虑多个地区开展贸易竞争的情况下，贸易集中度在刻画竞争力方面仍存在一定局限性。为此，本书计算了云南对东盟出口占全国对东盟出口比重。一般地，如果某个产业在全国的竞争力上升，则出口比重有望上升，反之则下降。2002～2014 年，云南在全国对东盟出口中的占比有升有降（表 4-18）。其中，2014 年比重较 2002 年显著上升的主要有第 2 类植物产品、第 5 类矿产品；而显著下降的主要有第 14 类天然或者养殖珍珠、宝石或者半宝石、贵金属、包贵金属及其制品、仿首饰、硬币，第 4 类食品；饮料、酒及醋、烟草及烟草代用品的制品，第 6 类化工产品，第 1 类活动物、动物产品，第 13 类石料、石膏、水泥、石棉、云母及类似材料的制品、陶瓷产品、玻璃及其制品，第 11 类纺织品。显然，在云南与东盟的经贸往来中，竞争优势上升的主要是植物产品和矿产品。这一方面表明云南多数产业在全国出口竞争中处于劣势，主要出口的还是以自然资源密集型产品为主；另一方面也表明，在扩大对东盟开放过程中，沿边地区必须走东西合作、联合开放的道路。

表 4-18　云南对东盟出口占全国对东盟出口比重（%）

类别	2002 年	2004 年	2006 年	2008 年	2010 年	2012 年	2013 年	2014 年
第 14 类	32.53	23.75	25.64	27.01	40.19	62.20	17.73	10.95
第 22 类	9.99	26.02	13.46	48.76	—	12.07	0	7.23
第 4 类	12.08	10.02	7.99	5.55	4.53	3.28	2.25	4.19
第 6 类	8.55	5.42	4.43	2.28	2.44	2.89	6.07	2.77
第 2 类	1.65	2.56	2.60	1.80	1.16	1.64	6.08	2.50
第 5 类	1.34	1.00	0.77	0.98	0.69	1.83	53.92	2.03
第 1 类	2.54	2.13	2.33	2.21	1.00	1.15	0.24	0.68
第 15 类	4.34	1.54	1.75	1.13	3.21	2.83	0.60	0.50
第 10 类	1.88	1.55	0.64	0.35	0.29	0.22	0.19	0.33
第 17 类	0.58	0.66	0.43	0.19	0.21	0.26	0.04	0.28
第 9 类	0.88	0.37	0.43	0.34	0.39	0.27	0.25	0.23
第 16 类	0.51	0.26	0.17	0.11	0.11	0.13	0.04	0.20
第 13 类	1.47	0.65	0.41	0.28	0.30	0.18	0.36	0.15
第 7 类	0.35	0.20	0.24	0.22	0.22	0.17	0.07	0.15
第 11 类	1.08	0.65	0.44	0.33	0.23	0.14	0.18	0.14
第 12 类	0.14	0.07	0.05	0.35	0.07	0.03	0.15	0.08
第 20 类	0.29	0.31	0.50	0.11	0.05	0.04	0.08	0.06
第 18 类	0.22	0.06	0.07	0.06	0.04	0.04	0	0.05
第 8 类	0.01	0.08	0.11	0.06	0.01	0	0.01	0.02
第 3 类	1.25	0.33	0	0.04	—	0.36	0	0
第 21 类	0.02	1.40	0.04	0.04	—	—	—	0
合计	1.94	1.25	1.02	0.69	0.91	0.86	3.00	0.65

资料来源：国研网工业统计数据库。

第四节　投资发展现状与趋势

CAFTA 的建立有效降低了我国与东盟国家之间的投资门槛和投资风险，改善了双边投资环境，有利于刺激区内外的投资发展。首先，成员国之间的较低关税有望促使非成员国企业为了避税而到区内投资设立“关税工厂”，加大区外对区内的投资。其次，随着区域市场的整合扩大效应及投资政策的协调，成员国之间的投资成本会下降，从而促进区内成员国之间的相互投资。在这个过程中，市场扩大带来的竞争加剧又会使非成员国企业的市场份额面临被侵蚀的风险，从而诱发区外投资的进一步增加。

总体上看，1992 年以来，云南外商投资企业投资总额及全国占比都呈持续上升趋势。特别是 2010 年 CAFTA 全面建成以来，云南外商投资企业的投资总额和占比都有了进一步提高。在东西部发展差距持续扩大的背景下，这样的成绩凸显了沿边地区的地缘优势和发展空间。2012 年，云南获得外商投资企业投资总额超过 225 亿美元，占全国比重超过 72%，外资已经成为区域经济发展的重要驱动力，见表 4-19。

表 4-19　外商投资企业投资总额

年份	云南/百万美元	全国/百万美元	云南占全国比重/%
1992	322	102 588	0.31
1993	1 532	382 388	0.40
1994	2 045	490 721	0.42
1995	2 870	629 174	0.46
1996	3 320	703 407	0.47
1997	6 439	740 646	0.87
1998	4 183	758 089	0.55
1999	4 362	763 454	0.57
2000	4 819	804 198	0.60
2001	5 377	852 196	0.63
2002	6 055	957 190	0.63
2003	7 309	1 079 153	0.68
2004	7 892	1 260 283	0.63
2005	8 420	1 463 805	0.58
2006	10 700	1 707 500	0.63
2007	11 833	2 062 666	0.57
2008	14 106	2 261 697	0.62
2009	15 900	2 403 100	0.66
2010	17 949	2 595 173	0.69
2011	20 641	2 879 580	0.72

续表

年份	云南/百万美元	全国/百万美元	云南占全国比重/%
2012	22 561	3 140 597	0.72
2013	240.97*	35 176.08*	0.69
2014	252.53*	37 976.98*	0.66
2015	327.2*	45 390.19*	0.72

资料来源：国研网区域经济数据库。
*表示数值的单位为亿美元。

从全国来看，云南外资企业数量也持续增加，全国排名也持续改进。1992～2002年，云南外资企业数在全国的排序有进有退，但随着CAFTA的实施和建成，2002年以来，云南的排序都在持续上升。2012年，云南在31个省级行政区中排名第21位，在西部10个省级行政区中排名第2位，处于历史最高水平。而且更具标志性的是，1992～2002年，云南外资企业数量一直大幅落后于广西，但在2002～2012年，云南与广西的差距持续缩小，最终在2012年首次超越广西，见表4-20。

表4-20　外资企业数量排序

1992年		1997年		2002年		2007年		2012年		2015年	
地区	企业数	地区	企业数	地区	企业数	地区	企业数	地区	企业数	地区	企业数
广东	26 365	广东	59 040	广东	49 875	广东	66 789	广东	98 564	广东	111 169
江苏	8 898	江苏	22 132	江苏	22 991	江苏	38 998	上海	61 461	上海	74 885
福建	7 423	福建	18 342	上海	20 963	上海	34 218	江苏	50 461	江苏	53 551
山东	5 658	山东	16 817	福建	15 563	浙江	22 059	浙江	29 595	浙江	32 778
上海	3 635	上海	16 365	山东	14 741	山东	20 084	北京	26 535	北京	29 396
北京	3 453	辽宁	13 404	辽宁	13 642	福建	18 655	山东	25 885	山东	27 240
浙江	3 446	浙江	10 648	浙江	12 111	辽宁	14 739	福建	23 381	福建	25 895
辽宁	3 442	北京	10 448	北京	9 172	北京	13 237	辽宁	17 960	辽宁	17 745
海南	2 829	天津	9 688	天津	9 020	天津	11 429	天津	11 491	天津	12 278
天津	2 479	海南	6 956	四川	3 913	江西	4 542	河南	10 168	四川	10 594
四川	2 313	湖北	6 176	湖北	3 705	四川	4 247	四川	9 107	湖北	8 646
河北	1 942	河北	4 924	河北	3 396	湖北	3 964	湖北	8 023	河南	8 316
广西	1 915	重庆	4 508	陕西	2 993	河北	3 696	河北	7 426	江西	7 094
湖北	1 709	河南	4 331	吉林	2 541	海南	3 194	江西	7 334	河北	6 867
黑龙江	1 329	黑龙江	4 208	广西	2 509	陕西	3 175	陕西	5 983	陕西	6 017

续表

1992 年		1997 年		2002 年		2007 年		2012 年		2015 年	
地区	企业数	地区	企业数	地区	企业数	地区	企业数	地区	企业数	地区	企业数
河南	1 179	广西	3 658	江西	2 478	河南	2 983	黑龙江	5 039	湖南	5 865
江西	1 155	安徽	3 012	河南	2 437	湖南	2 964	湖南	4 882	安徽	5 063
湖南	1 024	吉林	2 990	海南	2 251	安徽	2 637	安徽	4 466	重庆	5 009
吉林	885	湖南	2 756	湖南	2 152	广西	2 468	重庆	4 461	吉林	4 437
安徽	880	江西	2 654	黑龙江	2 067	黑龙江	2 464	吉林	4 298	广西	4 215
陕西	589	云南	[2 313]$^{21}_{2}$	安徽	1 914	云南	[2 055]$^{22}_{2}$	云南	[3 956]$^{21}_{2}$	黑龙江	4 149
山西	480	贵州	1 532	云南	[1 619]$^{22}_{2}$	吉林	1 963	广西	3 773	云南	[3 901]$^{22}_{2}$
内蒙古	326	山西	1 401	重庆	1 388	重庆	1 519	山西	3 623	山西	3 606
贵州	276	陕西	1 152	内蒙古	805	新疆	1 402	内蒙古	3 114	海南	3 111
云南	[249]$^{25}_{4}$	内蒙古	1 057	山西	773	内蒙古	1 071	海南	3 105	内蒙古	2 967
甘肃	222	四川	1 052	甘肃	694	山西	779	甘肃	2 262	甘肃	2 130
新疆	164	宁夏	622	贵州	639	贵州	603	贵州	1 688	贵州	1 662
宁夏	91	新疆	597	宁夏	454	甘肃	398	宁夏	476	新疆	1 384
青海	9	青海	401	新疆	342	宁夏	285	青海	347	宁夏	584
西藏	6	甘肃	114	青海	140	青海	151	西藏	208	青海	404
重庆	—	西藏	74	西藏	94	西藏	129	新疆	—	西藏	221

资料来源：国研网区域经济数据库。

[ ]$^{a}_{b}$ 为云南的排名，a 为全国排序，b 为西部排序。

在云南利用外商直接投资方面（表 4-21），2003～2009 年，亚洲地区投资占比均超过 50%，中国香港一直是云南第一大外商投资来源地。同时，菲律宾、泰国、新加坡、马来西亚、缅甸 5 个东盟国家在 2003 年占亚洲比重超过 41%，但由于随后马来西亚的投资额大幅减少，新加坡也出现连续波动，同时云南吸引的中国香港、中国台湾和韩国的投资额连续大幅增加，东盟五国在云南实际利用外商直接投资额中的比重大幅减少。从东盟五国占云南实际利用外商投资总额比重来看，从 2003 年的 24.80%一直下降到 2014 年的 1.63%。这表明，在云南加强与东盟合作的同时，由于受东盟自身发展水平和发展阶段的影响，东盟对云南的投资比重出现了萎缩，但在 2015 年有所反弹。

表 4-21　云南实际利用外商直接投资额

单位：万美元

国家/地区	2003 年	2004 年	2006 年	2007 年	2009 年	2010 年	2011 年	2012 年	2013 年	2014 年	2015 年
亚洲	10 063	8 703	12 734	17 422	54 453	—	—	—	—	—	—
中国香港	5 077	5 415	8 995	15 827	45 441	73 847	104 000	158 200	173 900	198 200	208 100
中国澳门	—	379	304	—	812	901	500	900	200	—	700

续表

国家/地区	2003 年	2004 年	2006 年	2007 年	2009 年	2010 年	2011 年	2012 年	2013 年	2014 年	2015 年
中国台湾	168	368	687	174	2 281	779	900	2 200	3600	600	300
菲律宾	—	—	—	1	956	3 952	2 500	—	—	—	—
泰国	286	252	675	305	310	115	100	200	300	2 600	—
新加坡	1 801	112	460	777	3 901	7 739	3 200	3 300	25 400	1 100	8 100
马来西亚	1 628	16	30	9	141	131	—	—	—	—	3 200
日本	31	402	399	141	267	672	200	300	—	1 100	600
韩国	38	66	421	87	273	277	1 000	100	400	800	600
缅甸	440	495	386	68	43	150	900	2 700	600	700	1 200
东盟五国占亚洲比重/%	41.29	10.05	12.18	6.66	9.83	—	—	—	—	—	—
东盟五国占全球比重/%	24.80	6.18	5.13	2.94	5.88	9.09	3.86	2.83	10.46	1.63	4.18
总计	16 752	14 152	30 234	39 453	91 010	132 902	173 800	218 900	251 500	270 600	299 200

资料来源：历年《云南统计年鉴》。

虽然东盟对云南投资出现持续下降，但随着国内经济和云南经济实力的增强，云南对外投资的能力却在不断提升，这为我国企业促进产业转型升级和转移过剩产能提供了可能。2013 年，非金融类对外直接投资流量达到 83 036 万美元，在全国排名第 12 位，居西部省区第 1 位，表现出强劲的对外投资能力，见表 4-22。2015 年进一步提高到 94 648 万美元，在全国排名第 19 位，居西部省区第 4 位，西部其他省区的上升也很快。

表 4-22　非金融类对外直接投资流量

单位：万美元

地区	2003 年	2005 年	2007 年	2008 年	2009 年	2010 年	2011 年	2012 年	2013 年	2014 年	2015 年
广东	9 555	20 708	114 101	124 251	92 298	159 977	363 350	528 821	594 288	1 089 671	1 226 250
山东	8 883	15 904	18 928	47 478	70 441	189 001	247 339	345 621	426 472	391 590	710 983
北京	30 054	11 306	15 295	47 299	45 185	76 614	117 503	168 855	413 010	727 353	1 228 033
江苏	2 490	10 828	51 899	49 384	85 061	137 119	225 383	313 050	302 001	406 983	725 000
上海	5 224	66 680	52 266	33 714	120 869	158 468	183 802	331 618	267 524	499 225	2 318 288
浙江	3 665	15 817	40 346	38 768	70 226	267 915	185 287	236 023	255 276	386 170	710 816
辽宁	847	3 019	12 833	10 600	75 786	193 566	114 384	276 260	129 499	147 902	212 204
天津	544	1 887	7 993	8 200	20 992	34 132	40 706	67 495	112 020	414 637	252 654
福建	6 162	4 253	36 847	16 169	36 582	53 495	53 028	85 705	95 249	105 064	275 743
河北	110	8 538	5 394	5 363	21 993	53 237	46 363	57 809	92 757	121 865	94 030
安徽	200	1 902	5 079	6 051	5 782	81 365	53 089	71 043	91 055	38 029	206 747
云南	251	2 072	13 641	28 467	27 008	51 339	24 845	104 046	83 036	126 195	94 648
海南	—	6	122	82	6 072	22 179	121 999	32 012	81 731	88 708	120 119

续表

地区	2003年	2005年	2007年	2008年	2009年	2010年	2011年	2012年	2013年	2014年	2015年
黑龙江	744	16 643	17 851	22 797	12 131	23 780	23 834	72 405	77 338	65 531	42 388
吉林	163	1 083	8 322	10 673	29 814	21 340	20 493	29 641	75 240	33 310	65 823
河南	607	8 538	7 036	13 128	12 075	11 864	28 251	34 117	58 971	54 692	131 284
四川	147	2 666	29 120	8 107	10 740	69 097	56 341	59 509	58 447	138 223	118 730
湖南	255	3 067	14 088	25 446	100 568	27 477	117 628	99 499	56 970	78 449	112 370
山西	4 562	562	8 347	2 702	33 295	7 926	18 319	30 966	56 483	30 491	18 611
湖北	176	485	903	350	4 116	8 061	70 903	49 687	52 011	67 161	63 596
甘肃	83	3 770	15 364	35 808	1 852	10 176	64 917	138 209	43 182	27 321	12 293
内蒙古	220	2 181	4 235	6 190	15 547	8 042	12 825	51 845	40 880	110 969	40 447
江西	320	654	1 536	2 587	2 265	9 470	18 833	37 316	38 091	73 853	100 457
重庆	—	590	8 713	10 448	4 747	36 109	40 125	52 960	34 655	76 676	149 638
新疆	27	861	8 535	6 934	18 057	4 776	31 474	43 123	31 579	54 832	61 077
陕西	21	302	2 058	14 063	22 462	26 055	44 816	60 784	30 789	41 411	62 408
贵州	—	—	51	25	522	289	2 033	2 025	20 815	8 764	6 539
宁夏	—	109	569	502	1 509	711	1 295	6 421	8 626	33 883	108 959
广西	208	321	2 620	3 844	8 169	18 682	16 714	27 240	8 134	22 864	45 091
青海	102	100	110	202	209	138	173	1 280	3 596	1 601	7 826
西藏	—	—	—	—	—	29	216	2	22	385	29 681
全国	75 714	205 748	525 341	587 633	960 250	1 774 542	2 356 036	3 420 576	3 641 489	5 463 808	9 352 733

资料来源：EPS 数据库（中国对外经济数据库）。

从非金融类对外直接投资存量来看，2012 年云南对外直接投资存量达到 386 567 万美元，居全国第 10 位，依然位列西部首位，领先于安徽、天津、河北等地，见表 4-23。

表 4-23 非金融类对外直接投资存量

单位：万美元

地区	2003年	2005年	2007年	2008年	2009年	2010年	2011年	2012年	2013年	2014年	2015年
广东	224 885	417 318	868 514	954 523	1 162 951	1 798 111	2 517 617	3 423 375	1 227	4 947 939	6 865 495
上海	145 042	261 273	218 611	358 937	609 433	637 473	1 395 106	1 784 361	9 062	2 548 479	5 836 165
山东	48 780	110 340	208 025	262 255	495 823	862 620	1 197 009	1 604 738	32 708	1 970 097	2 730 544
北京	70 086	91 873	251 019	375 865	480 882	603 380	757 792	1 276 456	119 180	2 848 870	3 879 895
江苏	27 369	58 871	172 677	249 872	388 814	570 194	783 185	1 116 311	343 423	1 560 997	2 261 424
浙江	19 456	70 268	154 716	295 923	584 528	718 913	854 864	1 098 848	19 624	1 537 359	2 236 478
辽宁	7 715	27 970	60 554	149 230	340 696	435 698	695 281	773 117	200 287	925 619	1 131 945
湖南	721	10 329	67 427	204 782	271 626	329 577	413 331	454 724	173 318	551 500	810 442
福建	19 212	52 371	113 231	158 800	196 773	244 754	323 701	396 778	454 724	487 290	820 253

续表

地区	2003年	2005年	2007年	2008年	2009年	2010年	2011年	2012年	2013年	2014年	2015年
云南	1 692	10 329	56 996	94 784	155 504	182 914	295 805	386 567	167 880	514 204	602 619
安徽	2 237	10 062	20 379	27 594	110 842	165 408	237 120	379 559	379 559	426 945	626 696
天津	2 149	15 900	32 161	58 116	96 729	138 678	211 513	359 331	174 951	923 379	1 094 193
河北	17 153	32 770	52 415	88 692	137 724	195 470	238 710	349 045	106 168	453 094	572 481
海南	1 164	1 383	4 423	11 260	33 566	165 262	332 820	343 423	386 567	375 642	489 395
黑龙江	13 057	60 171	99 353	106 235	128 044	172 792	252 993	335 010	315 985	402 167	421 397
甘肃	2 024	8 175	59 291	61 085	71 158	133 950	268 562	315 985	359 331	320 403	321 156
四川	2 891	14 339	39 758	53 524	125 352	192 478	224 573	265 593	193 959	352 409	465 901
吉林	6 694	10 784	37 929	70 767	89 958	111 548	145 396	213 924	213 924	243 138	313 412
陕西	859	2 864	19 299	41 518	69 786	113 806	179 387	200 287	773 117	246 511	285 525
河南	5 640	8 666	33 001	57 655	70 689	97 460	144 188	195 352	265 593	249 444	399 496
重庆	12 033	7 419	27 674	30 323	65 565	110 572	170 951	193 959	153 865	265 660	390 825
新疆	1 811	8 994	38 419	51 601	68 983	103 390	145 444	174 951	195 352	234030	296 592
湖北	1 510	4 031	5 600	9 992	17 794	88 351	137 579	173 318	396 778	228 305	286 068
内蒙古	1 430	8 875	20 405	40 100	47 055	56 517	122 260	167 880	349 045	239 148	313 155
山西	5 312	18 702	18 159	53 339	63 654	83 021	106 047	153 865	335 010	170 579	211 051
江西	608	2 022	9 126	12 905	22 136	39 751	78 934	119 180	1116 311	201 352	259 524
广西	1 619	4 434	13 780	30 111	52 505	68 701	86 688	106 168	1 098 848	147 792	184 597
贵州	194	194	1 866	2 229	2 035	4 952	8 746	32 708	1 604 738	34 178	42 894
宁夏	149	2 934	3 729	3 979	4 672	5 956	11 934	19 624	1 276 456	49 733	160 026
青海	102	283	492	751	890	1 304	3 149	9 062	1 784 361	10 132	22 292
西藏	160	160	152	152	180	377	1 033	1 227	3 423 375	1 610	31 441
全国	643 754	933 018	2 174 684	2 753 598	3 961 809	6 016 948	8 492 697	12 406 307	16 490 005	23 468 005	34 363 377

资料来源：EPS数据库（中国对外经济数据库）。

从云南对外投资的分布来看，东盟五国是云南对外投资的主要市场。2012年云南各类企业在缅甸、老挝、越南、柬埔寨、泰国的实际投资总额达到6.09亿美元，占同期实际投资的85.4%。截至2014年1月，447家云南企业投资境外，对外实际投资累计超过34.4亿美元。云南企业境外实际投资额处于全国第12位，居西部省区首位。云南建工集团有限公司、十四冶建设集团有限公司、云南联合外经股份有限公司、云南阳光道桥有限公司等已成为在东盟国家有一定影响力和较强竞争力的国际承包商。与此同时，云南海诚实业集团股份有限公司、云南云锰集团有限公司等民营企业的对外投资发展迅猛，投资主体的多元化发展为我国加快开拓东南亚、南亚周边市场奠定了坚实基础。

虽然更多云南对外投资数据难以获得，但从上述发展趋势仍然可以预计，随着CAFTA的建成，我国已经形成了一个辐射周边和联通世界的便捷通道，双方有望依托地缘优势及资源禀赋的互补性实现“双赢”。随着不断推进CAFTA升级，这个拥有18亿消费者的庞大市场必将成为世界经济增长的重要引擎，云南作为沿边地区将获得更多前所未有的发展优势和机会，这正是云南立足沿边地区加快培育沿边开放新优势的基础。

第五节　CAFTA与云南沿边州市经济发展

云南位于CAFTA腹地，沿边地区主要与缅甸、老挝、越南3个东盟成员国接壤，包括文山、红河、西双版纳、德宏、怒江5个自治州和普洱、临沧、保山3个地级市。CAFTA的建立和实施对云南的经济发展发挥了巨大的推动作用。

一、CAFTA与云南沿边地州的产业发展

按照国际区域经济一体化理论，在自由贸易区形成以后，由于市场的整合和贸易壁垒的消除，产业会向具有较大规模的市场集聚。因此，CAFTA建成后对云南产业发展的直接影响可以归纳为两个方面：一是以跨国公司为代表的国际产业转移，二是以东中部企业为代表的国内产业转移。由于云南是全国大市场的有机组成部分，按照理论预见，CAFTA建成后，云南地区应该出现明显的产业集聚。因此，沿边州市的工业总产值和企业数量也应该有增长。

数据显示，2005～2012年，云南8个沿边州市的工业总产值持续增加，成为全省工业经济发展的重要动力。2012年，除了红河和怒江以外，其余6个沿边州市的工业总产值占全省比重都较2005年有大幅增长，见表4-24。

表4-24　云南各州市工业总产值

单位：百万元

年份	昆明	曲靖	玉溪	红河*	大理	楚雄	昭通	文山*	保山*	普洱*	临沧*	丽江	德宏*	西双版纳*	迪庆	怒江*
2005	101 814	36 017	39 441	30 270	10 930	11 850	7 275.2	5 150	3 242.5	3 592.2	3 017.2	1 702.8	2 060	1 340	720	1 190
2006	133 136	50 331	46 097	38 870	14 220	14 350	9 772	7 480	4 523.8	4 308.7	4 027.7	2 249.3	2 890	2 230	850	3 960
2007	161 450	60 788	61 545	50 400	18 430	18 990	12 424	11 340	5 727.4	6 338.8	5 402.7	2 927.1	3 920	3 610	1 450	4 160
2008	179 155	79 722	78 145	59 237	21 417	22 710	13 185	13 917	7 179.1	6 993.7	6 267.8	3 930.1	4 056	3 358	1 950	3 007
2009	184 083	80 886	75 165	57 439	24 782	23 990	16 313	15 014	8 352.1	7 883.6	6425	5 179.3	5 157	3 077	1 925	2 448
2010	243 613	100 089	94 445	70 962	32 900	29 947	20 406	18 079	10 801	9 636.7	8 989	7 086.5	7 650.7	4 757	2 749.7	26 14.2
2011	260 374	120 354	111 086	87 494	41 869	36 268	26 401	23 520	15 306	12 443	12 128	9 594.5	9 343	5 391	3 294	3 180
2012	301 028	145 514	125 846	99 794	53 843	43 060	32 611	30 606	20 878	16 303	16 136	12 553	10 704	6 994	3 756	2 855

续表

年份	昆明	曲靖	玉溪	红河*	大理	楚雄	昭通	文山*	保山*	普洱*	临沧*	丽江	德宏*	西双版纳*	迪庆	怒江*
2013	—	—	—	131 000	90 510	48 583	—	—	26 910	—	—	—	17 151	10 616	—	—
2005 年比重/%	39.22	13.87	15.19	11.66	4.21	4.56	2.80	1.98	1.25	1.38	1.16	0.66	0.79	0.52	0.28	0.46
2012 年比重/%	32.63	15.77	13.64	10.82	5.84	4.67	3.54	3.32	2.26	1.77	1.75	1.36	1.16	0.76	0.41	0.31

资料来源：根据 CEIC 数据库整理。
*表示与周边国家接壤的州市。

从云南工业企业数量来看，受国际金融危机冲击和后续影响，各州市企业数量在 2011 年出现较大幅度的减少。2012 年，云南除了普洱、临沧、红河和怒江 4 个沿边州市外，包括昆明、玉溪、曲靖在内的州市工业企业数量都没有恢复到 2010 年的水平。由此可见，与周边国家毗邻的优势为云南经济的发展带来了巨大的推动力，见表 4-25。

表 4-25　云南各州市工业企业数

单位：个

年份	昆明	曲靖	玉溪	保山*	昭通	丽江	普洱*	临沧*	楚雄	文山*	红河*	西双版纳*	大理	德宏*	怒江*	迪庆
2005	790	282	284	72	80	56	84	58	120	95	175	53	122	58	9	20
2006	889	302	292	83	101	61	96	64	136	117	179	45	142	64	12	18
2007	889	335	302	88	148	56	92	70	—	—	—	—	—	—	—	—
2008	939	414	325	102	148	56	100	70	36	127	169	64	173	66	12	25
2009	1 127	459	342	130	267	75	115	79	182	133	205	62	190	85	15	22
2010	941	532	352	144	251	78	117	84	183	141	207	60	208	92	16	22
2011	792	435	261	94	191	66	99	73	138	111	194	42	172	68	18	19
2012	878	507	302	121	203	77	119	84	181	132	226	51	207	83	20	20
2013	—	523	318	—	208	—	—	—	—	138	—	—	—	93	—	—
2014	770	547	333	192	189	75	148	146	0	0	0	0	0	0	0	0
2015	978	569	334	216	163	78	157	163	0	0	0	0	0	0	0	0

资料来源：根据 CEIC 数据库整理。2014 年、2015 年数据来自 EPS 数据库（中国区域经济数据库）。
*表示与周边国家接壤的州市。

二、CAFTA 与云南沿边州市的贸易发展

自由贸易区具有显著的贸易效应，包括贸易创造效应和贸易转移效应两个方面。贸易效应是衡量自由贸易区收益的关键。一般认为，只有贸易创造效应大于贸易转移效应，自由贸易区才具有可行性。因此，可以从数量和结构两个方面讨论 CAFTA 对云南沿边地区贸易发展的影响。

从数量上来看，CAFTA 建成后云南出口总量应该有显著增长；从结构上来看，云南具有比较优势的产业出口值也应该有显著增长。

从出口数据来看，沿边州市的贸易增长表现抢眼，大多数沿边州市的出口增长远

远超过全省的平均水平。其中，西双版纳增长了 11 倍，德宏增长了 6 倍，普洱增长了 7.3 倍，而同期，昆明为 5 倍，玉溪为 3.9 倍，曲靖为 2.5 倍。沿边州市对周边市场的出口增长缓解了欧美发达国家市场疲软的冲击和影响，拓展了云南外贸发展的空间，见表 4-26。

表 4-26　云南各州市出口情况

单位：百万美元

年份	昆明	德宏*	西双版纳*	红河*	玉溪	曲靖	楚雄	文山*	大理	普洱*	丽江	保山*	临沧*	迪庆	昭通	怒江*
2005	1 735.9	271.0	132.7	373.6	140.0	95.0	29.9	30.8	40.2	21.5	15.7	60.0	24.4	4.7	5.2	0.0
2006	2 329.6	335.2	49.8	233.0	139.3	76.6	17.9	16.3	36.0	30.8	14.4	86.2	15.8	4.3	5.6	0.7
2007	3 239.0	434.6	56.8	503.1	140.3	85.5	24.8	36.8	51.6	27.1	17.1	88.3	19.2	4.3	7.2	0.4
2008	3 526.7	459.3	71.7	289.6	201.8	113.9	23.3	42.3	54.7	26.2	45.5	98.4	20.7	5.2	7	0.5
2009	2 969.6	567.4	65.6	290.1	139.3	69.1	59.9	45.9	62.3	40.0	85.2	79.7	30.9	5.2	3.7	0.3
2010	4 782.4	850.7	672.9	718.0	265.0	17.5	103.5	122.8	107.6	75.2	0.1	114.5	44.1	4.6	4.5	0.1
2011	6 603.0	1 110.0	95.0	427.0	358.0	126.0	134.0	96.0	167.0	124.0	62.0	94.0	61.0	10.0	5	1.0
2012	5 686.0	1 239.0	132.0	1 365.0	501.0	202.0	175.0	162.0	166.0	121.0	85.0	78.0	75.0	10.0	21.0	1.0
2013	10 410.0	1 923.0	1 592.7	750.0	679.4	335.0	256.2	250.2	212.2	179.2	110.5	85.5	128.0	18.8	10.4	11.0

资料来源：根据 CEIC 数据库整理。

*表示与周边国家接壤的州市。

三、CAFTA 与云南沿边州市的投资发展

根据国际区域经济一体化理论，自由贸易区建成以后，扩大的市场规模更有利于吸引国际投资。因此，云南在吸引国际投资和省外投资方面出现显著增长。同时，云南与周边国家贸易壁垒的进一步削弱也会使云南对外投资显著增长。

数据显示，2005 年以来，云南实际利用外商直接投资的金额保持高速稳定增长。特别是通道和出入境条件日益改善的保山、临沧、西双版纳等州市的增长都超过 10 倍以上。但值得注意的是，云南外商直接投资的空间分布严重失衡。2012 年，昆明实际使用外商直接投资的金额是其余 15 个州市的 2.5 倍，超过 14 亿美元。2013 年进一步超过 17 亿美元。在全省严重依赖省会城市的背景下，加强各州市与省会城市的高效互联互通成为沿边州市经济持续发展的必要前提和重要基础，见表 4-27。

表 4-27　云南各州市实际使用外商直接投资

单位：百万美元

年份	昆明	普洱*	德宏*	保山*	玉溪	大理	迪庆	楚雄	临沧*	红河*	丽江	西双版纳*	曲靖	文山*	昭通	怒江*
2005	82.61	—	8.99	1.27	10.47	5.76	—	0.20	2.66	42.81	13.12	0.76	11.42	3.21	1.30	—
2006	209.33	20.06	7.10	3.93	15.37	14.76	3.60	0.77	5.03	—	17.80	2.54	20.19	0.35	1.55	0.30

续表

年份	昆明	普洱*	德宏*	保山*	玉溪	大理	迪庆	楚雄	临沧*	红河*	丽江	西双版纳*	曲靖	文山*	昭通	怒江*
2007	300.38	22.04	0.45	6.47	18.31	11.71	89.28	1.54	13.86	—	18.72	10.07	20.21	1.48	6.27	3.34
2008	601.78	17.00	24.56	9.35	7.45	24.55	3.90	—	9.19	9.47	6.00	3.80	37.02	—	—	0.34
2009	730.00	3.13	13.24	18.51	5.01	18.41	6.16	12.93	25.07	13.91	0.25	3.02	36.95	1.47	3.00	—
2010	813.00	1.00	23.82	33.65	32.31	21.83	7.00	13.31	21.10	15.19	2.82	3.50	21.67	3.00	1.00	7.58
2011	1 100.00	42.00	52.00	52.32	34.00	30.00	103.00	25.00	30.00	22.00	3.00	5.00	28.01	8.00	4.00	15.00
2012	1 401.00	101.00	88.95	73.00	46.00	38.92	36.00	35.98	32.00	28.71	28.71	14.25	11.00	9.46	9.00	1.006
2013	1 798.00	—	—	—	67.42	62.81	62.99	24.25	46.22	59.02	39.94	9.45	—	—	14.82	—

资料来源：根据CEIC数据库整理。

*表示与周边国家接壤的州市。

第五章　开放经济条件下云南的产业结构优化升级①

产业是当代经济发展的基本动力和根本支撑，是区域经济满足自身需求和扩大对外输入能力的基础。在开放经济条件下，云南自身产业结构的优化升级在很大程度上既是由国内发展阶段决定的，也是由我国所处的国际分工环境和贸易对象所决定的，还受云南自身资源禀赋、技术水平和经济发展阶段的影响。本章从产业结构合理化和产业结构高度化两个层面，对产业结构升级发展状况进行分析。

产业结构合理化反映的是产业间的协调程度、产业结构的聚合质量及资源配置效率水平。依据戴魁早（2014）和干春晖等（2011）的构建方法，产业结构合理化指数（TI）的计算公式如下：②

$$\mathrm{TI}=\sum_{i=1}^{n}\left(\frac{Y_i}{Y}\right)\ln\left(\frac{Y_i}{L_i}\Big/\frac{Y}{L}\right)=\sum_{i=1}^{n}\left(\frac{Y_i}{Y}\right)\ln\left(\frac{Y_i}{Y}\Big/\frac{L_i}{L}\right) \tag{5-1}$$

式中，Y_i 和 L_i 分别表示产业 i 的产值和就业人数；Y 和 L 分别表示整个产业的产值和就业人数；n 表示产业部门的个数。

TI 指数值与产业结构合理化水平是反向关系，TI 值越大，表明产业结构的合理化水平越低；反之，则越合理。

产业结构高度化反映的是一国产业结构的高级化水平。鉴于 20 世纪 80 年代以来世界经济趋于服务化的过程中第三产业增长率快于第二产业增长率、高新技术产业增长率快于传统产业增长率的事实（樊福卓，2008），本书将第二、第三产业的产值之比和高新技术产业产值比进行加权平均，以作为产业结构高度化指数（UI），其计算公式如下：

$$\mathrm{UI}=\sigma(V_3/V_2)+(1-\sigma)(V_{\mathrm{H}}/V_{\mathrm{T}}) \tag{5-2}$$

式中，UI 表示产业结构高度化指数，若 UI 值越大，则一国的产业结构水平越高级；V_3、V_2、V_{H}、V_{T} 分别表示第三产业产值、第二产业产值、高新技术产业产值和工业总产值；σ 代表权重，一般取值为 0.5，即假定 V_3/V_2 和 $V_{\mathrm{H}}/V_{\mathrm{T}}$ 在实现产业结构高度化过程中具有同等重要性。

---

① 本章第一、第二、第二节的数据整理和文字编撰主要由王阳琛完成，第四节和第六节主要由杨丽娜完成，第五节主要由唐旖完成。

② 李东坤，邓敏：《中国省际 OFDI、空间溢出与产业结构升级：基于空间面板杜宾模型的实证分析》，《国际贸易问题》，2016 年第 1 期。

第一节　中国产业结构升级发展

改革开放推动了我国经济向开放型转变。我国抓住经济全球化的发展机遇，积极进行产业结构调整，参与国际分工，成为“世界工厂”。但随着我国劳动力、土地、资源等要素成本上升，我国低成本比较优势的基础逐步丧失，通过比较优势给劳动密集型产业发展带来的利益空间逐步走向新的拐点，投入边际利润加速下降，依靠资源能源消耗和劳动力等要素低成本比较优势的传统增长模式已不适合我国产业的发展，因此，推动中国产业结构的升级与发展，从而实现资源的优化配置是当前的重中之重。

一、中国产业结构合理化

本部分选取2003～2015年的农、林、牧、渔业，建筑业，交通运输、仓储和邮政业，批发和零售业，住宿和餐饮业，金融业，房地产业七大产业部门的产业产值和城镇单位就业人数代入式（5-1），计算结果见图5-1。中国产业结构合理化反映了产业间的协调程度、产业结构的聚合质量及资源配置效率水平，而计算得到的TI值与产业结构合理化呈反比关系，TI值越大，说明产业结构的合理化水平越低。

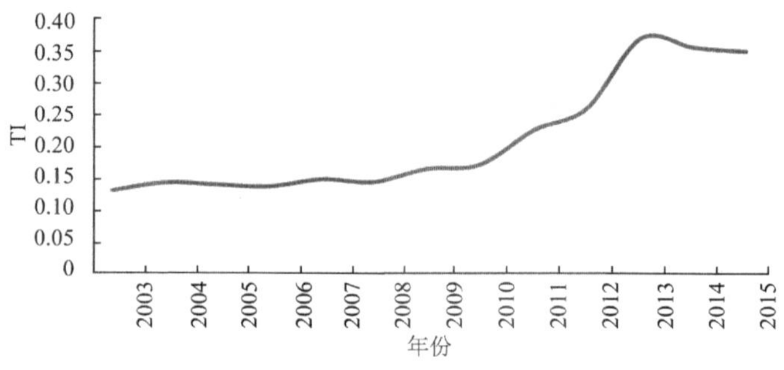

图5-1　中国产业结构合理化指数曲线图

从总体上来看，2003～2013年TI值整体上呈稳步上升趋势，而2013～2015年TI值有明显下降趋势，但TI值仍然很高。由此说明，2003～2015年中国的产业结构合理化水平越来越低，进而也体现出产业间的协调程度、产业结构的聚合质量及资源配置效率可能存在不同程度的不合理。

2003～2010年的TI值几乎处于同一水平线，且数值较低，TI值仅增长了0.039，这段时间产业间的协调程度、产业结构的聚合质量及资源配置效率相差不大，产业结构合理化水平较高。2010～2013年的TI值增长了0.172，是2003～2010年增长的4.41倍。2013年的TI值最大，为0.376，是TI值最低的2003年的2.562倍。2010～2013年的平均TI值达到0.268，比2003～2010年中最大的2010年的TI值还要大0.082，这些都充分体现出2010～2013年这4年的产业结构的合理化水平较低，产业间的协调程度、产业结构的聚合质量及资源配置效率水平较低。2013～2015 年，TI 值仅下降了 0.018，降幅仅为 4.79%，TI 值依然很大，产业结构合理化水平依然很低。

二、中国产业结构高度化

本部分选取 1995～2015 年中国的第二、第三产业产值，高新技术产业产值占工业总产值的比重（用研发与实验经费占 GDP 的比重替代）代入式（5-2），计算结果见图 5-2。UI 值越大，表明中国的产业结构高度化水平就越高级。

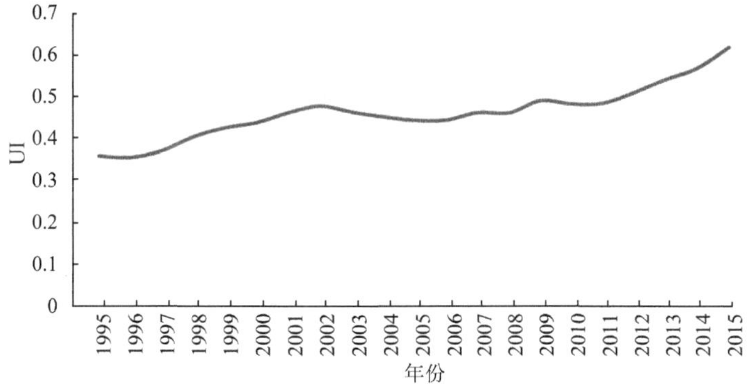

图 5-2　中国产业结构高度化指数曲线图

整体来看，除 2002～2010 年的 UI 值有微小的起伏外，1995～2015 年 UI 值整体呈上升趋势，由此说明中国的产业结构将变得越来越高级，其中 2015 年的 UI 值最大，为 0.623；1995 年的 UI 值最小，为 0.363；2015 年的 UI 值是 1995 的 1.716 倍。

1995～2003 年，UI 值呈第一次长时间稳步上升趋势，增长了 0.119，中国产业结构变得越来越高级，2002 年的 UI 值最大，为 0.483；2003～2005 年，中国的 UI 值不断滑坡，从 0.483 降到 0.448，减少 0.035，跌幅仅为 7.25%，也体现出这期间中国的产业结构高度化有较小的降低；2005～2010 年，是起伏不定的 5 年，但起伏并不大，这 5 年中，2005 年和 2006 年的 UI 值几乎一样，为 0.448 左右；2007 年和 2008 年的 UI 值也相差不大，为 0.466 左右；2009 年的 UI 值最大，为 0.495；2005 年的 UI 值最小，为 0.448，两者仅相差 0.047，其中 2006～2007 年的 UI 值增长了 0.018，2008～2009 年的 UI 值增长了 0.029，总体而言，2005 年和 2006 年，以及 2007 年和 2008 年的中国产业结构的高级化水平较为一致，2007 年和 2009 年的产业结构高级化水平稍微加深，这 5 年中国产业结构的高度化水平变化并不明显，差距较小；2010～2015 年，UI 值呈第二次长时间增长趋势，上升了 0.137；2015 年 UI 值最大，为 0.623，中国产业结构高度化水平越来越高。

第二节　中国和东盟五国产业结构升级对比研究

东盟是东南亚地区以经济合作为基础的政治、经济、安全一体化合作组织，主要成员国有马来西亚、印度尼西亚、泰国、菲律宾、新加坡、文莱、越南、老挝、缅甸和柬埔寨。1991年，中国与东盟开启对话进程。1996年，中国成为东盟全面对话伙伴，2003年，双方关系提升为战略伙伴关系，从此中国和东盟形成了密切的经济贸易关系，并成为东盟第一贸易伙伴。为进一步促进贸易合作，研究中国和东盟国家的产业结构必不可缺，这将为中国和东盟国家的贸易往来开辟新篇章。

本部分主要选取中国和东盟五国（印度尼西亚、马来西亚、菲律宾、新加坡和泰国）的2000年、2005年、2009年和2012年相关数据，计算得出中国和东盟五国的产业结构合理化水平和产业结构高度化水平，并进行比较分析。①

一、中国和东盟产业结构合理化比较

本部分选取中国和东盟五国2000年、2005年、2009年和2012年的第一产业、第二产业和第三产业的产业产值和城镇单位就业人数，代入式（5-1），得到相应的TI值。

由图5-3可知，2009年以前，中国和东盟五国的TI值越来越大，呈快速上升趋势，而2012年，中国和东盟五国的TI值有稍微下降的趋势，TI值变化不大，说明2000年、2005年、2009年、2012年，中国和东盟五国的产业结构合理化水平越来越低，虽然2012年有稍微改观，但合理化水平依然较低，进而也反映出中国和东盟五国产业间的协调程度、产业结构的聚合质量及资源配置效率水平随着年份的增长越来越差。反映了工业化进程中产业结构的集中化发展趋势。

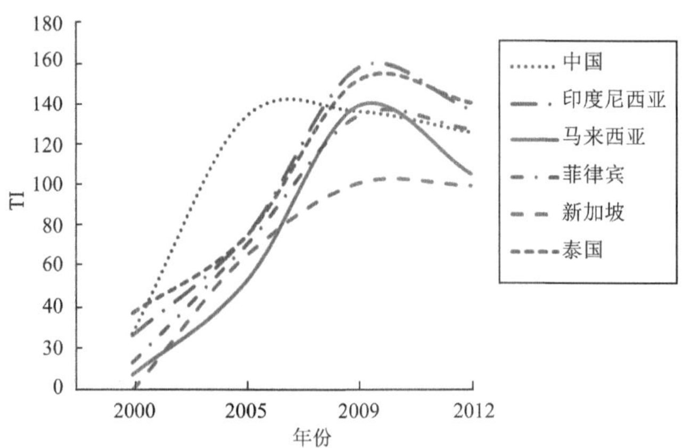

图5-3　中国和东盟五国产业结构合理化指数曲线图

① 本章第二、第三节的数据整理和文字撰写主要由研究生王阳琛参与完成。

2000 年，中国和东盟五国的 TI 值较其他年份最小。中国的 TI 值仅低于泰国，位居第 2 位；新加坡的 TI 值最小，为 0.559；泰国的 TI 值最大，为 38.618，是新加坡的 69 倍多，而印度尼西亚、菲律宾、马来西亚的 TI 值分别位居第 3 位、第 4 位、第 5 位，可见新加坡的产业间的协调程度、产业结构的聚合质量及资源配置效率水平最高，而泰国最低。

2005 年，中国和东盟五国的 TI 值较 2000 年有较大上升，中国的 TI 值上升的幅度最大，由 28.576 增长到 135.180，增长了 106.604，成为 2005 年产业结构合理化水平最低的国家；东盟五国的增长幅度为 37～67，TI 值大多在 70 左右，远远低于中国。值得注意的是，马来西亚取代新加坡成为产业结构合理化水平最高的国家。因此，马来西亚的产业间的协调程度、产业结构的聚合质量及资源配置效率水平较高，而中国的最低。

2009 年，中国的 TI 值较 2005 年仅增长了 3.097，TI 值变化不大，成为第 4 名，反映出中国产业合理化水平变化不大；印度尼西亚的 TI 值超过泰国，成为第 1 名，马来西亚的 TI 值增长了 87.326，远远超过新加坡，并且高于菲律宾的 TI 值，新加坡再次成为产业结构合理化水平最高的国家。总之，在 2009 年，新加坡的产业间的协调程度、产业结构的聚合质量及资源配置效率水平最高，印度尼西亚的最低。

2012 年，中国和东盟五国的 TI 值较 2009 年呈明显下降趋势，中国的 TI 值下降了 10.545，印度尼西亚的 TI 值下降了 20.532，马来西亚的 TI 值下降了 33.492，菲律宾的 TI 值下降了 6.625，新加坡的 TI 值下降了 1.100，泰国的 TI 值下降了 11.103。马来西亚的 TI 值下降最多，导致 2012 年马来西亚产业结构合理化水平与 2009 年相比，超过菲律宾和中国，仅次于新加坡；新加坡的 TI 值变化最小，所以新加坡的产业结构合理化水平依然是最高的；印度尼西亚和泰国的 TI 值在 2009 年就相差不大，2012 年印度尼西亚的 TI 值下降幅度大于泰国，泰国的 TI 值再次成为最高的。因此，2012 年新加坡的产业间的协调程度、产业结构的聚合质量及资源配置效率水平最高，泰国的最低。

二、中国和东盟产业结构高度化比较

选取中国和东盟五国 2000 年、2005 年、2009 年和 2012 年的第二产业产值、第三产业产值和高新技术产业产值占工业总产值的比值，计算各个年份的产业结构高度化指数，由于数据可得性限制，本部分用科研经费占 GDP 的比重代替高新技术产业产值占工业总产值的比重。计算得到的 UI 值越大，表明产业结构的高度化水平越高；反之，UI 值越小，表明产业结构的高度化水平越低。

由图 5-4 可知，在 2000 年、2005 年、2009 年及 2012 年 4 个年份中，新加坡的 UI 值都比其余的五国中任何一个国家的 UI 值大很多，说明新加坡的产业结构高度化的水平远远高于其余五国；并且其余五国的 UI 值曲线变动幅度较小，表明这五国的产业结构高度化水平在这几年里都相差不大。

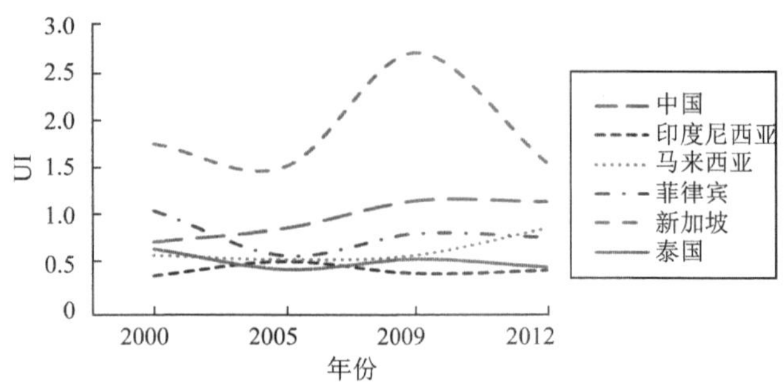

图 5-4 中国和东盟五国的产业结构高度化指数曲线图

2000 年，新加坡的 UI 值为 1.798，位居第 1 位，比位居第 2 位的菲律宾的 UI 值大了 0.698，其次是中国、泰国、马来西亚，UI 值最小的是印度尼西亚，仅为 0.433，新加坡的 UI 值是印度尼西亚的 4.152 倍，由此说明印度尼西亚的产业结构高度化水平较低。

与 2000 年相比，2005 年除中国和印度尼西亚的 UI 值有较小的上升外，其他国家都有不同程度的下降，菲律宾和新加坡有较明显的下降趋势，UI 值分别下降了 0.460 和 0.241。中国的 UI 值上升了 0.136 位居第 2 名；菲律宾、马来西亚和印度尼西亚的 UI 数值相差不大，分别是 0.640、0.599 和 0.580；泰国的 UI 值最小，仅为 0.499。总之，在 2005 年，泰国的产业结构高度化水平最低，新加坡的产业结构高度化水平最高，中国的产业结构高度化水平仅次于新加坡。

与 2005 年相比，2009 年印度尼西亚的 UI 值有 0.123 的下降幅度，成为这 6 个国家中 UI 值最低的，其产业结构高度化水平最低；其他国家的 UI 值都呈上升趋势，新加坡的 UI 值上升了 1.180，达到 2.737，是 2000～2012 年中最高的 UI 值，即 2009 年新加坡的产业结构高度化水平是 2000～2012 年中最高的；马来西亚和泰国的 UI 值相差 0.039，分别位居倒数第 3 位和倒数第 2 位，产业结构高度化水平相对较低；中国和菲律宾的 UI 值分别为 1.204、0.867，名列第 2 位和第 3 位，这两个国家的产业结构高度化水平相对较高。

与 2009 年相比，2012 年新加坡的 UI 值降低了 1.134，降幅达 41.43%，但依然是 6 国中 UI 值最高的；其次是中国，UI 值为 1.192，产业结构高度化水平相对较高；马来西亚超过菲律宾成为产业结构高度化水平排名第 3 位的国家；泰国和印度尼西亚的 UI 值相差较小，分别为 0.521、0.487，成为 6 国中产业结构高度化水平较低的两个国家。

第三节 中国省际产业结构升级对比研究

各省级行政区产业结构的升级和发展直接关系到整个中国的产业结构的升级和发展，研究各省级行政区的产业结构的合理化和高度化，有利于促进区域经济增长方式的转变与经济发展模式的转轨，进而促进整个中国的经济又好又快地发展。云南作为经济发展落后区域，产业结构优化升级应重点关注。为贯彻落实云南省委、省政府关于加快产业转型升级促进经济平稳较快发展的决策部署，云南进一步加大了助推产业结构优化升级的财政支持力度，对重点工业园区建设、企业技术装备升级、新兴产业发展和服务业发展等 8 个方面给予重点关注。本部分主要将云南的产业结构合理化和高度化与其他省级行政区进行比较，分析云南产业结构的优势与不足，借鉴其他沿边地区产业结构升级中的经验和教训，进一步推动云南的产业结构的升级和发展。

一、中国省际产业结构合理化研究

研究省际产业结构的合理化，有利于了解省际产业间的协调程度、产业结构的聚合质量及资源配置效率水平状况。本部分选取 2006 年、2010 年和 2014 年云南和其他省级行政区的农、林、牧、渔业，建筑业，交通运输、仓储和邮政业，批发和零售业，住宿和餐饮业，金融业，房地产业七大产业部门的产业产值和城镇单位就业人数（西藏的房地产产业就业人数缺乏，因此只选取其他六大产业部门进行计算），并且将 31 个省级行政区（不包括香港、澳门、台湾）按照东北地区、东部地区、中部地区和西部地区四大区域分别进行研究。通过代入产业结构合理化计算公式，得到云南和其他省级行政区的产业结构合理化的 TI 值，见表 5-1。

表 5-1　2005～2015 年全国各省级行政区产业结构合理化指数

地区	2005 年	2006 年	2007 年	2008 年	2009 年	2010 年	2011 年	2012 年	2013 年	2014 年	2015 年
河南	0.68	0.69	0.67	0.71	0.72	0.73	0.72	0.78	0.93	0.85	0.97
浙江	0.62	0.65	0.62	0.62	0.68	0.70	0.78	0.94	0.96	0.95	0.95
贵州	0.64	0.59	0.59	0.60	0.49	0.46	0.50	0.62	0.64	0.72	0.90
湖南	0.61	0.58	0.68	0.64	0.67	0.68	0.74	1.00	0.98	0.92	0.87
四川	0.65	0.64	0.75	0.82	0.86	0.82	0.87	0.87	0.98	0.88	0.86
江苏	0.16	0.18	0.18	0.18	0.23	0.24	0.25	0.26	0.83	0.84	0.83
山东	0.46	0.47	0.47	0.47	0.47	0.46	0.52	0.64	0.79	0.76	0.73
重庆	0.64	0.54	0.57	0.56	0.48	0.46	0.63	0.64	0.70	0.61	0.59
河北	0.46	0.43	0.43	0.43	0.40	0.40	0.48	0.59	0.63	0.60	0.58
安徽	0.33	0.36	0.37	0.40	0.42	0.41	0.48	0.54	0.65	0.60	0.57
福建	0.31	0.32	0.34	0.33	0.28	0.32	0.46	0.53	0.58	0.55	0.55
湖北	0.16	0.17	0.32	0.36	0.35	0.35	0.54	0.49	0.60	0.55	0.53
江西	0.14	0.13	0.16	0.18	0.22	0.22	0.26	0.29	0.55	0.52	0.51
云南	0.14	0.15	0.20	0.26	0.35	0.19	0.29	0.40	0.51	0.47	0.45
陕西	0.23	0.20	0.21	0.22	0.24	0.26	0.31	0.34	0.52	0.48	0.44

续表

地区	2005年	2006年	2007年	2008年	2009年	2010年	2011年	2012年	2013年	2014年	2015年
广西	0.27	0.26	0.27	0.30	0.29	0.29	0.33	0.34	0.44	0.43	0.44
甘肃	0.16	0.19	0.20	0.24	0.21	0.24	0.25	0.25	0.42	0.39	0.38
广东	0.25	0.25	0.23	0.23	0.23	0.23	0.29	0.31	0.39	0.36	0.36
山西	0.23	0.21	0.17	0.18	0.21	0.16	0.17	0.25	0.28	0.32	0.30
天津	0.13	0.13	0.12	0.10	0.09	0.09	0.27	0.27	0.28	0.27	0.22
上海	0.12	0.11	0.11	0.10	0.19	0.15	0.17	0.19	0.18	0.18	0.21
北京	0.32	0.19	0.21	0.21	0.19	0.17	0.17	0.17	0.17	0.18	0.19
辽宁	0.12	0.13	0.14	0.13	0.10	0.09	0.10	0.13	0.25	0.22	0.19
吉林	0.12	0.12	0.11	0.13	0.12	0.11	0.11	0.14	0.20	0.17	0.16
青海	0.10	0.10	0.10	0.09	0.08	0.11	0.13	0.15	0.22	0.18	0.16
黑龙江	0.14	0.13	0.12	0.13	0.16	0.17	0.16	0.16	0.12	0.12	0.12
西藏	0.24	0.26	0.25	0.27	0.20	0.19	0.21	0.36	0.12	0.10	0.11
内蒙古	0.11	0.11	0.11	0.10	0.18	0.16	0.13	0.12	0.07	0.08	0.10
海南	0.06	0.07	0.06	0.06	0.06	0.08	0.07	0.07	0.27	0.07	0.10
宁夏	0.03	0.04	0.01	0.03	0.03	0.02	0.03	0.02	0.04	0.05	0.06
新疆	0.05	0.08	0.08	0.09	0.10	0.06	0.06	0.05	0.05	0.06	0.05

注：表内数据根据中国社会经济统计数据库数据计算得出。

表5-1中，各省级行政区按照2015年产业结构合理化指数由高到低降序排列。TI值越大，说明产业结构合理化水平越低，产业间的协调程度、产业结构的聚合质量及资源配置效率水平状况较差；反之，TI值越小，说明产业结构合理化水平越高，产业间的协调程度、产业结构的聚合质量及资源配置效率水平状况越好。可以发现，2005～2015年，各地区TI值呈现出很强的惯性和路径依赖，各地区产业结构合理化水平相对稳定。例如，河南和浙江的TI值大部分时间位居全国前3位，而海南、宁夏、新疆也一直居于全国后3位。其间，多数省级行政区的产业结构合理化水平都呈下降趋势，但全国仍有重庆、北京、黑龙江、西藏、内蒙古5个地区的产业结构合理化水平得到改善。表明在这些地区，劳动力向部分具有区位、资源优势的产业集聚的态势很明显，从而增加了该地区的产业结构合理性。

由图5-5可知，辽宁和吉林的TI值在2006～2010年整体呈下降趋势，而自2010～2014年整体呈上升趋势，且2014年远远超过2006年的TI值，由此得出辽宁和吉林的产业间的协调程度、产业结构的聚合质量及资源配置效率水平状况在2010年最好，而在2014年相对较差；黑龙江正好与之相反，TI值先上升后下降，黑龙江的产业间的协调程度、产业结构的聚合质量及资源配置效率水平状况在2010年较差，在2006年和

2014 年相对较好。

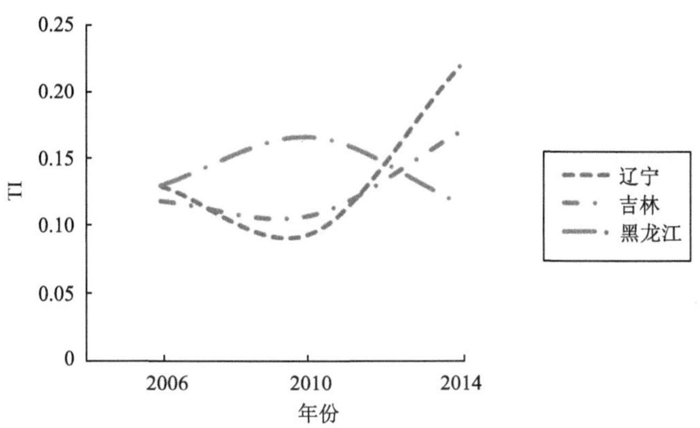

图 5-5 东北地区的产业结构合理化指数曲线图

2006 年，黑龙江和辽宁的 TI 值相差不大，分别为 0.130 和 0.129，吉林的 TI 值为 0.118，与黑龙江仅相差 0.012。吉林的产业结构合理化水平最高，产业间的协调程度、产业结构的聚合质量及资源配置效率水平状况都相对较好。

2010 年，辽宁和吉林的 TI 值分别下降了 0.035 和 0.010，辽宁下降得最多，成为 2010 年中 TI 值最小的省份，相对的产业结构合理化水平最高；黑龙江的 TI 值从 0.130 上升为 0.165，上升了 0.035，产业结构合理化水平相对较差。

2014 年，吉林和辽宁的 TI 值分别上升了 0.062 和 0.124，辽宁再次超过了吉林，进而也表明辽宁的产业结构合理化水平最低，产业间的协调程度、产业结构的聚合质量及资源配置效率水平状况相对较差；黑龙江的 TI 值从 0.165 下降到 0.116，降幅达到 29.70%，成为 2014 年 TI 值最低的省份，由此得出黑龙江产业间的协调程度、产业结构的聚合质量及资源配置效率水平状况最好。

如图 5-6 所示，中国东部地区的产业结构合理化水平差别较大，上海、江苏、浙江的 TI 值在 2006～2014 年呈不断增长的趋势，2006 年上海、江苏的产业结构合理化水平相对较高；海南 2010 年的 TI 值较 2006 年有所上升，而 2014 年较 2010 年又有所下降，但下降幅度并不大，因此，海南的产业结构合理化水平在 2006 年最高。除上海、江苏、浙江和海南以外的其他省份的 TI 值，2010 年较 2006 年有不同程度的降低，2014 年又相对于 2010 年有不同程度的上升。2006～2014 年，浙江的 TI 值远远超过其他省份。整体来看，浙江的产业结构合理化水平最低，产业间的协调程度、产业结构的聚合质量及资源配置效率水平状况最差；而各个年份海南的 TI 值都是最低的，产业间的协调程度、产业结构的聚合质量及资源配置效率水平状况最好。

2006 年，浙江的 TI 值最高，为 0.648，是 TI 值最低的海南的 9.969 倍，其次是山东和河北，再者是福建、广东、北京、江苏、天津和上海，海南的 TI 值最低，仅为 0.065，因此，海南的产业结构合理化水平最高，产业间的协调程度、产业结构的聚合质量及资源配置效率水平状况最好。

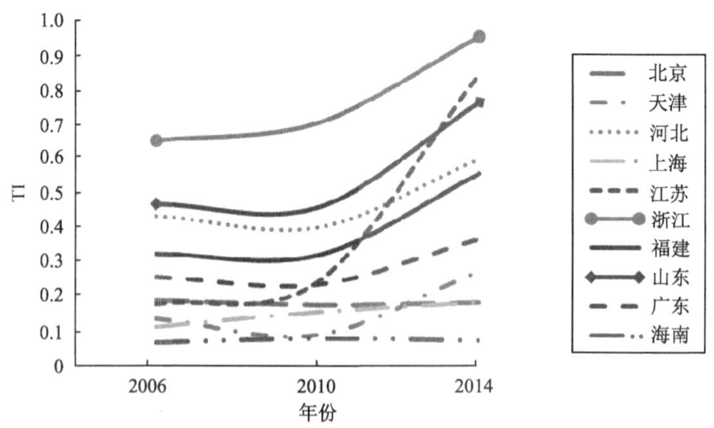

图 5-6　东部地区的产业结构合理化指数曲线图

2010 年，浙江的 TI 值上升了 0.053，江苏的 TI 值上升了 0.066，江苏上升得最多，TI 值超过了北京和广东，位居第 5 位；上海的 TI 值上升了 0.044，天津的 TI 值下降了 0.046，上海的 TI 于 2010 年超过了天津，位居倒数第 3 位，天津的 TI 值与海南仅相差 0.012，位居倒数第 2 位，海南的 TI 值最小。因此，海南、天津的产业结构合理化水平最高，产业间的协调程度、产业结构的聚合质量及资源配置效率水平状况也相对较好；浙江的 TI 值仍是最高的，山东、河北和福建的 TI 值增长幅度相差不大，并与 2006 年的排序一致。

2014 年，浙江的 TI 值增长了 0.249，依然是最高的；江苏的 TI 值增长最多，从 2010 年的 0.241 增长到 2014 年的 0.842，增幅为 249.38%，位居第 2 位，与浙江相差 0.109；天津的 TI 值增长了 0.182，超过了上海和北京，位居倒数第 4 位；上海和北京的 TI 值仅相差 0.003，分别位居倒数第 3 位和倒数第 2 位，产业结构合理化水平相对较高，产业间的协调程度、产业结构的聚合质量及资源配置效率水平状况较好；海南的 TI 值最低，产业间的协调程度、产业结构的聚合质量及资源配置效率水平状况最好；而其他省份的增长幅度相差不大，相对排名变化不大。

从图 5-7 可看出，安徽、江西、河南、湖北和湖南的 TI 值在 2006～2014 年逐年提高，体现出这些省份的产业结构合理化水平随着年份的增长而逐渐下降，产业间的协调程度、产业结构的聚合质量及资源配置效率水平状况也在逐渐变差；山西的产业结构合理化的 TI 值在 2006～2014 年中呈 V 形，其 2010 年的 TI 值最小，是产业结构合理化水平最高的一年。

2006 年中部地区中，河南的 TI 值最高，为 0.687，河南的产业结构合理化水平处于中部地区末位；江西的 TI 值为 0.130，其产业结构合理化水平最高，产业间的协调程度、产业结构的聚合质量及资源配置效率水平状况最好；山西、湖北与江西相比较，

TI 值分别相差 0.096 和 0.043，相差并不大，分别位居中部地区的倒数第 3 位和倒数第 2 位，产业结构合理化水平与江西的差距较小；湖南和安徽的 TI 值分别为 0.583 和 0.362，分别位居中部地区的第 2 位和第 3 位，产业结构合理化水平相对较低，产业间的协调程度、产业结构的聚合质量及资源配置效率水平状况较差。

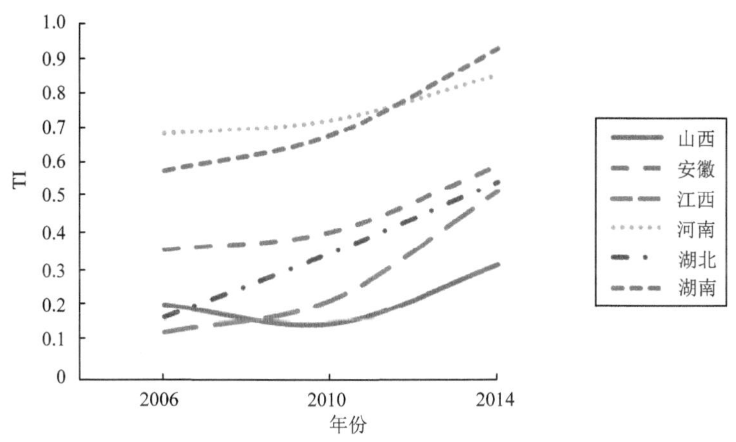

图 5-7 中部地区的产业结构合理化指数曲线图

2010 年，山西的 TI 值下降了 0.053，仅为 0.156，而江西的 TI 值上升至 0.222，山西的 TI 值成为中部地区中最低的，产业结构合理化水平也是最高的；河南、湖南、安徽、湖北和江西的 TI 值都有不同程度的增长，河南的 TI 值仍是最高的，从而产业结构合理化水平也是最低的。

2014 年，山西的 TI 值虽然从 2010 年的 0.156 上升到了 2014 年的 0.318，但依然是中部地区中 TI 值最低的一个省份，山西的产业结构合理化水平在 2010 年最高，产业间的协调程度、产业结构的聚合质量及资源配置效率水平状况最好；湖南的 TI 值增长了 0.241，达到了 0.923，超过了河南的 0.851，TI 值位居中部地区第 1 位，湖南的产业结构合理化水平最低，产业间的协调程度、产业结构的聚合质量及资源配置效率水平状况相对最差；其他地区的 TI 值依然呈不同程度的上升趋势，安徽、湖北和江西的 TI 值差距较小，产业结构合理化水平也相差不大。

由图 5-8 可知，2006～2010 年，云南的 TI 值在西部地区中处于倒数第 5 位，在 2014 年处于倒数第 8 位，产业结构合理化水平在西部地区中相对较高。四川的 TI 值一直是最高的，其次是贵州和重庆，而宁夏的 TI 值在 2006～2014 年中一直是最低的，新疆的 TI 值在 2006～2014 年中一直位居倒数第 2 位。因此，宁夏的产业结构合理化水平最高，产业间的协调程度、产业结构的聚合质量及资源配置效率水平状况也最好，四川则最差。

2006 年，四川的 TI 值为 0.636，是 TI 值最低的宁夏的 15.9 倍，四川、贵州和重庆的 TI 值远远超过了其他西部地区，也因此说明四川、贵州和重庆产业间的协调程度、产业结构的聚合质量及资源配置效率水平状况相对较差；内蒙古的 TI 值为 0.115，位于西部地区倒数第4位，青海的TI值为0.101，比宁夏的TI值仅仅大0.061，位居西部地区的倒数第3位，新疆的TI值比宁夏的大0.038，位居倒数第2位，因此新疆和青海的产业间的协调程度、产业结构的聚合质量及资源配置效率水平状况相对较好；广西、西藏、陕西、甘肃和云南的TI值分别位居西部地区的第4～8位。

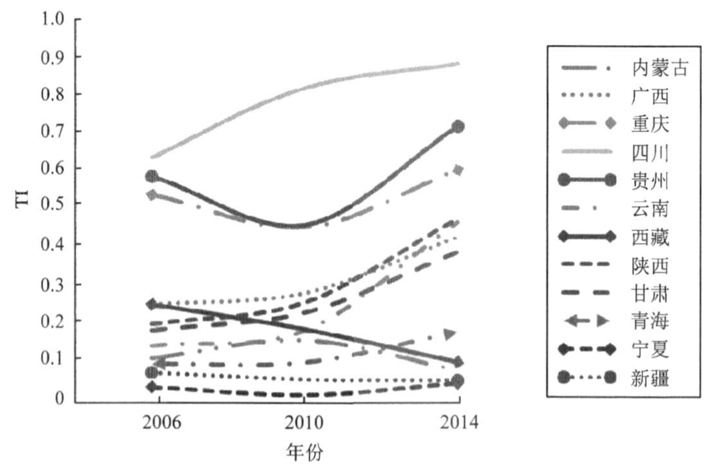

图5-8 西部地区的产业结构合理化指数曲线图

2010年，四川的TI值增长了0.183，产业结构合理化水平有所下降；贵州和重庆的TI值分别降到了0.463和0.457，两者在2010年的TI值相差不大，产业结构合理化水平有所上升；西藏从2006年的0.255降到了2010年的0.191，降幅达25.10%，低于陕西、甘肃和广西的TI值，成为倒数第6位，产业结构合理化水平有了很大的提高；而广西、陕西、甘肃、云南和内蒙古的TI值分别增长了0.03、0.057、0.046、0.041和0.05，增长的数值相差不大，这5个地区在2010年的产业结构合理化水平都有所下降，但排名不变，青海、新疆和宁夏在2010年的TI值变化相对不大，产业结构合理化水平依然相对较高，产业间的协调程度、产业结构的聚合质量及资源配置效率水平状况也相对较好。

2014年，四川的TI值继续增长，达到0.880，贵州和重庆的TI值分别增长到了0.717和0.605，贵州拉近了与重庆之间的距离，也体现出贵州的产业结构合理化水平比重庆下降更快；云南的TI值增长了0.281，广西、陕西和甘肃的TI值分别增长了0.143、0.217和0.156，云南的TI值超过了甘肃和广西，且与陕西的差距较小，位居西部省份第5位，产业结构合理化水平下降明显；西藏的TI值在2006～2014年几乎呈直线下降趋势，产业结构合理化水平一直在上升，到2014年，TI数值仅为0.105，仅仅比宁夏和新疆高，位居西部地区倒数第4位，西藏的产业间的协调程度、产业结构的聚合质量及资源配置效率水平状况相对较好；青海的TI值增长了0.079，产业结构合理化水平有所下降，内蒙古的TI值下降为0.084，而新疆和宁夏的TI值到2014年分别为0.058和0.050，差距较小，是西部地区中产业结构合理化水平最高的两个地区。

二、中国省际产业结构高度化研究

为了比较各省区市的产业结构高度化水平，选取 2000 年、2006 年、2011 年和 2014 年的第二产业、第三产业产值和高新技术产业产值占工业总产值的比值，计算各个年份的产业结构高度化，这里用（各个省发明专利数/全国发明专利数）/（各个省 GDP/全国 GDP）来替代高新技术产业占工业总产值的比重。计算得到的产业结构高度化指数，UI 值越大，表明产业结构高度化水平越高级；反之，UI 值越小，表明产业结构高度化水平越低。

由图 5-9 可知，2000 年、2006 年和 2011 年，辽宁和吉林的 UI 值逐年呈急剧下降趋势，产业结构高度化水平大幅度降低，而在 2014 年，相对于 2011 年，辽宁的 UI 值有少量的增长，吉林的 UI 值没有之前的下降幅度大，下降得较为平缓。黑龙江的 UI 值在 2000～2011 年差距不大，几乎处于同一水平线上，这期间的产业结构高度化水平相差不大，而在 2014 年，黑龙江的 UI 值有了很大的提高，产业结构高度化水平提高了很多。

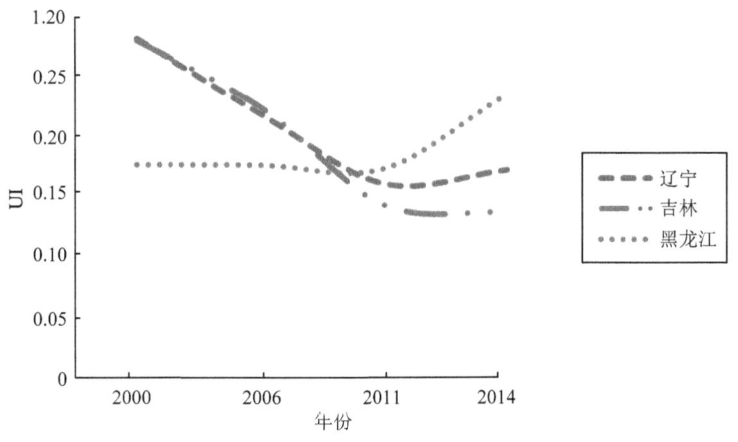

图 5-9　东北地区产业结构高度化指数曲线图

2000 年，辽宁和吉林的 UI 值分别为 1.127 和 1.120，分别位居东北地区中的第 1 位和第 2 位，产业结构高度化水平最高，同时也处于 2000～2014 年中的最高水平；黑龙江的 UI 值为 0.707，与辽宁相差 0.420，差距较大，位居东北地区末位，产业结构高度化水平最低。

2006 年，吉林的 UI 值下降至 0.896，降幅达 20.00%，位居东北地区中的第 1 名，产业结构高度化水平最高；辽宁的 UI 值下降至 0.874，降幅达 22.45%，与吉林的 UI 值仅相差 0.022，位居东北地区的第 2 名，产业结构高度化水平较高；黑龙江的 UI 值仅下降了 0.001，变化非常小，产业结构高度化水平变化很小，同时，与吉林和辽宁的差距也在缩小。

2011 年，黑龙江的 UI 值从 2006 年的 0.706 降到了 2011 年的 0.694，降幅仅为 1.70%，

产业结构高度化水平有略微的下降，但产业结构高度化水平在东北地区中是最高的；吉林和辽宁的 UI 值继续下降，相对于 2006 年，分别下降了 0.323 和 0.231，这两个地区在 2011 年产业结构高度化水平降幅较大，吉林的 UI 值下降更多，成为东北地区中的最后一名。

2014 年，黑龙江的 UI 值上升到 0.940，相对于 2011 年，增幅达 35.45%，产业结构高度化水平在 2014 年有很大的提高，产业结构高度化水平依然是东北地区的第 1 名；辽宁的 UI 值从 2011 年的 0.642 增长到了 2014 年的 0.687，产业结构高度化水平有较小提升，位居东北地区第 2 名，产业结构高度化水平相对较高；吉林的 UI 值从 2011 年的 0.573 下降到 2014 年的 0.546，降幅仅为 4.71%，产业结构高度化水平有略微的下降，是东北地区中产业结构高度化水平最低的。

进一步分析东部地区，从图 5-10 中可以清楚地看出，在 2000～2014 年，北京的 UI 值一直是最高的，UI 值都高于 3，并且远远地高于其他东部地区，产业结构高度化水平是最高的；其他地区的 UI 值都为 0.5～2，分布较为集中。

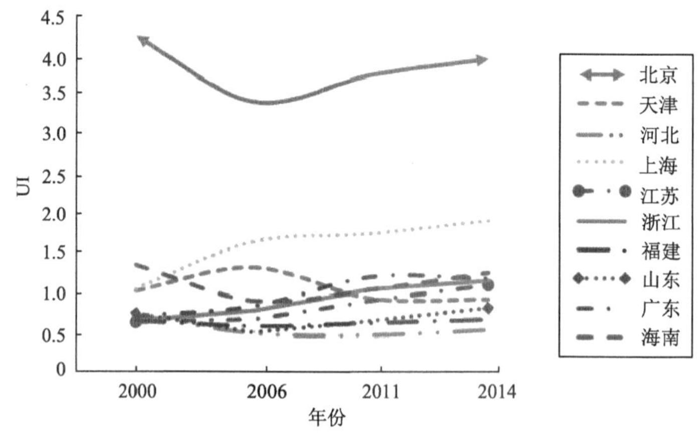

图 5-10　东部地区的产业结构高度化指数曲线图

2000 年，北京的 UI 值为 4.256，产业结构高度化水平最高，海南的 UI 值为 1.348，位居东部地区的第 2 名；上海和天津的 UI 值分别为 1.036 和 1.030，二者的 UI 值仅相差 0.006，分别位居东部地区的第 3 位和第 4 位，产业结构高度化水平相对较高，并且两个地区的产业结构高度化水平差距较小；其他东部地区的 UI 值为 0.623～0.731，其中，UI 值最低的江苏和最高的山东仅相差 0.108，产业结构高度化水平差距不大，江苏的产业结构高度化水平最低。

2006 年，北京的 UI 值下降至 3.404，降幅达 20.02%，虽然产业结构高度化水平有所下降，但依然是东部地区产业结构高度化水平最高的；上海的 UI 值增长了 0.593，天津的 UI 值增长了 0.305，上海和天津的产业结构高度化水平明显提高，分别居于东部地区的第 2 位和第 3 位；海南的 UI 值下降了 0.457，产业结构高度化水平居于东部地区的第 4 名；其他区域的 UI 值为 0.474～0.822，其中，UI 值最高的为广东，最低的为河北，两者相差 0.364。

2011 年，北京和上海的 UI 值分别增长了 0.349 和 0.103，产业结构高度化水平又有了不同程度的提高，依然是东部地区中的第 1 名和第 2 名；广东的 UI 值从 2006 年的 0.821 上升到了 2011 年的 1.194，增幅达 45.43%，产业结构高度化水平在 2011 年有很大的提升，成为东部地区中的第 3 名，产业结构高度化水平较高；浙江、海南和江苏的 UI 值在 2011 年分别为 1.037、1.036 和 0.898，相对于 2006 年分别增长了 0.274、0.145 和 0.251，产业结构高度化水平都有不同程度的增长，分别位居第 4 位、第 5 位和第 6 位；天津的 UI 值从 2006 年的 1.315 降到了 2011 年的 0.922，降幅达 29.89%，产业结构高度化水平下降较大，成为倒数第 4 位；山东和福建的 UI 值在 2011 年为 0.640 和 0.618，增长幅度较小，产业结构高度化水平有略微的提高，位居倒数第 3 位和倒数第 2 位；河北的 UI 值仅减少了 0.021，产业结构高度化水平变动较小，是东部地区中产业结构高度化水平最低的。

2014 年，北京和上海的 UI 值增长了 0.206，产业结构高度化水平再次攀高，上海的 UI 值从 2011 年的 1.731 增长到了 2014 年的 1.899，仅增长了 0.168，产业结构高度化水平变化较小；而其他东部地区的 UI 值与 2011 年的相比，变化幅度非常小，增减不超过 0.2，所以 2014 年的产业结构高度化水平与 2011 年的大致相同。

由图 5-11 可知，中国中部地区在 2000～2014 年，产业结构高度化的 UI 值变化各异，整体大于 0.37，产业结构高度化水平整体较高。

2000 年，产业结构高度化水平最高的是山西，UI 值为 1.139，是产业结构高度化水平最低的安徽的 1.84 倍，其次是湖南和江西，UI 值分别为 0.932 和 0.923，产业结构高度化水平相对较高，并且差距较小，分别位居中部地区的第 2、第 3 位。湖北的 UI 值为 0.768，产业结构高度化水平相对较低，位居中部地区倒数第 3 位；产业结构高度化水平最低的是安徽和河南，UI 值分别为 0.619 和 0.640，分别为中部地区中的倒数第 1 位和倒数第 2 位。

2006 年，除湖北和安徽的 UI 值较 2000 年有所上升外，其他中部地区的 UI 值都呈不同程度的下降趋势。湖北和安徽的 UI 值较 2000 年分别增长了 0.178 和 0.040，产业结构高度化水平有不同程度的提高，湖北成为 2006 年的中部地区中产业结构高度化水平最高的一个，而安徽则位居第 3 位；湖南的 UI 值下降了 0.10，变化幅度较小，产业结构高度化水平有所下降，但依然是中部地区中产业结构高度化水平第二位；山西的 UI 值从 2000 年的 1.139 急剧降到了 2006 年的 0.601，降幅达 47.23%，产业结构高度化水平飞速下降，由中部地区的第 1 名降到了第 4 名；江西的 UI 值下降了 0.440，产业结构高度化水平下降较大，位居倒数第 2 位；河南的产业结构高度化 UI 值下降了 0.107，位居倒数第 1 位，产业结构高度化水平最低。

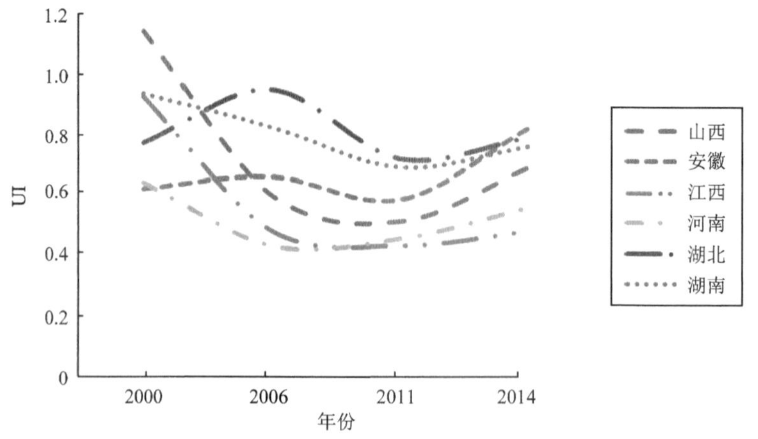

图 5-11　中部地区的产业结构高度化指数曲线图

2011 年，除河南的 UI 值较 2006 年略微增加外，其他中部省级行政区的 UI 值都有不同程度的下降。湖北、湖南、安徽和山西的 UI 值分别下降了 0.230、0.135、0.074 和 0.089，产业结构高度化水平有不同程度的下降，但整体排名不变，只是湖北和湖南的降幅最大，缩小了与安徽和山西的差距；河南的 UI 值从 2006 年的 0.433 增长到 2011 年的 0.456，增长了 0.023，虽然产业结构高度化水平增长幅度较小，但超过了江西，成为中部地区的第 5 名；江西的 UI 值较 2006 年下降了 0.051，成为中部地区的倒数第 1 位。

2014 年，所有的中部地区的 UI 值较 2011 年都有不同程度的增长，产业结构高度化水平都有所提升，安徽的 UI 值从 2011 年的 0.585 上升到 2014 年的 0.819，增长了 0.234，增长幅度最大，超过了湖北和湖南，成为 2014 年产业结构高度化水平最高的地区；湖北和湖南的 UI 值分别增长了 0.072 和 0.07，产业结构高度化水平有略微提升，分别位居中部地区的第 2 位和第 3 位，产业结构高度化水平相对较高；山西和河南的 UI 值分别增长了 0.178 和 0.103，产业结构高度化水平相对除安徽的其他地区增长较多，位居中部地区第 4 位和第 5 位；江西的 UI 值增长不超过 0.1，增长幅度较小，产业结构高度化水平相对 2011 年也变化不大，但依然是 2014 年中部地区中产业结构高度化水平最低的地区。

从图 5-12 可以看出，中国西部地区各省级行政区的 UI 值为 0.36～1.3，除重庆、贵州和西藏之外，其他西部省级行政区的 UI 值在 2000～2011 年逐年下降，在 2011～2014 年小幅回升，产业结构高度化水平是先下降再上升，在 2000 年，这些西部各省级行政区的产业结构高度化水平最高。云南的 UI 值位于西部地区前列，除 2000 年以外，其他年份与重庆的 UI 值相差不大；重庆的 UI 值在 2000～2014 年呈先上升再下降然后上升的趋势，产业结构高度化水平也是呈相同的变化，只是 2000 年和 2011 年的 UI 值都为 0.73 左右，而 2006 年和 2014 年的 UI 值都为 0.83，UI 值最高和最低的年份相差仅为 0.1 左右，产业结构高度化水平在 2000～2014 年变化不大；贵州的 UI 值的变化正好与重庆相反，并且变动幅度不大，产业结构高度化水平在 2000～2014 年也相差较小；

西藏的 UI 值在 2000～2014 年一直处于下降趋势，产业结构高度化水平随着时间推移逐渐下降，2000 年的产业结构高度化水平最高。

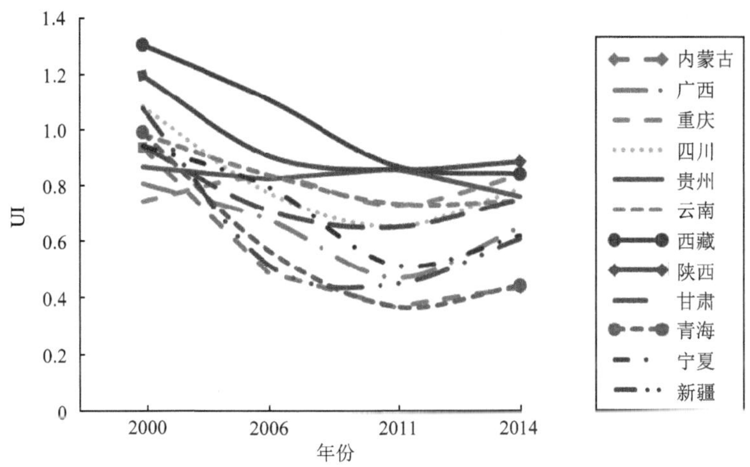

图 5-12　西部地区的产业结构高度化指数曲线图

2000 年，西藏的 UI 值为 1.296，产业结构高度化水平在西部地区是最高的，比 UI 值最低的重庆的高 0.554；陕西、四川和新疆的 UI 值都大于 1.07，产业结构高度化水平相对较高；剩余 8 个西部省级行政区的 UI 值都小于 1，产业结构高度化水平相对较低，其中，云南的 UI 值为 0.982，位居西部地区倒数第 5 位，产业结构高度化水平只比重庆、广西、贵州、内蒙古、甘肃和宁夏的高，与西藏相差较大。

2006 年，除重庆的 UI 值增长了 0.085 以外，其他西部省级行政区的 UI 值都有不同程度的下降。西藏的 UI 值从 2000 年的 1.296 降到 2006 年的 1.103，降幅达 14.89%，产业结构高度化水平虽有所下降，但依然在西部地区排首位；陕西的 UI 值由 2000 年的 1.190 降到 2006 年的 0.904，降幅为 24.03%，虽 UI 值降幅较大，产业结构高度化水平降幅较大，但仍位居西部地区第 2 名。其次，云南、重庆、贵州、宁夏、四川、甘肃和广西的 UI 值除重庆增长了 0.085 外，其他地区的 UI 值分别下降了 0.146、0.044、0.150、0.307、0.229 和 0.127，产业结构高度化水平有不同程度的变化，并且这几个地区的 UI 值在 2006 年分布较为集中，产业结构高度化水平相差不大，分别位居西部地区中的第 3～9 位。最后是青海和新疆，青海的 UI 值从 2000 年的 0.989 降到了 2006 年的 0.566，降幅达 42.77%，而新疆的 UI 值从 2000 年的 1.073 降到了 2006 年的 0.515，降幅达 52.00%。青海、新疆和内蒙古的 UI 值降幅较大，产业结构高度化水平下降较大，成为 2006 年产业结构高度化水平最低的 3 个地区，并且这 3 个地区的产业结构高度化水平相差甚小。

2011 年，西藏、陕西和贵州的 UI 值分布较为集中，并且相对较高，都高于 0.85，成为西部地区产业结构高度化水平最高的 3 个地区，相对于 2006 年，西藏的 UI 值下降了 0.235，产业结构高度化水平在 2011 年下降幅度较大，陕西的 UI 值下降了 0.05，产业结构高度化水平在2011年有略微的下降，贵州的UI值增长了0.039，产业结构高度化水平在2011年有略微的增长。其次，云南、重庆、四川和甘肃的UI值为0.64～0.73，相对于2006年，UI值降幅分别为12.22%、11.97%、15.41%和8.19%，这几个地区的产业结构高度化水平在2011年有不同程度的下降，并且产业结构高度化水平在2011年相差不大，成为西部地区中产业结构高度化水平相对较高的几个地区，分别位居第4～7位。宁夏的UI值从2006年的0.793降到了2011年的0.514，下降了0.279，产业结构高度化水平在2011年下降较大，在2011年位居西部地区中的倒数第5位；广西和新疆的UI值下降了0.206和0.069，新疆产业结构高度化水平相对于2006年变化较小，而广西的变化较大，在2011年位居西部地区中的倒数第4和第3位；青海的UI值从2006年的0.566降为2011年的0.367，降幅达35.16%，产业结构高度化水平在2011年下降幅度较大，位居倒数第2位；内蒙古的UI值降幅达24.82%；是2011年西部地区中的产业结构高度化水平最低的区域。

2014年，陕西、西藏、贵州、云南、重庆、四川和甘肃的UI值分布较为集中，为0.746～0.882，其中陕西的UI值为0.882，产业结构高度化水平最高，最低的为甘肃，UI值为0.746，与陕西仅相差0.136，进一步说明这些地区的产业结构高度化水平相差不大，并且产业结构高度化水平相对较高；与2011年相比，陕西的UI值增长了0.027，西藏的UI值下降了0.031，贵州的UI值下降了0.103，云南的UI值增长了0.009，重庆的UI值增长了0.101，四川的UI值增长了0.132，甘肃的UI值增长了0.096，可以看出除重庆、四川和贵州以外其他地区的产业结构高度化水平在2014年变化并不大。其次是广西、宁夏和新疆，广西的UI值从2011年的0.469增长到了2014年的0.646，增幅达37.74%，宁夏的UI值从2011年的0.514增长到了2014年的0.618，增幅为20.23%，新疆的UI值从2011年的0.446增长到了2014年的0.607，增幅达36.10%，这3个地区的产业结构高度化水平在2014年都有较大的增长，并且在2014年，UI值相差甚小，依然是西部地区中的产业结构高度化水平相对较小的3个地区，分别位居倒数第5、倒数第4和倒数第3位。最后是青海和内蒙古，它们的UI值在2014年是西部地区中的最低的两个地区，仅为0.439和0.435，相对于2011年，分别增长了0.068和0.072，产业结构高度化水平在2014年有略微的增长，但依然是2014年产业结构高度化水平最低的两个地区。

第四节　云南产业结构升级研究

产业结构优化升级是当今社会经济发展最重要也是最紧迫的任务。党的十八大报告指出，产业结构转型升级是转变经济增长方式、提高经济发展效益、实现经济好快发展的核心环节。[①] 云南位于中国西南边疆多民族聚居地区，经济发展较为滞后，产

① 柏吉元：《云南省产业结构转型升级综合评价研究》，云南师范大学，2014，第1页。

业结构的发展问题较多，实现云南的产业结构的升级发展是推动地区经济发展的主力。同时在西部大开发实施过程中，云南在面向西南开放的重要“桥头堡”和“辐射中心”战略引导下，研究产业结构转型升级，有利于促进云南产业结构优化和转型升级，对实现云南经济快速健康发展，具有重要研究价值。

一、云南产业结构合理化

本部分选取2005～2015年云南农、林、牧、渔业，建筑业，交通运输、仓储和邮政业，批发和零售业，住宿和餐饮业，金融业，房地产业七大产业部门的产业产值和城镇单位就业人数，通过代入式（5-1）得到云南产业结构合理化指数，TI值越大，说明产业结构合理化水平越低；反之，TI值越小，说明产业结构合理化水平越高。

总体来看，2005～2015年云南产业结构合理化指数变化较大，见图5-13。2005～2006年云南的TI值几乎无变化，数值在0.141左右，这两年的TI值也是2005～2015年中最低的，表明产业结构合理化水平最高。2006～2009年，TI值呈明显上升趋势，TI值由2006年的0.141上升到2009年的0.351，升幅达到148.94%，云南产业结构合理化水平大幅度降低。2009～2010年，云南的TI值从0.351降至0.188，降幅达46.44%，云南的产业结构合理化水平回升了很多。2010～2013年，云南的TI值高速增长，TI值增长了0.313，产业结构合理化水平创新低。2013～2015年，云南的TI值从0.501降到0.455，仅降低了0.046，TI值依然很大，所以云南产业间的协调程度、产业结构的聚合质量及资源配置效率水平状况依然不乐观。

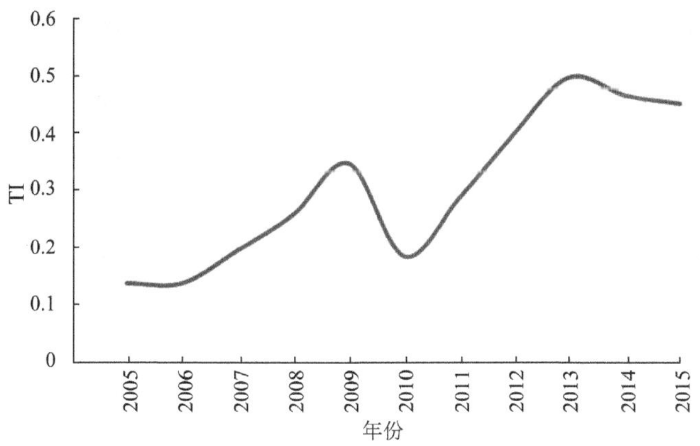

图5-13　云南产业结构合理化指数曲线图

二、云南产业结构高度化

本部分选取1995～2015年云南的第二、第三产业产值，高新技术产业产值占工业总产值比重用（云南发明专利数/全国发明专利数）/（云南GDP/全国GDP）来替代高新技术产业占工业总产值的比重，代入式（5-2），计算得到的结果如图5-14所示。云南产业结构高度化指数用 UI 值替代，UI 值越大，表明云南的产业结构水平就越高级；反之，UI 值越小，云南产业结构水平就越低级。

1995～2015 年，云南的 UI 值为 0.502～0.720，平均值为 0.621，年份之间 UI 值差距不大，因此说明 1995～2015 年云南的产业结构高度化的水平差距较小。

图 5-14　云南产业结构高度化指数曲线图

1995 年和 1996 年云南的 UI 值仅相差 0.009，几乎处于同一水平线上。1997 年，云南的 UI 值下降了 0.124。1997～2000 年，云南的 UI 值从 0.502 上涨到 0.720，增长了 0.218，增幅度达 43.43%。同时，2000 年的 UI 值是 1995～2015 年中最高的，而 1997 年的 UI 值是最低的，即 1997 年的产业结构高度化水平最低，2000 年的产业结构高度化水平最高。2000～2002 年，云南的 UI 值下降到 0.590，跌幅为 18.06%，产业结构高度化水平微降。2002～2012 年，云南的 UI 值围绕平均值小幅振荡，其中高点为 0.649，低点为 0.544，分别与平均值相差 0.028 和 0.077，变化幅度较小，产业结构高度化水平无显著变化。2012～2015 年，云南的 UI 值从 0.634 上升到 0.714，涨幅为 12.62%，产业结构高度化水平有小幅提高。

第五节　云南沿边州市产业结构分析

长期以来，云南沿边地区的贸易产品主要以第一产业的初级产品为主，边民互市小额交易是贸易的主要增长点。近年来，随着我国区域经济的发展和西向开放力度的加强，沿边地区通过贸、工、农一体化模式促进了加工工业和农业生产的发展，产业结构持续优化。目前，绝大多数口岸城市的三次产业结构正逐步由“一二三”的传统结构转变为“三二一”的结构。《云南省统计年鉴》相关统计数据显示，2002～2012 年，云南各沿边州市的产业结构发生了显著变化，服务业和工业已经成为带动沿边州市经济增长的主要动力。

一、沿边州市产业结构相似系数

相似系数（similarity coefficient）是联合国工业发展组织国际工业研究中心提出的度量方法，用于衡量两个分类单位间的相似程度。本部分采用洪世健（2004）在对于中国区域产业结构趋同问题中的产业结构相似系数测度方法进行分析，其计算公式如下：

$$S_{AB}=\frac{\sum_{i=1}^{n}X_{A_i}X_{B_i}}{\sqrt{\sum_{i=1}^{n}X_{A_i}^{2}}\sqrt{\sum_{i=1}^{n}X_{B_i}^{2}}} \tag{5-3}$$

式中，X_{A_i} 表示 A 区域中产业部门 i 在产业结构中所占的比重；X_{B_i} 表示 B 区域中产业部门 i 在产业结构中所占的比重。

相似系数通常介于[0,1]。相似系数等于 1，说明两个区域的产业结构完全相同，数值越大，产业结构越相似；相似系数等于 0，说明两个区域的产业结构完全不同，数值越小，产业结构越不相似。从动态来看，如果相似系数趋于上升，则产业结构趋同；如果相似系数趋于下降，则产业结构趋异。

经济发展与产业结构的演变有着内在联系，产业结构的形成是经济发展的产物，同时经济发展又制约着产业结构的演变。产业结构的演变规律表现为：随着经济的发展，第一产业在社会总产值中的比重会不断下降，第二、第三产业的比重会不断上升；社会的主导产业将由第一产业演变到第二产业，再演变到第三产业。由“一二三”型、“二一三”型、“二三一”型逐步发展到“三二一”型。

本书利用 2007～2012 年的云南沿边州市三大产业产值的统计数据进行计算，再对每个地区与其他地区的相似度进行平均，从而得出了云南沿边州市的平均产业结构相似系数，见表 5-2。

表 5-2　云南沿边州市的平均产业结构相似系数

地区	2007 年	2008 年	2009 年	2010 年	2011 年	2012 年
保山	0.950	0.964	0.969	0.971	0.973	0.977
普洱	0.955	0.971	0.978	0.975	0.976	0.974
临沧	0.950	0.956	0.964	0.961	0.963	0.958
红河	0.900	0.912	0.925	0.919	0.923	0.927
文山	0.959	0.969	0.974	0.977	0.976	0.979
西双版纳	0.957	0.968	0.975	0.971	0.968	0.963
德宏	0.950	0.962	0.976	0.979	0.979	0.976
怒江	0.866	0.931	0.938	0.937	0.937	0.938
均值	0.936	0.954	0.962	0.961	0.962	0.962

表 5-2 中的数据表明沿边州市产业结构逐渐趋同，但呈放缓态势。2009 年以来，8 个沿边州市的产业结构相似系数整体稳定在 0.962。一方面，产业结构趋同是经济发展

和区域间 GDP 竞赛效应的结果。趋同放缓可能是区域经济发展趋于理性而非盲目追求大而全的主动调整，也可能是区域经济发展更加依赖区域比较优势和竞争力形成的分化和差异。为了分析这种趋同性变化的影响，本书将继续对上述产业结构趋同的合意性进行评价。

二、沿边州市产业结构合意性评价

产业结构合意性评价主要是利用 S-S 模型（偏离-份额分析模型），把区域经济的变化看作一个动态的过程，将更大尺度的区域（对于沿边州市而言，上级区域可以选择全省或者全国）的经济发展作为参照系，将区域自身的经济总量在某一时期内的变动分解为 3 个分量，即份额分量、产业结构偏离分量、竞争力偏离分量，以此说明区域经济发展和衰退的原因，评价区域经济结构优劣和自身竞争力的强弱，找出区域具有相对竞争优势的产业部门，进而可以确定区域未来经济发展的合理方向和产业结构调整的原则。

参照黄文清和张俊飚（2010）、杨艳俊等（2012）关于 S-S 模型的运用，本书采用偏离份额分析模型对产业结构合意性进行评价，上级区域选择为云南省。假定沿边州市 i 在经历了[0，t]时间之后，经济总量和结构均已发生变化。设初始期（基年）沿边州市 i 经济总规模为 $b_{i,0}$，末期（截止年）经济总规模为 $b_{i,t}$。区域经济分为 n 个产业部门（本书分为 3 个产业部分），分别以 $b_{ij,0}$，$b_{ij,t}$（j=1，2，…，n）表示沿边州市 i 第 j 个产业部门在初始期与末期的规模，并以 B_0、B_t 表示区域所在上级区域（云南省）在相应时期初期与末期经济总规模，以 $B_{j,0}$ 与 $B_{j,t}$ 所示在上级区域（云南省）第 j 个产业部门的初期与末期规模。

沿边州市 i 第 j 个产业部门在[0，t]时间段的变化率为[①]

$$r_{ij}=(b_{ij,t}-b_{ij,0})/b_{ij,0} \quad (j=1, 2, \cdots, n) \tag{5-4}$$

同期上级区域云南 j 产业部门在[0，t]内的变化率为

$$R_j=(B_{j,t}-B_{j,0})/B_{j,0} \quad (j=1, 2, \cdots, n) \tag{5-5}$$

以上级区域云南各产业部门所占的份额按下式将区域各产业部门规模标准化得到

$$b'_{ij}=b_{ij,0}\cdot B_{j,0}/B_0 \quad (j=1, 2, \cdots, n) \tag{5-6}$$

这样，在[0，t]时段内沿边州市 i 第 j 产业部门的增长量 G_{ij} 可以分解为 N_{ij}、P_{ij}、D_{ij} 3 个分量，表达为

$$G_{ij}=N_{ij}+P_{ij}+D_{ij} \tag{5-7}$$

$$N_{ij}=b'_{ij}\cdot R_j \tag{5-8}$$

$$P_{ij}=(b_{ij,0}-b'_{ij})\cdot R_j \tag{5-9}$$

$$D_{ij}=b_{ij,0}\cdot(r_{ij}-R_j) \tag{5-10}$$

---

① 黄文清，孙能利，张俊飚：《基于 S-S 模型下的西部地区农业产业结构效益与竞争力分析》，《湖北农业科学》，2010 年第 6 期。

$$G_{ij}=b_{ij,t}-b_{ij,0} \tag{5-11}$$

N_{ij} 为份额分量，是云南 j 部门的总量按比例分配，沿边州市 i 第 j 个部门规模发生的变化，也就是区域标准化产业部门如按全省平均增长率发展所产生的变化量。

P_{ij} 为产业结构转移份额，是区域部门比重与全省相应部门比重的差异引起的沿边州市 i 第 j 个部门增长相对于全省标准所产生的偏差，它是排除了区域增长速度与全省的平均速度差异，假定两者等同，而单独分析部门结构对增长的影响和贡献。所以，此值越大，说明部门结构对经济总量增长的贡献越大。

D_{ij} 被称为区域竞争力偏离分量，是沿边州市 i 第 j 个部门增长速度与全省相应部门增长速度差别引起的偏差，反映了沿边州市第 j 个部门的相对竞争能力，此值越大，则说明沿边州市 i 第 j 个部门竞争力对经济增长的作用越大。

$K_{j,0}=b_{ij,0}/B_{j,0}$，$K_{j,t}=b_{ij,t}/B_{j,t}$ 分别为沿边州市 i 第 j 个部门在初始期与末期占同期全省相应部门的比重，则沿边州市 i 对全省的相对增长率 L 为

$$L=\frac{\sum_{j=1}^{n}K_{j,t}\cdot B_{j,t}}{\sum_{j=1}^{n}K_{j,0}\cdot B_{j,0}}:\frac{\sum_{j=1}^{n}B_{j,t}}{\sum_{j=1}^{n}B_{j,0}}$$

$$=\left(\frac{\sum_{j=1}^{n}K_{j,0}\cdot B_{j,t}}{\sum_{j=1}^{n}K_{j,0}\cdot B_{j,0}}:\frac{\sum_{j=1}^{n}B_{j,t}}{\sum_{j=1}^{n}B_{j,0}}\right)\cdot\left(\sum_{j=1}^{n}\frac{K_{j,0}\cdot B_{j,t}}{\sum_{j=1}^{n}K_{j,0}\cdot B_{j,t}}\right)=W\cdot u \tag{5-12}$$

$$W=\frac{\sum_{j=1}^{n}K_{j,0}\cdot B_{j,t}}{\sum_{j=1}^{n}K_{j,0}\cdot B_{j,0}}:\frac{\sum_{j=1}^{n}B_{j,t}}{\sum_{j=1}^{n}B_{j,0}} \tag{5-13}$$

其中：

$$u=\frac{\sum_{j=1}^{n}K_{j,0}B_{j,t}}{\sum_{j=1}^{n}K_{j,0}B_{j,t}} \tag{5-14}$$

式中，W 和 u 分别为结果效果指数和区域竞争效果指数。

由以上各式可知，如若 G_i 越大，L 大于 1，则该州市增长快于全省；若 P_i 越大，W 大于 1，则说明该州市经济中朝阳的、增长快的产业部门比重大，区域总体经济结构比较好，结构对于经济增长的贡献大；倘若 D_i 较大，u 大于 1，则说明区域各产业部门总的增长势头大，具有很强的竞争能力。

选取 2002 年为基期年，2012 年为终期年，利用《云南省统计年鉴》数据，使用第一、第二、第三产业产值测度部分发展，以云南 8 个沿边州市为研究区，云南作为上级区域，通过偏离-份额分析模型，对边境地区的产业结构进行分析。

区域 i 代表的是云南 8 个沿边州市，具体地，1 为保山、2 为普洱、3 为临沧、4 为红河、5 为文山、6 为西双版纳、7 为德宏、8 为怒江。j 代表第一、第二、第三产业，其中 1 为第一产业、2 为第二产业、3 为第三产业。计算结果见表 5-3。

表 5-3 沿边州市偏离-份额评价结果

区域指标	保山	普洱	临沧	红河	文山	西双版纳	德宏	怒江
P	1 864 842.450	1 530 760.989	1 479 440.629	4 037 303.424	1 996 941.818	1 228 493.535	899 814.713	298 524.431
D	292 893.61	653 867.90	640 539.37	821 464.45	863 105.37	−43 507.75	257 859.50	163 919.06
W	0.963	0.980	0.948	0.987	0.973	0.981	0.988	0.991
u	1.081	1.212	1.222	1.100	1.220	0.982	1.147	1.256
L	1.041	1.193	1.158	1.086	1.188	0.963	1.133	1.245

P 值最大的为红河（4 037 303.424），其次为文山（1 996 941.818）、保山（1 864 842.45）、普洱（1 530 760.989）、临沧（1 479 440.629）、西双版纳（1 228 493.535）、德宏（899 814.713）、最小的为怒江（298 524.431）。

D 值最大的为文山（863 105.37），其次为红河（821 464.45）、普洱（653 867.90）、临沧（640 539.37）、保山（292 893.61）、德宏（257 859.50）、怒江（163 919.06），最小的为西双版纳（−43 507.75）。

8 个地区的 W 值均小于 1，产业结构都不合理，区域经济中朝阳的、增长快的产业部门比重小，需要进行结构调整，结构对于经济增长的贡献小。西双版纳的 $u<1$，竞争力不强，需要做出适当的调整，其余的 7 个地区 $u>1$，竞争力强并且有很大的发展潜力。文山的 D 值最大，并且 $u>1$，说明该地区各产业部门总的增长势头大，具有很强的竞争能力。

P、W 值虽可以直接分析出该区的三次产业结构合理化水平，但对各个区的第一、第二、第三产业所属情况并不能直接说明，因此将通过部门优势和偏离分量优势分析方法来对 8 个地区的各个产业进行详细分析，并从侧面分析其产业结构的合理性以此来验证 P、W 值得出的产业结构合理化分析结果增强说服力，以下使用偏离-份额法进行分析。

1. 偏离-份额（Shift-Share）图分析

（1）部门优势分析

以区域部门优势 PD_{ij}（P_{ij} 和 D_{ij} 之和，反映部门总的增长优势）为横坐标，以份额分量 N_{ij} 为纵坐标建立关系（图 5-15）。图中 8 个扇面（S_1，S_2，…，S_8）反映了在总增量、部门增长优势方面的几种不同类型。

图 5-15 中，较好部门指处在第 1、第 2 扇面中的部门，为具有部门优势的增长部门；一般部门指处于第 3、第 4 扇面中的部门，其中处于第 3 扇面者为虽具有部门优势，但为衰退部门，处于第 4 扇面为增长部门，却不具有部门优势；较差部门指处于第 5、

第 6 扇面中的部门，这些部门在总量上都为负增长，虽然扇面 5 为增长部门，扇面 6 具有部门优势，但都不足以消除因部门优势或全国性衰退造成的负贡献；最差部门指处于第 7、第 8 扇面中的部门，为既无部门优势，又为衰退部门。

（2）部门偏离分量分析

以竞争偏离分量 D_{ij} 为横坐标轴，以结构偏离分量 P_{ij} 为纵坐标轴，建立坐标系，见图 5-16。

图 5-16 中各扇面代表的含义如下：扇面 1 为原有基础很好，竞争力较强、较好的部门；扇面 2 为竞争力很强，原有基础较好的部门；扇面 3 为基础差但发展快的较好或一般部门；扇面 4 为基础较好，但地位处于下降的较好或一般部门；扇面 5 为基础较好但竞争力很差的较差部门；扇面 6 为基础很差但发展很快的较差部门；扇面 7 和扇面 8 为基础差，且缺乏竞争力的最差部门。

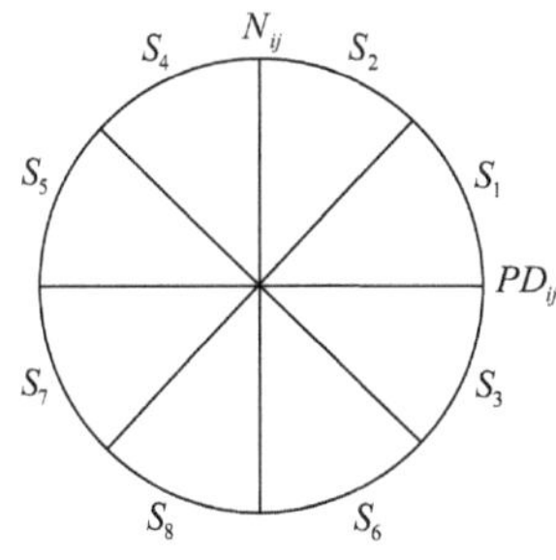

图 5-15　部门优势分析

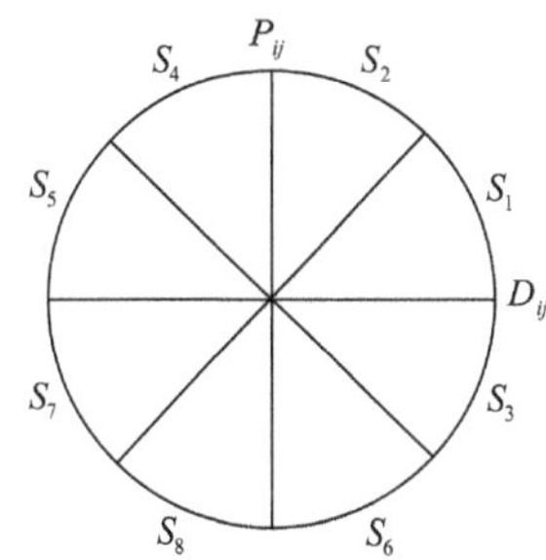

图 5-16　部门偏离分量分析

表 5-4 是云南省 8 个沿边州市三次产业偏离-份额的计算结果，本文以之为基础绘制 Shift-Share 图。

表 5-4　云南沿边州市三次产业偏离-份额表

区域	产业	指标						
		2002 年 GDP/万元	2012 年 GDP/万元	总增长量（G）	份额分量（N）	产业结构分量（P）	竞争力分量（D）	总偏离量（$P+D$）
保山	第一产业	315 000	1 129 200	814 200	167 079.88	625 642.23	21 477.90	647 120.13
	第二产业	159 600	1 339 300	1 179 700	247 925.08	333 745.70	598 029.22	931 774.92
	第三产业	336 270	1 431 100	1 094 830	515 988.99	905 454.52	−326 613.51	578 841.01
普洱	第一产业	206 602	1 128 800	922 198	109 584.24	410 345.83	402 267.93	812 613.76
	第二产业	193 280	1 335 600	1 142 320	300 2 44.11	404 175.24	437 900.65	842 075.89
	第三产业	265 999	1 204 100	938 101	408 161.76	716 239.92	−186 300.68	529 939.24
临沧	第一产业	265 965	1 076 400	810 435	141 071.11	528 250.59	141 113.30	669 363.89
	第二产业	183 679	1 505 600	1 321 921	285 329.77	384 098.22	652 493.01	1 036 591.23
	第三产业	210 608	947 800	737 192	323 167.12	567 091.82	−153 066.94	414 024.88

续表

区域	产业	指标						
		2002 年 GDP/万元	2012 年 GDP/万元	总增长量（G）	份额分量（N）	产业结构分量（P）	竞争力分量（D）	总偏离量（$P+D$）
红河	第一产业	396 578	1 554 500	1 157 922	210 349.85	787 669.66	159 902.49	947 572.15
	第二产业	905 586	4 851 400	3 945 814	1 406 751.13	1 893 705.72	645 357.15	253 9062.87
	第三产业	503 568	2 648 400	2 144 832	772 699.15	1 355 928.04	16 204.81	13 721 32.85
文山	第一产业	291 606	1 150 800	859 194	154 671.41	579 177.86	125 344.72	704 522.58
	第二产业	238 246	1 836 400	1 598 154	370 094.98	498 205.38	729 853.65	1 228 059.03
	第三产业	341 508	1 793 000	1 451 492	524 026.43	919 558.58	7 906.99	927 465.57
西双版纳	第一产业	185 413	675 300	489 887	98 345.34	368 260.96	23 280.70	391 541.66
	第二产业	81 968	681 600	599 632	127 330.34	171 406.44	300 895.22	472 301.66
	第三产业	255 818	969 500	713 682	392 539.54	688 826.14	−367 683.67	321 142.47
德宏	第一产业	122 116	576 600	454 484	64 771.83	242 542.62	147 169.55	389 712.17
	第二产业	79 949	674 800	594 851	124 194.00	167 184.43	303 472.57	470 657.00
	第三产业	182 010	758 600	576 590	279 284.97	490 087.66	−192 782.63	297 305.03
怒江	第一产业	32 870	114 400	81 530	17 434.65	65 285.27	−1 189.92	64 095.34
	第二产业	48 472	261 600	213 128	75 297.15	101 361.66	47 716.16	149 077.82
	第三产业	48 977	373 400	324 423	75 152.68	131 877.50	117 392.82	249 270.32

2. 分析结果

根据计算结果，按照 Shift-Share 图分析方法，可得出各沿边州市的分析指标，结果见表 5-5。

表 5-5　云南 8 个沿边州市产业评价结果

区域	产业	斜率 P/D	倾角/（°）	图 5-16 扇面	斜率 P/D	倾角/（°）	图 5-15 扇面
保山	第一产业	29.13	88.03	S_2	0.26	14.48	S_1
	第二产业	0.56	29.16	S_1	0.27	14.90	S_1
	第三产业	−2.77	109.84	S_4	0.89	41.71	S_1
普洱	第一产业	1.02	45.57	S_2	0.13	7.68	S_1
	第二产业	0.92	42.71	S_1	0.36	19.62	S_1
	第三产业	−3.84	104.58	S_4	0.77	37.60	S_1
临沧	第一产业	3.74	75.04	S_2	0.21	11.90	S_1
	第二产业	0.59	30.48	S_1	0.28	15.39	S_1
	第三产业	−3.70	105.11	S_4	0.78	37.97	S_1

续表

区域	产业	斜率 P/D	倾角/（°）	图 5-16 扇面	斜率 P/D	倾角/（°）	图 5-15 扇面
红河	第一产业	4.93	78.52	S_2	0.22	12.52	S_1
	第二产业	2.93	71.18	S_2	0.55	28.99	S_2
	第三产业	83.67	89.32	S_2	0.56	29.39	S_1
文山	第一产业	4.62	77.79	S_2	0.22	12.38	S_1
	第二产业	0.68	34.32	S_1	0.309	16.77	S_1
	第三产业	116.30	89.51	S_2	0.57	29.47	S_1
西双版纳	第一产业	15.82	86.38	S_2	0.25	14.10	S_1
	第二产业	0.57	29.67	S_1	0.27	15.09	S_1
	第三产业	−1.87	118.09	S_4	1.22	50.71	S_2
德宏	第一产业	1.65	58.75	S_2	0.17	9.44	S_1
	第二产业	0.55	28.85	S_1	0.26	14.78	S_1
	第三产业	−2.54	111.47	S_4	0.94	43.21	S_1
怒江	第一产业	−54.87	91.04	S_4	0.27	15.22	S_1
	第二产业	2.12	64.79	S_2	0.51	26.80	S_1
	第三产业	1.12	48.33	S_2	0.30	16.78	S_1

综合部门优势分析和部门偏离量分析，8 个沿边州市三次产业构成及竞争力情况见表 5-6。

表 5-6　云南 8 个沿边州市产业评价分析

区域	第一产业	第二产业	第三产业	2012 年三大产业比重（及其类型）	现状分析
保山	竞争力很强，基础较好的具有部门优势的增长部门	竞争力较强，基础很好的具有部门优势的增长部门	基础较好，具有部门优势的增长部门，但地位处于下降的一般部门	28.96∶34.34∶36.70（三二一）	第三产业仍然占有较大比重，但地位却在逐渐下降。第二产业高速发展，有赶超第三产业的势头。相关职能部门应该注重优化第三产业的发展，寻找新的发展方式，以及新的发展途径，从而提高它所占据的地位。总体来说其产业结构较为合理
普洱	竞争力很强，基础较好的具有部门优势的增长部门	竞争力较强，基础很好的具有部门优势的增长部门	基础较好，不具有部门优势的增长部门	30.77∶36.41∶32.13（二三一）	第二产业仍然占较大比重，第一产业的比重也相当高，第三产业所占的比例虽然趋近于第二产业，但地位有所下降。第三产业基础较好，当地政府应该提高对第三产业发展的重视力度。产业结构相对合理
临沧	竞争力很强，基础较好的具有部门优势的增长部门	竞争力较强，基础很好的具有部门优势的增长部门	基础好，不具有部门优势的增长部门	30.49∶42.65∶26.85（二一三）	第二产业的比重已大幅度超过第一、第三产业。农业、服务业提质增效，延长产业链的需求仍然迫切，应该加强核桃、咖啡等高原特色农产品的三次产业融合，加快第三产业的发展步伐。产业结构合理水平较低

续表

区域	第一产业	第二产业	第三产业	2012年三大产业比重（及其类型）	现状分析
红河	竞争力很强，基础很好的具有部门优势的增长部门	竞争力很强，基础很好的产业部门	竞争力很强，基础很好的具有部门优势的增长部门	17.17:53.58:29.25（二三一）	产业结构基本稳定，但是第二产业的比重已远超过第一、第三产业。红河属于云南省资源富集区域，尤其是矿产资源。为了当地GDP的增长，大规模的开采及加工不但会造成资源的枯竭，甚至会将环境推向恶化的边缘。第一、第三产业也同样是具有部门增长优势的产业，地方政府应该采取策略，使产业结构不断转型，提高第三产业（如服务业等）的比重，提高工业带动水平、工业上的主导带动地位。目前产业结构的合理水平较低
文山	基础较好，具有部门优势的、竞争力较强的竞争部门	基础较好，具有部门优势的、竞争力较强的竞争部门	基础较好，具有部门优势的、竞争力较强的竞争部门	24.07:38.42:37.51（二三一）	第一产业如文山的三七产业，发展基础较好，但是发展模式依然单一，第一产业的整体竞争力不强，应着力提高第三产业的比重，形成对第一、第二产业的拉动。整体上，文山的产业结构较为合理
西双版纳	竞争力很强，基础较好的具有部门优势的增长部门	竞争力很强，基础较好的具有部门优势的增长部门	基础较好，不具有部门优势的增长部门	29.03:29.30:41.67（三二一）	第三产业的比重大幅度超过第一、第二产业的比重，第三产业的发展具有较为久远的历史，旅游业发达，但近年来并没有实现大幅提升，相反，第一、第二产业仍有较大的发展空间，如橡胶产业的前后向产业链升级。整体上，产业结构较为合理
德宏	竞争力很强，原有基础较好的具有部门优势的增长部门	竞争力很强，原有基础较好的具有部门优势的增长部门	基础较好，不具有部门优势的增长部门	28.69:33.57:37.74（三二一）	第二产业的比重已经逐步向第三产业靠近，第三产业的高速稳定发展也带动了如珠宝玉石产业的发展，总体来说德宏的产业结构是较为合理的，但产业结构升级仍将是一个长期的过程
怒江	基础较好，不具有部门优势的增长部门	竞争力较强且具有部门优势的增长部门	基础好、竞争力较强且具有部门优势的增长部门	15.27:34.91:49.83（三二一）	三次产业结构较为合理。第一产业主要以农业和牧业为主，预计占比会长期稳定，第二产业已经取得一定发展，但由于地理位置偏远，面临较大的市场竞争压力，第三产业稳步增长趋势良好

三、云南沿边州市发展中存在的问题

近年来，云南在大力承接东部地区的产业转移，云南沿边地区的产业结构出现了整体向好的态势，总体发展趋于合理。就上述研究结果来看，沿边地区的产业结构模式可以大致分为以下几类。

1.“三二一”型

“三二一”型包括保山、西双版纳、德宏、怒江地区。这4个地区都具有丰富的旅游资源和自然资源，对于第三产业的发展起到了至关重要的作用，并且从云南旅游业起步的时期，上述 4 个地区就被列为国家级风景区和重要旅游目的地来打造，第三产业逐步占据重要地位。近年来，旅游业稳定发展，但在产业中的占比有所下降。政府应该加强对旅游业的监管，完善相关条例，提高资金投入。同时，当地群众对于游客的观念问题也会影响第三产业的发展，因此应加强民众教育。保山、德宏拥有丰富的珠宝玉石资源，第三产业的发展势必带动这些产业的发展，从而提高第二产业在三大产业中的比重，要把对第三产业的改造升级列为重点，实现产业联动，协调发展。西双版纳拥有丰富的橡胶资源，实施农业带动工业这一种工业发展的新兴模式，既做到了可持续，也带动了地方经济。怒江属于起步较晚的地区，但是近年来怒江的经济得以高速发展，既取决于其对第三产业的重视，也取决于丰富的水资源等自然资源，使新能源产业在该地区有了较为广阔的成长空间。

2.“二三一”型

“二三一”型包括普洱、红河、文山地区。红河是一个矿产资源丰富的地区，第二产业占有比较大的比重。在国内外的发展经验中，以比较优势资源来进行资源型发展是国家及地区经济发展的必经之路。但是，不可再生资源的发展不是一种长久的发展模式，第一、第三产业与第二产业的差距过大，可能导致资源的枯竭、环境的恶化。产业结构的升级成为一种势在必行的趋势，政府应该在发展中寻找一个符合区域实际的发展模式，优化第一、第三产业对国民经济的带动。普洱和文山虽以第二产业为主导，三大产业的比重还是比较合理的，农业的发展如茶业带动了工业的发展，形成了较好的互动关系，产业结构总体较为合理，但作为重要旅游目的地，旅游行业竞争的加剧及其在第三产业中地位的变化值得关注。

3.“二一三”型

“二一三”型有临沧。临沧的整体发展模式相对滞后，通过强化工业和服务业从而拉动经济实现快速增长的任务还很重。同时，临沧第一、第二产业的协调发展仍面临诸多产业化、规模化、可持续发展能力等方面的制约，以旅游业为主的第三产业的发展明显滞后。如何有效开拓产业发展新路子，搭上云南服务业和对外开放快速发展的快车，享受这种溢出红利，是决定临沧实现产业结构升级的关键。

综上所述，近年来，云南沿边地区的产业结构趋同性问题突出，各地区的产业部门基本上拥有良好的竞争基础，三大产业的优势都相当，多数地区的产业结构都趋向于比较合理的态势，产业结构中第二产业的占比有日趋提升的趋势。如果继续照着这样的趋势发展下去，势必对第三产业形成压制，也不利于第二产业的进一步发展，导致产业结构不合理，从而形成恶性循环。整体上，云南沿边地区的产业结构有趋同态势，而且随着科技和交通等因素的制约作用不断减弱，其趋同化在近几年开始加快，主要集中体现在第二产业上，这表明沿边地区为了各自经济的发展，利用自身较为丰富的自然资源禀赋，大力进行资源型工业、劳动密集型工业发展，从而加速了产业结构的趋同。如何协调统筹和区域分工合作，在各州市产业结构趋同过程中形成区域间良好的分工互动和知识、技术溢出，是未来云南实现区域经济协调发展的重中之重。

第六节　云南州市县产业结构升级发展

沿边州市和沿边县市是云南对外经济往来的重要前沿，反映了全省与周边国家开展经贸往来的基本实力和状况。本节着重对云南沿边州市和县市的产业结构的合理化和高度化进行分析。

一、云南各州市产业结构合理化

对云南各州市产业结构合理化，仍然依据戴魁早（2014）和干春晖（2011）等的构建方法，产业结构合理化指标的计算公式如下：

$$\mathrm{TI}=\sum_{i=1}^{n}\left(\frac{Y_i}{Y}\right)\ln\left(\frac{Y_i}{L_i}\Big/\frac{Y}{L}\right)=\sum_{i=1}^{n}\left(\frac{Y_i}{Y}\right)\ln\left(\frac{Y_i}{Y}\Big/\frac{L_i}{L}\right) \tag{5-15}$$

式中，Y_i 和 L_i 分别表示产业 i 的产值和就业人口数；n 表示产业部门的个数，在这里，$n=5$。$Y_1=$农林牧渔业产值，$L_1=$农林牧渔业年末城镇单位就业人员数；$Y_2=$工业产值，$L_2=$工业年末城镇单位就业人员数的总和；$Y_3=$建筑业产值，$L_3=$建筑业年末城镇单位就业人员数；$Y_4=$交通运输、仓储及邮政业产值，$L_4=$交通运输、仓储及邮政业年末城镇单位就业人员数；$Y_5=$批发和零售业产值（由于数据原因，2001 年采用商业产值），$L_5=$批发和零售业年末城镇单位就业人员数（2001 年用批发和零售贸易、餐饮业年末城镇单位就业人员数）。TI 指数值与产业结构合理化成反比，TI 值越大，表明产业结构合理化水平越低。

从行业产值来看，2014 年，云南五大行业中，工业产值最高，交通运输、仓储及邮政业产值最低。昆明和曲靖的各行业产值均处于较高水平，而怒江、迪庆和德宏处于相对较低水平。各州市的各行业产值高低差较大且沿边州市的产值大部分均较低，值得注意的是，红河是沿边州市各行业产值均最高的州市，见表 5-7。

表 5-7　2014 年云南各州市五大行业产值

单位：亿元

地区	农林牧渔业	工业	建筑业	交通运输、仓储及邮政业	批发和零售业	生产总值
昆明	181.56	1 047.46	491.67	82.67	448.06	3 712.99
曲靖	305.51	519.72	118.47	37.57	168.13	1 548.46

续表

地区	农林牧渔业	工业	建筑业	交通运输、仓储及邮政业	批发和零售业	生产总值
玉溪	121.37	650.52	36.01	18.96	82.60	1 184.73
保山	136.11	126.89	47.52	12.92	44.59	503.09
昭通	135.76	213.22	86.26	13.12	40.80	669.51
丽江	42.89	64.49	43.25	6.63	20.79	269.68
普洱	137.55	101.80	66.07	8.08	28.92	476.95
临沧	139.88	103.51	53.89	6.06	36.39	465.12
楚雄	147.32	209.44	65.76	19.52	64.01	705.66
红河	193.89	408.81	105.74	20.79	101.60	1 127.09
文山	141.28	151.80	72.08	12.97	64.44	615.87
西双版纳	78.54	54.05	32.46	10.28	17.31	306.02
大理	176.60	274.99	68.98	26.76	70.18	832.33
德宏	70.61	51.30	20.38	4.42	49.73	274.20
怒江	16.33	21.85	10.96	1.48	5.07	100.12
迪庆	10.39	18.62	33.07	9.23	9.97	147.21
全省	1 990.07	3 898.97	1 389.66	288.47	1 246.53	12 814.59

资料来源：《云南统计年鉴—2015》。

从各行业产值来看，2014 年云南各州市农林牧渔业产值中，绝大部分州市的产值均分布在 100 亿～150 亿元。曲靖的农林牧渔业产值最高，为 305.51 亿元，是产值最低的迪庆的 29 倍，迪庆的产值仅为 10.39 亿元。其次是红河、昆明和大理，产值均大于 150 亿元。红河是农林牧渔业产值最高的沿边州，是沿边州市中产值最低的怒江的 11.9 倍，并且怒江的农林牧渔业产值居云南倒数第 2 位，为 16.33 亿元。

从工业产值来看，超过一半州市的产值在 200 亿元以内，且在这个区间的地区大多为沿边州市。昆明市的工业产值最高，为 1047.46 亿元，是工业产值最低的迪庆的 56 倍，迪庆的工业产值仅有 18.62 亿元。其次是玉溪、曲靖和红河，产值均大于 400 亿元。与各州市农林牧渔业产值情况相似，红河是工业产值最高的沿边州，是沿边州市中工业产值最低的怒江的 18.7 倍，怒江的工业产值仍居倒数第 2 位，为 21.85 亿元。

从建筑业产值来看，除昆明、曲靖和红河外，云南各州市的建筑业产值均在 100 亿元以内。昆明的建筑业产值最高，为 491.67 亿元，是产值最低的怒江的 44.9 倍，怒江的建筑业产值仅有 10.96 亿元。红河仍是建筑业产值最高的沿边州，是沿边州市中建筑业产值最低的德宏的 5 倍，德宏的建筑业产值居云南倒数第 2 位，为 20.38 亿元。

从交通运输、仓储及邮政业产值来看，除昆明、曲靖、红河和大理外，各州市的产值均为在 20 亿元以内。昆明的产值最高，达 82.67 亿元，是产值最低的怒江的 55.9

倍，怒江的产值仅有 1.48 亿元。与云南州市的建筑业产值情况相似，红河依然是交通运输、仓储及邮政业产值最高的沿边州，是沿边州市中产值最低的德宏的 4.7 倍，德宏的产值仍居云南倒数第 2 位，为 4.42 亿元。

从批发和零售业产值来看，有 9 个州市的产值在 50 亿元以内，并且有 6 个为沿边州市。昆明的产值最高，为 448.06 亿元，是产值最低的怒江的 88 倍，怒江的产值仅有 5.07 亿元，差距悬殊。曲靖的产值居云南第 2 位，随后是红河。与云南各州市农林牧渔业与工业产值情况相似，红河是批发和零售业产值最高的州，是沿边州市产值最低的怒江的 20 倍。

从总体就业人数来看，五大行业中工业就业人数最多，农林牧渔业就业人数最少。昆明各行业的就业人数均处于较高水平，而怒江和迪庆处于相对较低水平。除个别州市外，云南各州市各行业的就业人数基本较少，而且与最高值的差距较大。与沿边州市各行业产值的情况相同，红河仍是沿边州市各行业就业人数最多的州市，见表 5-8。

表 5-8　2014 年云南各州市分行业年末城镇单位就业人数

单位：万人

地区	农林牧渔业	工业	建筑业	交通运输、仓储和邮政业	批发和零售业	合计
昆明	0.28	28.01	29.03	10.66	10.69	78.67
曲靖	0.36	16.71	8.39	0.84	2.61	28.91
玉溪	0.22	8.73	3.95	0.49	2.87	16.26
保山	0.35	4.01	3.99	0.35	0.70	9.40
昭通	0.18	3.43	1.49	0.46	0.82	6.38
丽江	0.10	1.22	1.03	0.33	0.68	3.36
普洱	0.18	4.68	2.48	0.44	0.54	8.32
临沧	1.04	3.53	2.25	0.35	0.71	7.88
楚雄	0.21	3.70	2.94	0.46	0.78	8.09
红河	1.38	11.69	4.76	0.72	1.16	19.71
文山	0.54	3.87	1.35	0.52	0.84	7.12
西双版纳	0.20	1.40	0.48	0.23	0.73	3.04
大理	0.42	5.22	3.99	0.76	1.83	12.22
德宏	0.96	2.03	0.91	0.18	0.66	4.74
怒江	0.11	0.90	0.30	0.19	0.12	1.62
迪庆	0.15	0.58	0.25	0.12	0.21	1.31
全省	6.68	99.73	67.61	17.11	25.96	217.09

资料来源：《云南统计年鉴—2015》。

从各行业就业人数来看，就农林牧渔业就业人数而言，云南大多数州市就业人数在 0.4 万人以内。红河、临沧和德宏作为云南的沿边州市，农林牧渔业就业人数居多，红河的农林牧渔业的就业人数居云南首位，有 1.38 万人，是云南就业人数最少的丽江的 13.8 倍，丽江的农林牧渔业就业人数仅有 0.10 万人。而怒江的农林牧渔业就业人数是云南沿边州市中最少的州市，就业人数只有 0.11 万人。

从工业就业人数来看，云南绝大多数州市的就业人数在 5 万人以内。昆明的工业就业人数最多，有 28.01 万人，是工业就业人数最少的迪庆的 48 倍，迪庆的工业就业人数仅有 0.58 万人。其后依次是曲靖、红河、玉溪和大理，红河是云南沿边州市中工业就业人数最多的州市，就业人数为 11.69 万人。怒江是沿边州市中工业就业人数最少的州市，就业人数为 0.9 万人，居云南倒数第 2 位。

从建筑业就业人数来看，除昆明和曲靖以外，云南各州市的建筑业就业人数均在 5 万人以内。昆明的建筑业就业人数最多，高达 29.03 万人，是就业人数最少的怒江的 97 倍。怒江作为云南沿边州市，建筑业就业人数仅有 0.30 万人。红河仍是沿边州市中建筑业就业人数最多的州市。

从交通运输、仓储及邮政业就业人数来看，昆明一枝独秀，其他州市的就业人数在 2 万人以内。昆明的交通运输、仓储及邮政业就业人数达 10.66 万人，是就业人数最少的迪庆的 88.8 倍，迪庆的就业人数仅有 0.12 万人。红河依然是就业人数最多的沿边州市，有 0.72 万人，德宏是就业人数最少的沿边州市，有 0.18 万人，居云南倒数第 2 位。

从批发和零售业就业人数来看，除昆明、玉溪和曲靖外，云南各州市的就业人数在 2 万人以内。昆明的就业人数最多，为 10.69 万人，是就业人数最少的怒江的 89 倍，怒江作为沿边州市，就业人数仅有 0.12 万人。与工业就业人数的情况类似，红河仍是沿边州市中批发和零售业就业人数最多的州市，就业人数为 1.16 万人。

根据上述的 2014 年云南各州市五大行业产值与就业人数，将其代入产业结构合理化指标计算公式，可以得到云南各州市的产业结构合理化指数，结果见图 5-17。

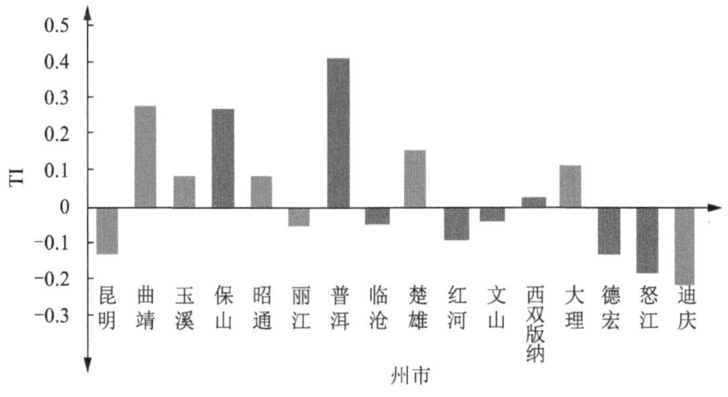

图 5-17　2014 年云南各州产业结构合理化指数图

从总体上看，云南有一半州市的产业结构合理化指数为正值，一半为负值；对于沿边州市，只有保山、普洱和西双版纳的合理化指数为正值。普洱作为云南沿边州市，

TI 值最大，为 0.41，产业结构的合理化水平最低。其次是曲靖、保山、楚雄和大理，TI 值为 0.1～0.3；再次是玉溪、昭通和西双版纳，TI 值为 0～0.1。其余州市的产业结构合理化指数均为负值，丽江、临沧、红河和文山的 TI 值为-0.1～0；昆明、德宏、怒江和迪庆的产业结构较为合理，TI 值为-0.2～-0.1。结合之前产值和就业人数的情况，昆明是各行业产值与就业人数相对较多的州市，德宏、怒江和迪庆又是各行业产值与就业人数相对较少的州市，上述 4 个州市是产业结构最合理的州市。

根据《云南省统计年鉴》可以得到 2001 年、2006 年和 2011 年云南各州市分行业的产值与就业人数。根据计算公式，可以得到相应的产业结构合理化指数，将其进行比较，结果见图 5-18。

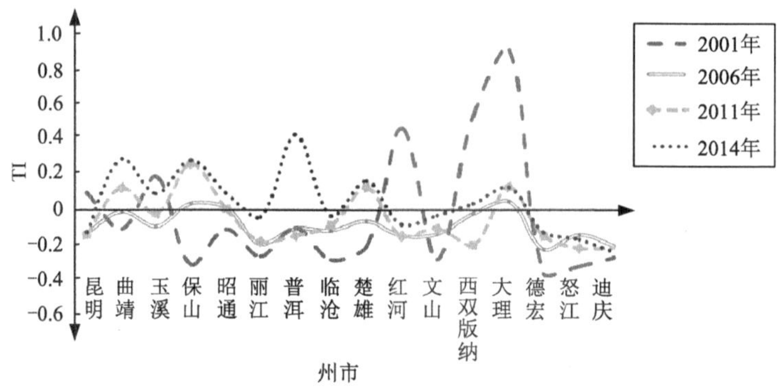

图 5-18　云南各州市产业结构合理化比较图

不难看出，除了丽江、临沧、文山、德宏、怒江和迪庆的 TI 值一直呈负值，大理的 TI 值呈正值外，云南其他州市的 TI 值的正负情况均发生。昆明和红河的 TI 值由正值到负值；曲靖、保山、昭通、普洱和楚雄的 TI 值由负值到正值；玉溪和西双版纳的 TI 值由正值到负值又到正值。

2001 年，TI 值为正值的州市从高到低依次为大理、西双版纳、红河、玉溪和昆明，大理的 TI 值高达 0.88，是统计的 4 年中最高的数值，说明大理在该年份的产业结构合理化水平较低。其他州市均为负值且德宏的 TI 值最小，为-0.36，是统计的 4 年中最低的数值，德宏在该年份的产业结构合理化水平最大。2006 年，除大理、保山和昭通外，其他州市的 TI 值均为负值。大理的 TI 值最大，为 0.04，产业结构最不合理；德宏的 TI 值最小，为-0.22，产业结构最为合理。2011 年，TI 值为正值的州市从高到低依次是保山、大理、楚雄、曲靖和昭通，保山的 TI 值为 0.25，保山在该年的产业结构合理化水平最低；怒江的 TI 值最小，为-0.22，怒江在该年的产业结构合理化水平最高。2014 年，TI 值为正值的州市数量有明显的增长，除了 2011 年 TI 值为正值的 5 个州市外，还增加了玉溪、普洱和西双版纳 3 个州市。普洱的 TI 值最大，为 0.41，产业结构最不合理；迪庆的 TI 值最小，为-0.24，产业结构最为合理。

二、云南各州市产业结构高度化

产业结构高度化的计算公式如下：

$$\mathrm{UI}=\sigma\left(\frac{V_3}{V_2}\right)+(1-\sigma)\left(\frac{V_{\mathrm{H}}}{V_{\mathrm{T}}}\right) \tag{5-16}$$

式中，V_3、V_2、V_{H}、V_{T} 分别表示地区的第三产业产值、第二产业产值、高新技术产业产值和工业总产值；σ 表示权重，这里取 0.5，以反映 V_3/V_2 和 $V_{\mathrm{H}}/V_{\mathrm{T}}$ 在实现产业结构高度化过程中的同等重要性。由于《云南省统计年鉴》中缺少各州市的高新技术产业产值的数据，因此高新技术产业产值与工业总产值的比重 $\frac{V_{\mathrm{H}}}{V_{\mathrm{T}}}$ 用规模以上工业成本费用利润率代替。若 UI 值越大，则地区的产业结构水平越高级。从总体行业产值来看，昆明的第二、第三产业产值为全省最高，怒江的第二、第三产业产值最低；沿边州市中，红河的第二、第三产业产值均最大。云南各州市的成本费用利润率的大小差异明显，见表 5-9。

表 5-9　2014 年云南各州市第二、第三产业产值与成本费用利润率

地区	第二产业/亿元	第三产业/亿元	成本费用利润率/%
昆明	1 538.53	1 992.90	7.5
曲靖	637.45	605.50	-1.4
玉溪	686.05	377.31	8.4
保山	174.24	192.74	7.9
昭通	299.39	234.36	11.3
丽江	107.62	119.17	19.6
普洱	167.83	171.57	-2.6
临沧	157.29	167.95	2.4
楚雄	274.91	283.43	2.7
红河	514.37	418.83	-0.5
文山	223.27	251.32	11.1
西双版纳	86.40	141.08	15.3
大理	343.58	312.15	7.6
德宏	71.62	131.97	1.6
怒江	32.81	50.98	4.0
迪庆	51.69	85.13	-6.6

资料来源：《云南统计年鉴—2015 年》。

2014 年，云南各州市的第二产业产值大多处于 400 亿元以内。昆明的第二产业产值最高，高达 1538.53 亿元，是产值最低的怒江的 46.9 倍。作为沿边州市的怒江，第

二产业产值仅有32.81亿元。随后依次是玉溪、曲靖和红河，第二产业产值均高于400亿元。红河是沿边州市中第二产业产值最高的州。

对于第三产业产值来说，除昆明和曲靖外，云南各州市的第三产业产值均在500亿元以内。昆明的第三产业产值最高，高达1992.9亿元，是产值最低的怒江的39倍，作为沿边州市的怒江，第三产业产值为50.98亿元。与第二产业产值情况类似，红河仍是沿边州市中第三产业产值最高的州。

从成本费用利润率来看，除迪庆、普洱、曲靖和红河的成本费用利润率为负值外，其他州市均为正值，且各州市的成本费用利润率差距明显。丽江和西双版纳的成本费用利润率超过15%，丽江的成本费用利润率最高，为19.6%；昭通和文山的成本费用利润率也超过10%，文山是沿边州市中成本费用利润率最高的，为11.1%；成本费用利润率最低的是迪庆，仅为-6.6%。沿边州市中，红河的成本费用利润率最低，为-0.5%。

2014年，除曲靖、玉溪、昭通、红河和大理外，云南其他州市的产业结构高度化指数均超过0.5。西双版纳、德宏、怒江和迪庆的UI值超过0.7，作为沿边州市的德宏，UI值最高，为0.93，是UI值最小的玉溪的3倍，差距不大；其次是昆明、丽江和文山，UI值大于0.6；再次是保山、普洱、临沧和楚雄，UI值大于0.5。玉溪的UI值最小，为0.32；红河是沿边州市中UI值最小的州市，为0.40，见图5-19。

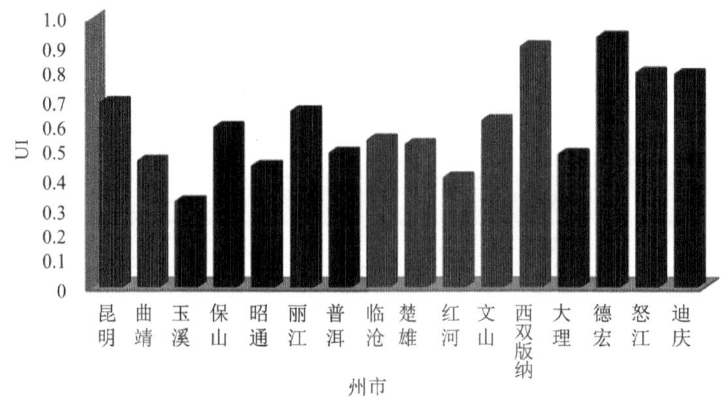

图5-19 2014年云南各州市产业结构高度化指数

由于云南各州市的高新技术产业产值数据不可得，用新产品产值来代替高新技术产业产值，但2006年和2001年新产品产值缺失，故未采用此方案。其次，用研发经费与生产总值的比来替代高新技术产业产值与工业产值的比，但是同样因为2006年和2001年的研发经费数据缺失，仍未采用。最终，本部分用成本费用利润率来替代高新技术产业产值与工业产值的比，结果与用新产品产值来代替高新技术产业产值及用研发经费与生产总值的比来替代高新技术产业产值与工业产值的比结果基本相同，见表5-10。

表 5-10　采用 3 种方法计算 2014 年云南各州市的产业结构高度化指数结果比较

地区	$\frac{V_H}{V_T}$=成本费用利润率的 UI	$\frac{V_H}{V_T}=\frac{新产品产值}{工业产值}$的 UI	$\frac{V_H}{V_T}=\frac{研发经费}{生产总值}$的 UI
昆明	0.69	0.68	0.65
曲靖	0.47	0.49	0.48
玉溪	0.32	0.29	0.28
保山	0.59	0.56	0.55
昭通	0.45	0.42	0.39
丽江	0.65	0.56	0.55
普洱	0.50	0.53	0.51
临沧	0.55	0.55	0.53
楚雄	0.53	0.53	0.52
红河	0.40	0.45	0.41
文山	0.62	0.58	0.56
西双版纳	0.89	0.86	0.82
大理	0.49	0.48	0.46
德宏	0.93	0.92	0.92
怒江	0.80	0.81	0.78
迪庆	0.79	0.84	0.82
全省	0.55	0.55	0.53

从图 5-20 中可以更加清晰地看到三者的关系。

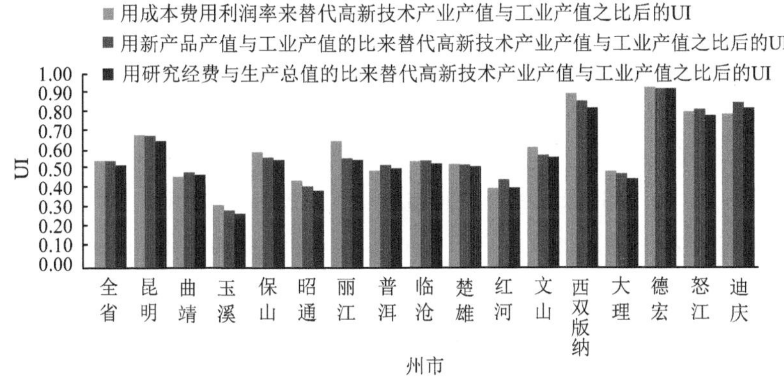

图 5-20　用 3 种方法计算 2014 年云南各州市的产业结构高度化指数结果比较

不难看出，虽然用不同方法计算出的产业结构高度化指数在数值上有所差异，但是总体规律是一致的。德宏的产业结构高度化指数最高，玉溪的产业结构高度化指数最低。用这3种方法计算的2013年云南各州市的产业结构高度化指数结果的总体规律仍是一致的，在此不再赘述。因此，最终用成本费用利润率来替代高新技术产业产值与工业产值的比来进行计算。

根据《云南省统计年鉴》，可以得到2001年、2006年和2011年云南各州市第二产业产值、第三产业产值及成本费用利润率，根据计算公式可以得到相应的产业结构高度化指数，将其进行比较，结果见图5-21。

从图5-21可以看出，保山、昭通、丽江和西双版纳的产业结构高度化指数变幅比较大，其他州市的变幅相对较小。西双版纳于2001年有着最高的UI值，为1.51；在2011年有着最低的UI值，为0.79。玉溪这四年的UI值均为0.30左右，发展较为稳定，没有较大的变动。在统计的4年里，昆明的UI值呈上升趋势；保山和大理的UI值呈下降趋势；玉溪和楚雄的UI值呈先变大，后变小，最终变大的趋势；红河和怒江的UI值呈先变小，后变大，接着继续增大的趋势；普洱的UI值呈先变大，后变小，接着继续变小的趋势；曲靖、昭通、丽江、临沧、文山、西双版纳、德宏和迪庆的UI值呈先减小，然后继续减小，最后增大的趋势。

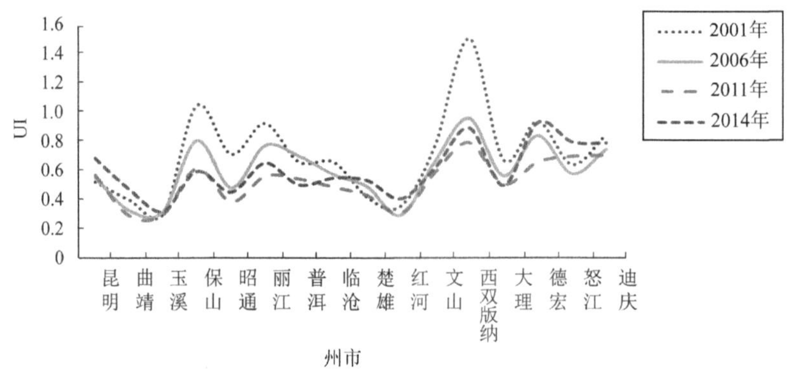

图5-21 云南各州市产业结构高度化指数比较

2001年，除了保山和西双版纳的UI值超过1，玉溪和红河的UI值小于0.4外，云南其他州市的UI值差距不大，均为0.4～1。西双版纳的UI值最大，高达1.51，为统计的4年中最高的数值，同年，玉溪的UI值最小，为0.30。2006年，各州市的UI值均小于1，西双版纳、大理和保山的UI值超过0.8，曲靖、玉溪和红河的UI值小于0.4，其他州市的UI值为0.4～0.8，差距小于2001年。西双版纳的UI值最大，为0.96；红河的UI值最小，为0.29。2011年，各州市的UI值均小于0.8，西双版纳、怒江和迪庆的UI值大于0.7，曲靖、玉溪、昭通和红河的UI值小于0.4，其他州市的UI值为0.4～0.7，差距小于2001年与2006年。西双版纳的UI值最大，为0.79；曲靖的UI值最小，为0.29，也是统计的4年中UI值最小的。2014年，西双版纳、德宏、怒江和迪庆的UI值超过0.7，仅玉溪的UI值小于0.4，其他州市的UI值为0.4～0.7。德宏的UI值最高，为0.93；玉溪的UI值最低，为0.32。

三、云南沿边县级行政区产业结构升级发展

云南沿边县级行政区共有25个（4个市、12个县、9个自治县）：文山壮族苗族自治州3个（富宁县、麻栗坡县、马关县）；红河哈尼族彝族自治州3个（河口瑶族自治县、金平苗族瑶族傣族自治县、绿春县）；普洱市4个（江城哈尼族彝族自治县、澜沧拉祜族自治县、西盟佤族自治县、孟连傣族拉祜族佤族自治县）；西双版纳傣族自治州3个（景洪市、勐海县、勐腊县）；临沧市3个（沧源佤族自治县、耿马傣族佤族自治县、镇康县）；德宏傣族景颇族自治州4个（芒市、瑞丽市、陇川县、盈江县）；保山市2个（龙陵县、腾冲市）；怒江傈僳族自治州3个（泸水市、福贡县、贡山独龙族怒族自治县）。

（一）沿边县级行政区产业结构指数

受数据限制，对于云南沿边县市的产业结构指数，用如下公式计算得到：

$$\text{产业结构指数}=\frac{\text{第三产业增加值}}{\text{第二产业增加值}} \tag{5-17}$$

从2014年云南沿边县级行政区的第二、第三产业增加值来看，沿边县级行政区中，与老挝接壤的麻栗坡县、马关县、金平苗族瑶族傣族自治县、绿春县，与老挝和缅甸接壤的江城哈尼族彝族自治县，与缅甸接壤的澜沧拉祜族自治县、盈江县、龙陵县8个沿边县级行政区的第二产业增加值大于第三产业增加值，其余县级行政区的第二产业增加值均小于第三产业增加值，见表5-11。

表5-11　2014年云南沿边县级行政区的第二、第三产业增加值

单位：亿元

地区		第二产业增加值	第三产业增加值	地区		第二产业增加值	第三产业增加值	地区		第二产业增加值	第三产业增加值
文山	麻栗坡	17.98	17.06	西双版纳	景洪	47.38	80.67	保山	腾冲	48.13	56.15
	马关	25.54	24.10		勐海	29.90	30.54		龙陵	23.23	14.81
	富宁	22.40	25.07		勐腊	9.12	29.87	怒江	泸水	13.00	18.54
红河	金平	16.61	11.42	临沧	镇康	11.04	13.80		福贡	1.72	6.30
	绿春	8.75	7.75		耿马	20.13	21.98		贡山	1.75	5.18
	河口	7.05	18.25		沧源	10.72	11.81				
普洱	江城	8.33	6.34	德宏	芒市	16.99	40.70				
	孟连	4.33	8.41		瑞丽	14.88	49.34				
	澜沧	20.24	17.27		盈江	28.19	21.43				
	西盟	2.13	5.07		陇川	7.64	12.65				

资料来源：《云南省统计年鉴—2015》。

对于云南沿边县级行政区的第二产业增加值来说，大部分沿边县级行政区的第二产业增加值均分布在10亿～30亿元。与缅甸接壤的景洪与腾冲的第二产业增加值较高，都超过40亿元。腾冲的第二产业增加值最高，高达48.13亿元，是沿边县级行政区中

第二产业增加值最低的福贡的28倍。其次，与老挝接壤的马关和富宁，与缅甸接壤的澜沧、勐海、耿马、盈江和龙陵的第二产业增加值超过20亿元；最后，与老挝接壤的麻栗坡和金平，与缅甸接壤的镇康、沧源、芒市、瑞丽和泸水的第二产业增加值超过10亿元。其余沿边县级行政区的第二产业增加值均低于10亿元，与缅甸接壤的怒江福贡和贡山的第二产业增加值均小于2亿元，福贡仅有1.72亿元。

从云南沿边县级行政区的第三产业增加值来看，除与缅甸接壤的景洪、腾冲、瑞丽和芒市以外，其他沿边县级行政区的第三产业增加值均低于40亿元，且有3/5县级行政区的第三产业增加值在20亿元以内。景洪的第三产业增加值最高，高达80.67亿元，是第三产业增加值最低的西盟的16倍；与缅甸接壤的勐海及与缅甸、老挝接壤的勐腊的第三产业增加值为30亿元左右；与老挝接壤的马关和富宁及与缅甸接壤的耿马和盈江的第三产业增加值均高于20亿元；其余沿边县级行政区的第三产业增加值均低于20亿元。与缅甸接壤的西盟的第三产业增加值最低，仅为5.07亿元。

根据上述数据，可以得到2014年边境县级行政区的产业结构指数，见图5-22。

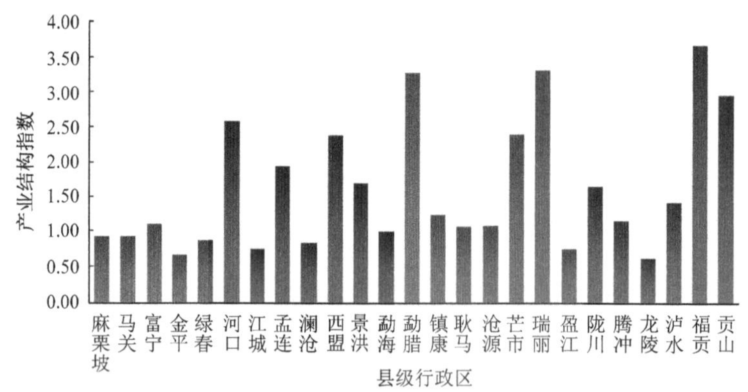

图5-22　2014年云南沿边县级行政区产业结构指数

不难看出，2014年云南有3/5左右的沿边县级行政区的产业结构指数在1.00上下浮动。与老挝接壤的河口，与老挝和缅甸接壤的勐腊，与缅甸接壤的瑞丽、福贡、贡山的产业结构指数都大于2.5；福贡的产业结构指数最大，高达3.66，是产业结构指数最小的龙陵的6倍；与缅甸接壤的孟连、西盟、景洪、芒市和陇川，产业结构指数大于1.5；其余沿边县级行政区的产业结构指数均在1.50以下。龙陵的产业结构指数最小，为0.64。

由图5-23可以看出，云南沿边县级行政区的产业结构指数在2001年、2006年、2011年、2014年的变化情况。与缅甸接壤的孟连的产业结构指数呈上升趋势；与缅甸接壤的泸水的产业结构指数呈先升高后降低趋势；与缅甸接壤的耿马和瑞丽的产业结构指数呈先升高后降低再升高的趋势，两地2014年的产业结构指数均高于2001年的数值；与缅甸接壤的澜沧、西盟、龙陵的产业结构指数呈下降趋势；与老挝接壤的富宁、金平、河口，与老挝和缅甸接壤的勐腊，与缅甸接壤的陇川的产业结构指数呈先降低后升高，然后继续升高的趋势。在此趋势下，勐腊和陇川2014年的产业结构指数高于2001年的数值，其余3个县级行政区均低于2001年的产业结构合理化指数；其他13个县市的产业结构指数均呈先降低后升高的态势，在此趋势下，唯有芒市、福贡和贡山产业结构指数于2014年高于2001年，其余10个县级行政区的产业结构指数均低于2001年。

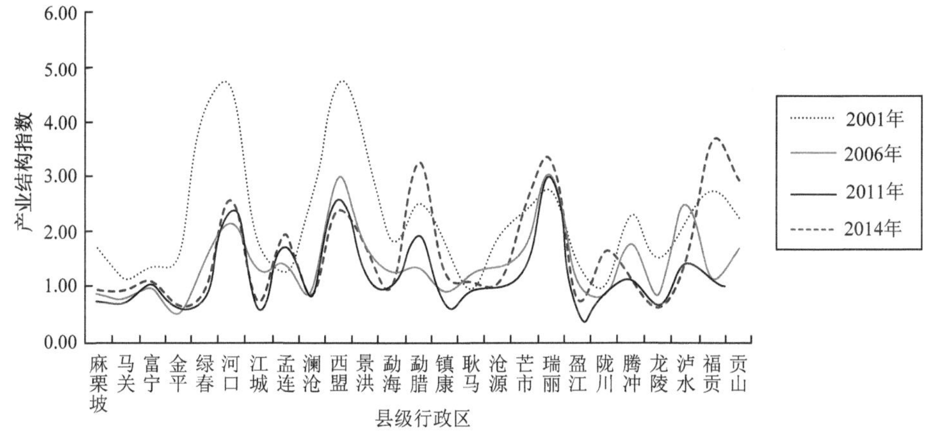

图5-23 云南沿边县级行政区产业结构指数比较

2001年，云南沿边县级行政区的产业结构指数可以用3条点线划分为4个部分，分别为3.5、2.5和1.5，与老挝接壤的绿春、河口及与缅甸接壤的西盟、景洪的产业结构指数均高于3.5，西盟的产业结构指数最高，也是4年中最高的数值，为4.72；与老挝和缅甸接壤的勐腊及与缅甸接壤的澜沧、瑞丽和福贡的产业结构指数高于2.5；与老挝接壤的麻栗坡、金平，与老挝和缅甸接壤的江城，与缅甸接壤的勐海、镇康、沧源、芒市、腾冲、龙陵、泸水和贡山的产业结构指数高于1.5；其余县级行政区的产业结构指数均低于1.5，耿马的产业结构指数最低，仅为0.97。

2006年，云南沿边县级行政区的产业结构指数为0.5～3.5，可用两条点线划分为3个部分，分别为2.5和1.5。与缅甸接壤西盟、瑞丽和泸水的产业结构指数高于2.5，瑞丽的产业结构指数最高，为3.04；与老挝接壤的河口，与缅甸接壤的景洪、芒市、腾冲和贡山的产业结构指数高于1.5；其余县级行政区的产业结构指数均为0.5～1.5，与老挝接壤的金平的产业结构指数最低，为0.53。

2011年，云南沿边县级行政区的产业结构指数可用两条点线划分为3个部分，分别为2.0和1.0。与老挝接壤的河口及与缅甸接壤的西盟和瑞丽的产业结构指数高于2.0，瑞丽的产业结构指数最高，为2.99；与老挝接壤的富宁，与老挝和缅甸接壤的勐腊，与缅甸接壤的孟连、景洪、沧源、芒市、腾冲、泸水和福贡的产业结构指数均大于1.0；其余县级行政区的产业结构指数低于1.0，与缅甸接壤的盈江的产业结构指数最低，也是4年中最低的数值，为0.46。

2014年，云南沿边县级行政区的产业结构指数可用3条点线划分为4个部分，分别为3.0、2.0和1.0，并且绝大部分县级行政区的产业结构指数为1.0左右。与缅甸接壤的福贡的产业结构指数最高，为3.66；与缅甸接壤的龙陵的产业结构指数最低，为0.64。

（二）沿边县级行政区产业结构高度化

县级行政区产业结构高度化指数的计算公式如下：

$$UI = \sigma\left(\frac{V_3}{V_2}\right) + (1-\sigma)\left(\frac{V_H}{V_T}\right) \quad (5\text{-}18)$$

其中，V_3、V_2、V_H、V_T 分别表示一国的第三产业产值、第二产业产值、高新技术产业产值和工业总产值。由于云南沿边县级行政区的数据缺失，用各县级行政区规模以上工业主营业务净利润率（利润总额/主营业务收入）来替代高新技术产业产值与工业总产值的比重 V_H/V_T。σ 代表权重，这里取0.5，以反映 V_3/V_2 和 V_H/V_T 在实现产业结构高度化过程中的同等重要性。若UI值越大，则一国的产业结构高度化水平越高级。

对于2014年云南沿边县级行政区的第二、第三产业在上部分已经进行详细分析，不再加以赘述，现分析沿边县级行政区的主营业务净利润率。不难看出，大部分县级行政区的主营业务净利润率为正值，且较多县级行政区的数值为0～20%，有1/3左右县级行政区的主营业务净利润率为负值。马关和勐海的主营业务净利润率较高，均超过20%，勐海的数值最高，高达28.81%；腾冲、澜沧、富宁、景洪、瑞丽和盈江的主营业务净利润率高于10%；江城、孟连、西盟和耿马的主营业务净利润率较低，均低于-10%，耿马的数值最低，为-20.74%，其余县级行政区的主营业务净利润为-10%～10%。详见表5-12。

表5-12　2014年云南沿边县级行政区产业产值以及主营业务净利润率

地区		第二产业/亿元	第三产业/亿元	主营业务净利润率/%	地区		第二产业/亿元	第三产业/亿元	主营业务净利润率/%
文山	麻栗坡	17.98	17.06	7.93	临沧	镇康	11.04	13.80	-3.08
	马关	25.54	24.10	20.24		耿马	20.13	21.98	-20.74
	富宁	22.40	25.07	12.69		沧源	10.72	11.81	0.06
红河	金平	16.61	11.42	1.99	德宏	芒市	16.99	40.70	-3.78
	绿春	8.75	7.75	1.80		瑞丽	14.88	49.34	10.16
	河口	7.05	18.25	2.21		盈江	28.19	21.43	11.59
普洱	江城	8.33	6.34	-17.38		陇川	7.64	12.65	-9.86
	孟连	4.33	8.41	-17.99	保山	腾冲	48.13	56.15	11.60
	澜沧	20.24	17.27	19.01		龙陵	23.23	14.81	6.60
	西盟	2.13	5.07	-12.08	怒江	泸水	13.00	18.54	5.46
西双版纳	景洪	47.38	80.67	10.66		福贡	1.72	6.30	5.71
	勐海	29.9	30.54	28.81		贡山	1.75	5.18	3.16
	勐腊	9.12	29.87	-9.50					

资料来源：《云南省统计年鉴》。

根据上述数据，可以得到2014年云南沿边县级行政区的产业结构高度化指数，见图5-24。

由图5-24可以看出，2014年，云南有一半左右的沿边县级行政区产业结构高度化指数为0.4左右。与老挝接壤的河口，与老挝和缅甸接壤的勐腊，与缅甸接壤的芒市、瑞丽、福贡、贡山的产业结构高度化指数大于1.20，福贡的产业结构高度化指数最高，为1.83，是数值最低的龙陵的6倍；与缅甸接壤的孟连、西盟、景洪和陇川的产业结构高度化指数大于0.80；其余沿边县级行政区的产业结构高度化指数均为0.4上下波动，龙陵的数值最低，为0.32。

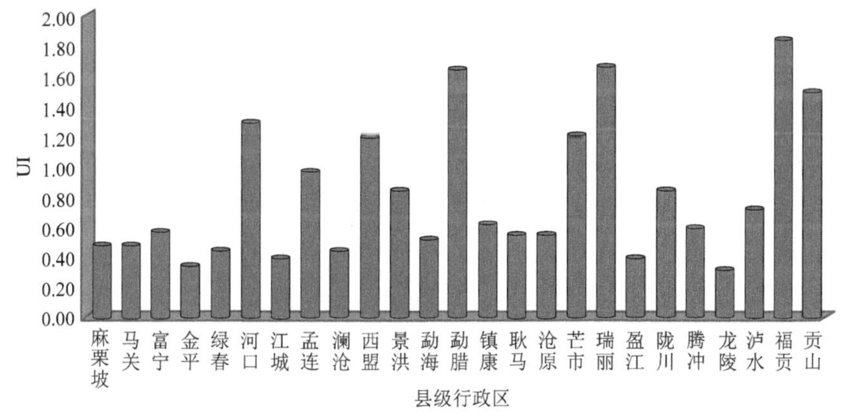

图5-24　2014年云南沿边县级行政区产业结构高度化指数

将云南沿边县级行政区在2001年、2006年、2011年和2014年的产业结构高度化指数进行比较（图5-25）后发现：孟连的产业结构高度化指数呈上升趋势；泸水的产业结构高度化指数呈先上升后下降再下降的态势；瑞丽的数值4年来呈先升高后下降，最后又升高的趋势，高度化指数的数值最终于2014年超过2001年；龙陵的产业结构高度指数呈下降趋势；富宁、金平、河口、勐腊和陇川的数值呈先下降后升高接着再升高的态势，总体来看，云南的边境县中，2014年只有孟连、勐腊、瑞丽、陇川、福贡和贡山的产业结构高度化指数超过2001年。

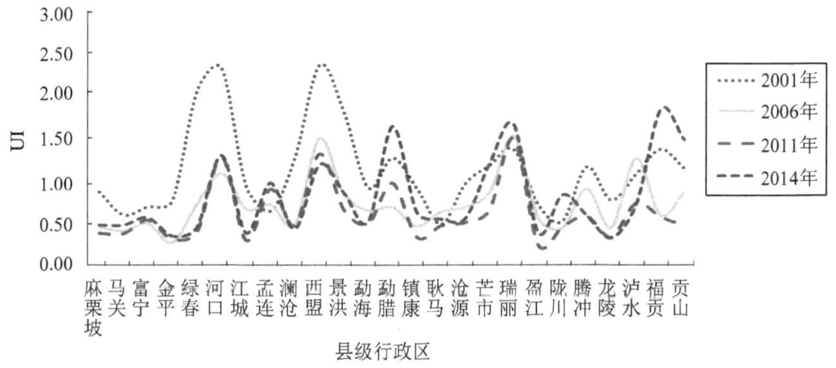

图5-25　云南沿边县级行政区产业结构高度化指数比较

2001 年，云南 4/5 的沿边县级行政区产业结构高度化指数为 0.5～1.5，整体情况可用两条点线分为 3 个层次，分别是 0.50 和 1.50。绿春、河口、西盟和景洪的产业结构高度化指数大于 1.5，西盟的产业结构高度化指数最大，也是 4 年中最大的数值，为 2.36；唯有耿马的产业结构高度化指数小于 0.5，为 0.48；其余沿边县级行政区的数值均为 0.5～1.5。

2006 年，云南有 16 个沿边县级行政区的产业结构高度化指数为 0.4～0.8，整体情况可用两条点线分为 3 个层次，分别是 0.40 和 0.80。河口、西盟、景洪、芒市、瑞丽、腾冲、泸水和贡山的产业结构高度化指数大于 0.8，瑞丽的数值最大，为 1.52；仅有金平的产业结构高度化指数小于 0.4，为 0.27；其余沿边县级行政区的数值均为 0.4～0.8。

2011 年，云南有 12 个沿边县级行政区的产业结构高度化指数为 0.4～0.8，整体情况可用两条点线分为 3 个层次，分别是 0.40 和 0.80。河口、孟连、西盟、勐腊和瑞丽的产业结构高度化指数大于 0.8，瑞丽的数值最大，为 1.50；麻栗坡、马关、金平、绿春、江城、镇康、盈江和龙陵的产业结构高度化指数小于 0.4，盈江的产业结构高度化指数最低，也是 4 年中最低的数值，仅为 0.23；其余沿边县级行政区的数值均为 0.4～0.8。

2014 年，云南沿边县级行政区的产业结构高度化指数整体情况可用 3 条点线分为 4 个层次，分别是 0.40、0.80 和 1.20。有 11 个沿边县级行政区的数值为 0.4～0.8。福贡的产业结构高度化指数最大，为 1.83；龙陵县的数值最小，为 0.32。

第六章　CAFTA与沿边开放新优势培育
——基于云南、广西的比较

云南和广西是我国与东盟接壤的两个省级行政区，是我国联系周边市场的枢纽。在CAFTA的带动下，云南和广西对东盟的贸易发展都呈加速增长的趋势。由于特殊的地缘优势，CAFTA的建成和运行有望使云南和广西在新一轮沿边开放和区域经济合作进程中获得更多优势，对两地的贸易、投资和产业发展都产生直接的推动作用。但由于经济文化发展水平、周边市场差异和国家政策等因素，云南和广西在借助CAFTA推动经济发展的过程中，呈现出了不尽一致的特征和效果。本章试图对CAFTA建立后对云南与广西产生不同绩效的原因及特征进行分析，以便使沿边地区能更好地利用CAFTA这一平台，促进开放型经济发展水平的提高和开放模式的创新。

第一节　发展基础和条件比较

地缘环境和地缘市场是决定区域发展条件的重要方面，区域自身发展水平是发展能力和发展模式的基础，而国家的区域政策环境是区域发展空间的决定性因素。本节主要围绕上述方面，对云南和广西的发展基础和条件进行深入比较。

一、地缘环境和地缘市场差异

从宏观的角度来看，云南和广西都与东盟相接壤，是我国面向东盟开放的主要省级行政区，具有相似的区位优势。但从周边市场来看，云南和广西在地缘上也存在着差异。云南在边境上直接与缅甸、老挝、越南相接壤，并具有通过澜沧江—湄公河与泰国、柬埔寨相连通的优势，随着沿边基础设施的不断完善和泛亚铁路积极推进，云南与东盟进行更便捷高效的商贸联系具有广阔的前景。另外，由于云南地处西部高原，深居内陆，没有沿海开放优势，加之云南地形较为复杂，修建铁路、公路的投资成本较大，过高的贸易运输成本使云南对东盟的贸易主要集中在缅甸、越南和老挝等周边国家。从表6-1中不难发现，云南与东盟的贸易主要集中在与之相接壤的缅甸、越南和老挝，其中云南与缅甸进行的进出口贸易最多，2014年、2016年占对东盟贸易的比重都在50%左右，而与其他东盟国家进行的贸易相对较少，2016年占比仅为18.74%。整体上看，2008年以来，云南对缅甸、老挝、越南的进出口总额占对东盟10国的比重经历了明显的“V”字形变化。2008年上述3个国家占云南对东盟贸易的比重达91.84%，之后一路下降，2012 年低至 54%左右，而 2016 年占比又重回高点，达到 81.26%。广西对东盟进出口的贸易集中度远高于云南。2016 年，广西对东盟进出口前 3 位（越南、泰国、印度尼西亚）占对东盟总额的比重高达 94.84%，较同期云南对东盟进出口前三位的占比高出 13 百分点，尤其是广西对越南贸易集中度远超云南对缅甸的依赖度，2016 年占比分别为 86.59%和 51.25%，相差 35 个百分点，云南对东盟市场的贸易多元化水平显著高于广西，见表 6-1。

表 6-1　2008～2016 年云南、广西对东盟进出口总额及比重

年份	总额和所占比重	云南				广西			
		缅甸	越南	老挝	其他东盟国家	越南	泰国	印度尼西亚	其他东盟国家
2008	总额/亿美元	11.93	6.45	1.10	8.16	31.25	1.58	2.90	3.84
	所占比重/%	43.16	23.33	4.00	29.51	78.97	4.00	7.32	9.71
2010	总额/亿美元	17.60	9.49	2.04	16.58	51.28	2.90	4.98	5.75
	所占比重/%	38.50	20.77	4.46	36.27	79.00	4.47	7.67	8.86
2012	总额/亿美元	22.72	10.46	3.47	31.01	97.27	2.42	11.12	9.67
	所占比重/%	33.58	15.46	5.13	45.83	80.73	2.01	9.23	8.03
2014	总额/亿美元	70.47	15.62	13.72	43.33	163.38	5.79	10.30	19.41
	所占比重/%	49.23	10.91	9.59	30.27	82.15	2.91	5.18	9.76
2016	总额/亿美元	60.65	26.82	8.69	22.17	239.34	18.27	4.56	14.26
	所占比重/%	51.25	22.67	7.34	18.74	86.58	6.61	1.65	5.16

资料来源：根据《云南统计年鉴》《广西统计年鉴》整理，其中广西 2016 年报告的是人民币金额（1589.24 亿元），作者按照国家统计局公布的人民币对美元汇率（1:6.64）折算。

与云南不同，广西具有沿海的区位优势。事实上，广西是我国西部唯一的既沿边又沿海的省级行政区。这意味着，在面向东盟开放的过程中，广西具有便捷低廉的海运成本优势，其贸易半径及影响力都会因海运而扩大，突破了受地形特征和基础设施发展水平影响的陆路交通的局限。基于此，广西与东盟国家间的贸易并不局限于地理距离较近的周边国家，从贸易总量和规模来看，广西的进出口总额也一直高于云南。此外，广西与东盟国家的贸易不均衡特征更明显，对越南的贸易尤其突出，基本占广西对东盟贸易总额的 80%，2012 年更是曾高达 97.27%。

值得一提的是，国内市场环境的差异也是影响云南和广西培育发展优势的重要因素。云南地处我国西南沿边，周围均为发达地区，经济发展水平有限。而广西则与广东毗邻，具有更加便捷的交通网络联通其他东部发达市场。这使在对东盟开展贸易的过程中，广西因为具有进入我国核心市场的便利优势，而获得周边国家企业的青睐。

二、经济发展水平差异

经济发展水平和产业基础是一个地区开展对外贸易的基础（苏振天，2010）。因此，经济活动主体自身的经济发展状况对对外经济活动联系的深度和广度有着密切的影响。经济基础较为薄弱的主体往往受生产力发展水平、企业规模、商业环境和外部影响力等条件约束，难以构建高质量、高层次的对外经济贸易关系。云南和广西同属于经济欠发达地区，经济实力与东部发达地区仍存在较大差距，在全国处于中下游水平，对区域经济发展，特别是开放条件下的经济发展，形成了较大的制约。数据显示，2013年，广西的地区生产总值为 1.43 万亿元，在全国 31 个省（自治区、直辖市）中排名第 18 位，处于中等水平；而云南则为 1.17 万亿元，排名第 24 位，发展水平更靠后。较云南而言，广西具有更好的经济基础和物质条件。在过去的很长时期内，广西对东盟的贸易额都高于云南。随着构建跨境高速公路、高速铁路项目的推进，云南的对外贸易发展面临巨大机遇，但由于广西在海运方面的突出优势，云南的对外贸易仍将在一个较长的时间内落后于广西。

三、国家政策环境差异

云南和广西同在西部大开发的范围内，但由于地缘、资源禀赋和产业结构等方面的差异，两者得到国家政策倾斜的程度和领域也有所不同。随着我国区域政策从过去的“一概而论”和“一刀切”进入“一区一策，一地一策”的个性化和差别化发展阶段，由于区域、周边和自身发展差异，云南和广西在国家政策层面也得到了不同侧重的支持。云南被定位于建设成为面向西南开放的“桥头堡”和南亚东南亚“辐射中心”，广西则被定位于打造与东盟合作的新高地（范恒山，2012）。这使二者在面向东盟实行沿边开放的过程中，呈现出一种合作与竞争的关系。此外，二者对国家政策资源的竞争也尤为突出。云南和广西都享有西部大开发和少数民族区域优惠政策。云南沿边开放的主要政策优势是 2011 年《国务院关于支持云南省加快建设面向西南开放重要桥头堡的意见》、2012 年《云南省加快建设成为西南开放重要桥头堡总体规划（2012—2020 年）》，而广西作为同时享有沿海开放政策和沿边开放政策的民族自治区，也享有西部大开发优惠政策和少数民族地区扶植政策。2004 年，广西南宁获得了中国—东盟博览会永久场所的权利。2008 年 2 月，广西北部湾经济特区获国务院批准。较多的国家政策支持使广西在 CAFTA 建设的过程中已经占有一定的先发优势。在某些领域，广西实际上已经占据了较强的主动性和先发优势，这势必形成较强的发展惯性和路径依赖，强化广西在面向东盟发展的突出优势。

第二节 对外贸易发展比较

消减贸易壁垒和促进贸易自由化、便利化是自由贸易区建设的核心（陈汉林，涂艳，2007）。因此，对外贸易发展绩效是衡量CAFTA影响的重要内容。CAFTA的建立降低了双方进行外贸交易的成本，逐步降低和取消贸易投资壁垒，有利于促进我国与东盟之间的贸易和投资发展，同时，也意味着一些具有明显相似度和竞争性的行业发展将可能受到较大冲击。

从云南的贸易发展来看，CAFTA的建立标志着云南与东盟的经贸关系日益密切，直接促进了双方的贸易发展。从2004年中国与东盟正式开始启动自由贸易区计划起，云南与东盟的贸易就呈迅速增长的趋势。就CAFTA对云南贸易带来的挑战而言，云南与东盟的贸易往来主要依靠陆路交通，少部分依靠河道水运和航空运输，贸易成本远高于海洋运输，交易的时效性不足，制约了通道经济优势的发挥。随着CAFTA基础设施的改善和优惠便利措施的落实、通关效率的提高、经济发展本身对时间成本的进一步关切，云南独特的区位发展优势持续释放，促进了云南对外贸易的增长。但同期，凭借海运优势，广西对东盟贸易的增长更为稳健。尤其是2014年以后，受缅甸国内政局的影响，云南对东盟贸易出现下降，而广西则继续稳步增长，迅速拉大了云南与广西对东盟贸易的差距，见图6-1。

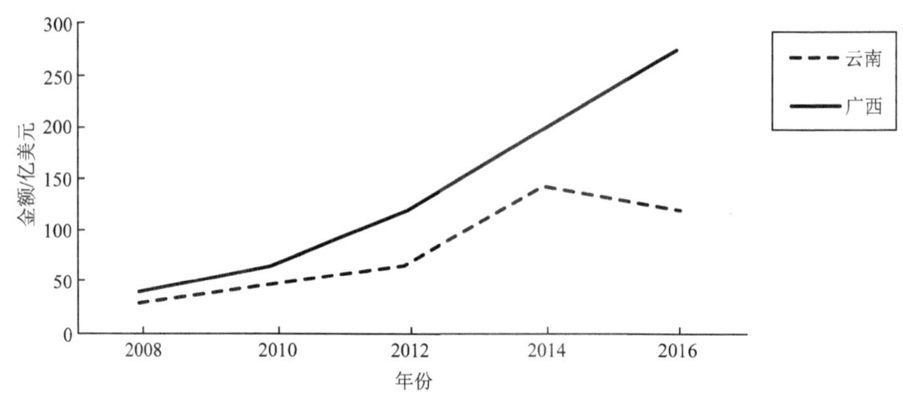

图6-1 云南、广西2008～2016年对东盟进出口总额比较

从广西的贸易发展来看，广西同云南一样与东盟国家接壤，都是中国面向东南亚开放的重要通道。多年来，东盟一直是广西对外贸易的第一大伙伴。CAFTA的建立给广西带来了巨大的机遇。2001～2003年，广西对东盟贸易额为3.68亿～8.25亿美元，占广西对外贸易总额的25%；2004年CAFTA建立以后广西对东盟贸易发展很快，贸易额稳步上升，对东盟贸易占广西对外贸易总额的比例也越来越高。2004～2012年广西对东盟的平均贸易总额为48.91亿美元，对东盟贸易占广西对外贸易总额的比重提升

到 33.03%。仅在 CAFTA 建立的 2004 年，广西对东盟贸易额较 2003 年就增加了 21.17%，见图 6-2。

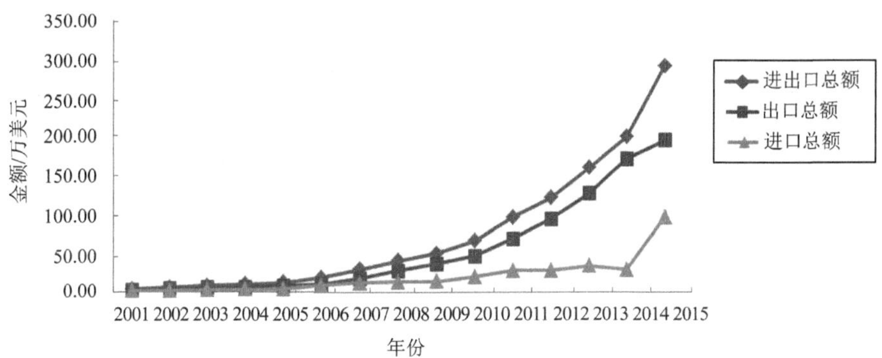

图 6-2　广西对东盟各国贸易情况

资料来源：根据历年《广西统计年鉴》整理和绘制。

与云南相比，广西是中国西南片区最便捷的出海通道，甚至是东中部广大地区进入东盟市场最便捷的通道，这一特殊的区位优势是云南所没有的。由于毗邻广东和拥有便捷的出海港口等优势，广西的进出口总额一直大幅领先于云南，见表 6-2。CAFTA 建成后，云南与广西进出口总额的差距不断扩大。2010 年，云南的进出口总额为广西的 75.50%，2015 年下降到 47.85%，2016 年进一步降为 41.75%。2008 至 2016 年，云南进出口总额出现了两次明显负增长，而广西仅有一次，且降幅远小于云南。内陆省区对外贸易发展仍然面临显著的海洋运输时代的成本制约。随着陆路大通道建设和中国东盟市场一体化水平的提高，云南的通道优势仍有较大提升潜力。

表 6-2　云南、广西进出口总额及增长率比较

年份	云南		广西	
	进出口总额/亿美元	增长率/%	进出口总额/亿美元	增长率/%
2008	95.99	—	132.42	—
2009	80.19	-16.46	142.06	7.28
2010	133.68	66.70	177.06	24.64
2011	160.53	20.09	233.31	31.77
2012	210.05	30.85	294.74	26.33
2013	258.29	22.97	328.37	11.41
2014	296.22	14.69	405.53	23.50
2015	245.27	-17.20	512.62	26.41
2016	199.99	-18.46	478.97	-6.56

注：根据历年《云南统计年鉴》《广西统计年鉴》（2017 年）计算得出。

云南和广西在进口和出口上存在显著区别。2008 年以来，广西对东盟的出口总额一直高于云南，而且差距有扩大趋势。在进口方面，云南对东盟的进口经历了一个明显变化过程。2008~2011 年，广西从东盟进口略高于云南；2012~2014 年，云南实现反超，并且规模逐年扩大；2014 年以后，受缅甸国内政局因素的影响，云南从东盟进口下降，而广西从东盟进口快速增长，广西再次超越云南。这表明，虽然云南在当前我国与东盟的贸易格局中仍然具有不可替代的市场接近优势，但由于中缅铁路尚未联通，运输成本依然是双边贸易增长的重要阻碍，缅甸国内形势也对云南的对外贸易形成了较大影响，见图 6-3。

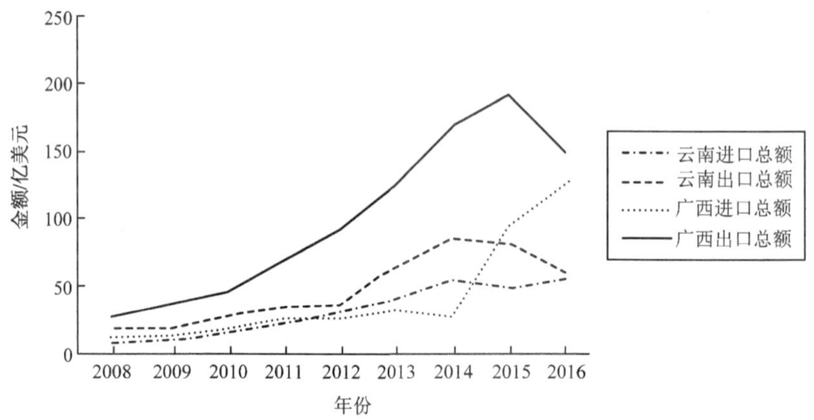

图 6-3　云南、广西 2008～2016 年对东盟进出口总额比较

资料来源：根据历年《云南统计年鉴》《广西统计年鉴》整理。

边境贸易是云南和广西对东盟贸易的重要组成部分。由于具备与缅甸、老挝、越南接壤的区位优势，边境贸易一直以来就是云南进行对外贸易的主要形式之一。受益于边境贸易的优惠政策及便利性和低成本，特别是 CAFTA 建成后双边关税壁垒及非关税壁垒的消减，以及通关速度和便利性的提高，凸显了边境贸易的成本和时间优势。总体来看，2011 年以前云南边境贸易占贸易总额的比例在 40%左右，是云南省对外贸易的重要增长点，但自 2012 年开始，边境贸易占比持续下降，边境贸易占比与广西的差距逐步扩大，见表 6-3。

表 6-3　云南边境贸易发展情况

项目	2005 年	2006 年	2007 年	2008 年	2009 年	2010 年	2011 年	2012 年	2013 年	2014 年	2015 年
边境贸易总额/亿美元	6.55	7.76	10.11	12.01	12.61	17.36	20.05	21.49	33.34	35.79	24.91
增长率/%	—	18.57	30.20	18.80	5.01	37.64	15.50	7.18	55.14	7.35	−30.40
对东盟贸易总额/亿美元	15.57	21.75	29.79	27.64	31.51	35.40	44.75	67.64	108.95	143.15	131.66

续表

项目	2005年	2006年	2007年	2008年	2009年	2010年	2011年	2012年	2013年	2014年	2015年
增长率/%	—	39.67	36.99	−7.22	14.02	12.35	26.40	51.14	61.07	31.39	−8.03
边境贸易占比/%	42.06	35.71	33.94	43.46	40.02	49.03	44.80	31.77	30.60	25.00	18.92

资料来源：《云南统计年鉴》。

由于广西仅与越南直接接壤，广西的边境贸易也只限于对越南的贸易。但在广西与东盟的贸易中，边境贸易仍占据首要地位，一般的进出口贸易只占第2位。随着CAFTA建成，广西与越南间的边境贸易占对东盟贸易总额的比重可能会逐步降低，但仍会是贸易增长的重要动力。在CAFTA的推动下，随着广西依托海运优势逐步挖掘的贸易半径将明显扩大，广西与相距较远的东盟国家的贸易关系有望进一步加强，自贸区的建立对边境贸易的抑制作用将会进一步凸显，从而实现贸易方式的转变。2006～2014年，广西对东盟的边境贸易持续上升，边境贸易增长率大都高于同期对东盟贸易总额的增长率。2015年，边境贸易仍为广西对东盟的主要贸易方式，但边境贸易比重大幅回落至58.6%，见表6-4。

表6-4 广西边境贸易发展情况

项目	2005年	2006年	2007年	2008年	2009年	2010年	2011年	2012年	2013年	2014年	2015年
边境贸易总额/亿美元	7.01	10.50	15.04	20.15	31.20	42.41	62.50	83.48	115.09	147.28	170.01
增长率/%	—	49.79	43.24	33.98	54.84	35.93	47.37	33.57	37.87	27.97	15.43
对东盟贸易总额/亿美元	12.24	18.27	29.08	39.82	49.48	65.26	95.58	120.49	159.15	198.86	290.13
增长率/%	—	49.26	59.17	36.93	24.26	31.89	46.46	26.06	32.09	24.95	45.90
边境贸易占比/%	57.30	57.48	51.72	50.59	63.05	64.99	65.39	69.28	72.32	74.06	58.60

资料来源：根据《广西统计年鉴》计算得出。

第三节 产业发展比较

一般而言，一个地区的优势出口产业对外贸的发展起直接促进作用，同时外贸发展也对地区产业发展有一定的影响。CAFTA的建立对云南和广西的产业发展都产生了显著影响。

虽然云南的工业基础与发达地区相比而言比较薄弱，但与东盟一些国家相比在某些产业和产品方面仍具有一定优势。这为云南的工业发展提供了契机。由于资源禀赋和历史选择等原因，云南的工业中重工业的采掘业、初级原料加工业的比重较大，同时烟草和农产品加工是轻工业的主体，对自然资源具有较高的依赖性。云南工业产业的维持发展需要以大量的自然资源、能源投入为保障，而周边东盟国家丰富的自然资源正好能较好满足这一要求。从出口角度来看，经多年的培育云南的磷化工业和机电产业已经初具规模，而缅甸、老挝、越南、柬埔寨等东盟成员国工业基础比较薄弱，工业制成品的进口需求量较大。CAFTA 的建成有利于扩大云南优势工业制成品产品的出口，从而为云南工业的长足发展提供动力，见表 6-5。

表 6-5　各行业产成品比较

单位：亿元

行业	地区	2004 年	2008 年	2010 年	2011 年	2012 年	2013 年	2014 年
农副食品加工	广西	28.90	59.12	34.74	100.71	95.71	93.86	110.43
	云南	3.82	10.24	18.51	16.15	18.97	21.65	31.23
烟草制品	广西	0.35	1.94	0.64	2.05	1.86	2.39	1.49
	云南	19.15	21.72	37.41	49.17	81.05	69.22	97.94
橡胶制品	广西	0.96	1.54	2.96	2.27	2.20	1.91	1.98
	云南	0.32	0.38	0.54	0.88	1.00	3.16	5.06
电气机械及器材制造	广西	4.03	13.70	14.47	22.88	20.27	22.48	—
	云南	5.54	8.72	12.41	13.21	15.45	14.79	—
家具制造	广西	0.17	0.34	1.54	2.20	4.63	7.17	3.31
	云南	0.14	0.06	0.29	0.09	0.12	0.15	2.01

资料来源：中宏统计数据库。

目前云南对东盟出口的工业产品主要为机电产品、电力、纺织品、有色金属，磷化工产品。随着中国与东盟之间合作的不断加深，旅游业的跨境合作也提上日程。CAFTA 的建立，使中国与东盟之间的交通设施不断完善、过境签证手续日趋简化，中国与东盟之间的旅游业增长势头强劲。2009 年，昆明举办了首届“中国—东盟合作论坛”，中国与东盟之间的旅游合作展示了广阔发展前景。在东盟国家凭借区位、资源、费用和文化差异而逐渐成为我国居民重要出境游目的地的背景下，云南的旅游业有望在跨境旅游的快速增长中获益。2014 年，广西与云南的入境游人数基本持平，但 2015 年，广西明显领先云南，见表 6-6 和表 6-7。

虽然广西的工业水平略强于云南，但二者的产业结构类似程度高，与国内发达地区相比仍有较大差距。CAFTA 的建立也将会给广西的工业、旅游业的发展带来机遇。由于广西的工业实力更强，还获批建设北部湾经济特区，打造中国面向东盟开放的加工制造基地之一，一些工业产品的竞争力比云南强，自贸区的建立对广西工业的促进作用会更大一些。旅游业虽然已经成为广西重要的产业部门，但其知名度和辐射能力尚不及云南。

表 6-6　接待入境旅游人数

单位：万人次

地区	2001年	2002年	2003年	2004年	2005年	2006年	2007年	2008年	2009年	2010年	2011年	2012年	2013年	2014年	2015年
广西	127	136	65	118	148	171	206	201	210	250	303	350	392	296	450
云南	113	130	100	110	150	181	222	250	284	329	395	458	539	287	308

资料来源：中宏产业数据库。

表 6-7　国际旅游外汇收入总额

单位：百万美元

地区	2004 年	2005 年	2006 年	2007 年	2008 年	2009 年	2010 年	2011 年	2012 年	2013 年	2014 年
全国	25 739	29 296	33 949	41 919	40 843	39 675	45 814	48 464	50 030	51 700	56 900
广西	288	359	423	577	602	643.34	806.15	1 051.88	1 278.87	1 547	1 572.07
云南	422	528	658	860	1 008	1 172.21	1 323.65	1 608.61	1 947.08	2 418.18	2 420.65

资料来源：中国经济与社会发展统计数据库。

机遇和挑战是硬币的两面。CAFTA 的建立对云南和广西产业的挑战和冲击均主要集中在农业方面。多数东盟成员国地处热带，光热条件较好，农作物的成熟周期较云南短，因此发展热带农作物种植的自然条件比云南优越。除了已经形成一定品牌和影响力的特色农副产品能继续保持增长以外，CAFTA 的建立会对云南、广西的粮食作物和热带、亚热带经济作物产生较大的冲击。由于热带水果种植、甘蔗种植、橡胶等产业是东盟的优势产业，其种植规模和产量也超过云南和广西，某些产业的国际知名度和影响力也更大。这些因素将会使云南和广西与东盟成员国的农产品和热带经济作物产品在我国和国际市场上的竞争加剧。

第四节　吸引国际直接投资比较

CAFTA 的建立对云南和广西吸引国际直接投资的影响主要是通过投资创造和投资转移实现的。前者主要体现为广西和云南吸引的国际投资进一步增加，而后者体现为国际投资从云南和广西转移到其他地区。一直以来，东盟各国一直是云南和广西获得外资的重要来源之一，但与之不对称的是，云南和广西占东盟对外投资的比重并不高。这表明云南和广西依托吸收外资的能力较弱，也预示着二者与东盟之间在国际投资领域仍具有广阔的发展空间。在 CAFTA 的带动下，双方的经济往来更加密切，资本准入门槛进一步降低，便利化和自由化程度将大幅提升，这些变化有利于进一步激发双方之间的资本流动，促进云南和广西对东盟投资的规模和质量的改善。数据显示，随着 CAFTA 的提出和建成，云南实际利用外资高速增长，2012 年云南约是广西的 3 倍。同时，云南外资企业数量增速赶超广西。1992 年，云南外贸企业数量约为广西的 13%，2012 年，云南超越广西，为广西的 1.05 倍，外资企业数量实现较大幅度的领先。2013

年和 2014 年，云南外资企业数量继续领先广西，但在 2015 年出现回落，广西反超云南，见表 6-8 和表 6-9。

表 6-8　历年实际利用外资情况

单位：亿美元

地区	2000 年	2006 年	2010 年	2011 年	2012 年	2013 年	2014 年	2015 年
广西	5.25	4.47	9.12	10.14	7.49	7.00	10.01	17.22
云南	2.21	4.90	13.29	17.38	21.89	25.15	27.06	29.92

资料来源：《云南统计年鉴》《广西统计年鉴》。

表 6-9　历年外资企业数量

单位：个

地区	1992 年	1997 年	2002 年	2007 年	2012 年	2013 年	2014 年	2015 年
广西	1 915	3 658	2 509	2 468	3 773	3 756	3 949	4 215
云南	249	2 313	1 619	2 055	3 956	4 262	4 046	3 901

资料来源：国研网区域经济数据库。

第五节　云南利用 CAFTA 培育沿边发展新优势的潜力及前景

随着国家对外开放的重心从东部沿海转移到内陆沿边地区，作为西南边陲地区的云南从开放末端转变成为国家高水平对外开放的前沿，史无前例地获得了培育沿边发展新优势的契机。通过对云南与广西进行比较，作者认为，云南利用 CAFTA 培育沿边发展新优势的潜力和前景取决于以下几个方面。

一、新一轮开放中的制度红利释放

国家层面对新一轮内陆沿边开放开发提出了一系列的配套支持政策，并在事实上允许各地区结合自身区位优势和区域战略定位基础上直接争取国家的政策支持和制度配套。目前，云南在挖掘新一轮开放中制度红利方面的条件并不充分。孟中印缅经济走廊、丝绸之路经济带和长江经济带的研究和跟踪都有待提高，追赶国家层面制度红利转换的步伐还要加快。2013 年，云南积极申报了沿边自由贸易区方案，沿边金融综合改革试验区方案获批。未来，云南要继续把握自由贸易区的发展机遇，结合我国与缅甸、越南和老挝三国交界的实际需要，创新地提出一区多点模式，争取在国家批准沿边自由贸易区的基础上按照一区多点模式，分别通过瑞丽、河口和勐腊全面辐射缅甸、越南和老挝三国，并把目前的综合保税区和跨境经济合作区打包，直接与长江经济带各省级行政区海关对接，争取最大程度使企业得到便利和政策支持，形成富有云南特色和推广价值的经验。

二、贸易、产业和投资领域的区域竞争力培育

云南无海运便利，经济滞后，周边市场不发达，还面临来自广西的竞争，这是云南谋划和提升区域竞争力最重要的外部条件。为避免在新一轮开放开发中被边缘化，云南必须兼顾以上区域实际，从贸易、产业和投资领域实现差异化竞争，加快培育区域核心竞争力，打造沿边开发新优势。首先，克服运输成本和贸易成本过高的问题，通过加快基础设施建设和通关对接提升互联互通水平，为发挥大通道优势奠定基础。其次，大力发展高附加值、高时效性和高体验性产品的贸易。云南利用与周边市场接壤的地理区位优势，从贸易、产业和投资等多个层面和领域着力发展和培育运输成本占比小、运输条件要求高、时效性强的产品。云南便捷的跨境基础实现快速出入境，形成高附加值产业实现大进大出、快进快出的格局。

三、区域合作推进与开放模式创新

实践证明，加强区域合作是提高产业国际竞争力和促进产业结构升级的重要基础（魏后凯，成艾华，2012）。长期以来，由于国内各地区之前缺乏有效协作，各自为政、多头竞争使国内市场呈分割态势，既抑制了空间溢出效应的发挥，又限制了商品的国际竞争力。云南开放水平的提高不能建立在单打独斗和一厢情愿的基础上，而是应该以国内市场的需要为基础。云南的大通道建设不是地方政府和本土企业的通道，而是我国与东盟乃至环印度洋地区的国际通道，可以为相关地区和企业节约交易时间和成本，提高交易效率。因此，云南比任何时期都更加注重加强与国内发达地区的经济合作，共同引导和培育相关产业，吸引相关地区和企业通过云南与周边市场在中间产品进口和最终产品出口的高效衔接。这要求云南在新一轮开放中不仅要注重对外开放，更要注重对内开放；既要积极推进自身开放，更要联合发达地区实现联合开放，创新开放。

综上所述，CAFTA 全面建成以来，中国与东盟各国的市场一体化水平显著提高，区域政策日趋协调，打破了市场规模的局限，成为亚太地区经济增长的重要动力。新的开放形势和发展阶段使云南“桥头堡”建设上升到了国家战略层面——2013 年获准成为沿边金融综合改革试验区，这让云南在政策倾斜、制约配置和外事协调等方面获得了重要支持。这些政策的落地，既推动了云南经济的发展，更抢占了全国经济发展的战略空间。这正是未来云南提升经济实力和争取国家支持的逻辑基础。只有从全国层面来发挥区域优势，通过服务中、东、西部市场的贸易、投资需求来凸显区域价值，才能成为促进云南经济发展的持久动力。

第七章 云南依托经济走廊加快打造面向东南亚南亚的辐射中心

云南与缅甸、越南和老挝接壤，地处 CAFTA 最前沿，是孟中印缅经济走廊的起点和门户，是中国与周边国家经贸文化和基础设施连接的枢纽，在“一带一路”建设中具有突出的区位优势和历史渊源，具有得天独厚的向西开放优势。把云南打造成为中国面向东南亚南亚的辐射中心既是云南经济发展面临的重大战略机遇，也是云南融入和服务于国家“一带一路”倡议的历史使命和艰巨任务，对我国实现“一带一路”建设目标具有重要意义。

CAFTA 和孟中印缅经济走廊是云南打造面向东南亚南亚辐射中心最重要的支点。云南要立足 CAFTA，借助孟中印缅经济走廊建设，充分发挥地域相邻、文化相近、经贸密切、道路相通的优势，积极承担先行者、开创者的使命和责任，为中国实现“政策沟通、设施联通、贸易畅通、资金融通、民心相通”的“一带一路”建设目标而发挥积极作用。本章主要对云南依托孟中印缅经济走廊建设扩大对外辐射能力和辐射水平进行分析。

第一节 口岸及边境基础设施建设

孟中印缅经济走廊所涉及的地区已经有一定的边境贸易基础。但四国经贸联系普遍面临基础设施的制约，口岸和边境基础设施建设的提升空间很大。边境地区口岸状况、基础设施、城市化和产业发展已经成为孟中印缅经济走廊的决定性因素。加强边境口岸和边境合作区建设有利于促进区域市场发展，增强连接和辐射东亚、南亚、东南亚、中亚几个大市场的能力，形成多赢局面。

一、中印缅孟口岸及边境基础设施建设的现状

孟中印缅经济走廊直接接壤地区包括中国西南、印度东部、缅甸和孟加拉国。四国边境地区都处于欠发达地区，口岸和边境基础设施建设相对比较滞后。

从口岸来看，孟中印缅经济走廊内，中缅之间的边境口岸数量最多，基础设施条件更好，中缅贸易状况也好于中印、中孟。中缅口岸分布于云南与缅甸交界，数量众多，均为公路口岸，无铁路口岸和水运口岸。目前，缅甸对邻国开放的边境贸易口岸为 15 个，其中以中缅口岸最多。云南商务厅口岸通关促进处数据显示，2013 年上半年

云南对缅边境口岸进出口额共计 20.9 亿美元，占全省口岸进出口额的 50.3%。

中印边境口岸分布于我国西藏与印度交界，我国商品要在云南实现对印度进出口，必须经过缅甸，然后过境孟加拉国抵达印度，或者从缅甸港口出发经海运直达印度。中孟比邻而居，但没有交界，中孟贸易只能通过中缅口岸或者海运实现。

印缅、印孟、缅孟之间均可以通过海运港口实现直达，但边境口岸数量有限。印缅之间有莫耶-德穆、佐科达-伊两个口岸，印孟之间只有贝纳珀尔（Banepole）、阿克霍瑞（Akhaurah）两个口岸[①]，缅孟之间有实兑、冒多两个口岸。而且受区域内各国公路、铁路等交通设施不足的制约，运输成本较高。因此，推动孟中印缅经济走廊建设，关键还是在于促进四国口岸的便利化对接。

近来，随着经贸关系的发展，各国都在增加和完善边境口岸的设置。2008 年，印度和缅甸之间新开米佐拉姆邦的若格达和那格兰地区的阿邦古两个口岸[②]，孟加拉国政府准备在孟印边境增设 2 个陆路口岸以促进双边贸易[③]。缅甸计划新增与中国、泰国和印度相邻的 5 个边境贸易口岸，包括缅中边境的勐拉、缅泰边境的密赛、普亚东素和缅印边境的塘德朗等[④]。边境口岸的增加有利于提高孟中印缅经济走廊通过效率和便利化程度。

边境基础设施建设是边境口岸发挥联通作用的基础。虽然中印缅孟已经具备了基本的互联互通，但面临的限制因素仍比较多。从边境基础设施来看，中印缅孟四国间的基础设施与交通状况以中国境内最好，中缅互通条件最优，但中缅孟、中缅印三国间的陆路和水路交通尚未贯通。中印贸易目前大部分还需绕道海上运输。中缅印之间有一条史迪威公路，其在中印境内部分基本可用，而在缅甸境内的一段路则需要重修。印孟间的交通联系基础较好，目前，印度出口孟加拉国的货物中 70%以上通过陆路运输。印孟间的许多交通基础设施年久失修，但孟加拉国缺乏足够资金加以维护[⑤]。

从国别来看，各国基础设施差别也较大。印度公路网密布全国，公路承运量占全国客运总量的近 80%和货运总量的近 60%，其中国道和高速公路占比非常低。印度铁路总长 63 327 公里，排在中国之后，位列世界第 4 名，分为宽轨（约 1.7 米）、中轨（约 1 米，也称“米轨”）和窄轨（约 0.6 米）3 种不同的轨距。目前，宽轨占比为 81%，承担了绝大部分的客货运输量；中轨和窄轨承担了 0.2%的货运量和 2%的客运量。目前，中国已经开通了北京、上海、广州、昆明、成都到印度孟买、德里、加尔各答等国际

① IANS-AGARTALA：*Bangladesh violence hits bus service, trade with India*，http://www.newindianexpress.com/nation/Bangladesh-violence-hits-bus-service-trade-with-India/2013/10/27/article1858677.ece.

② 商务部：《印度将与东盟签署自由贸易协定》，http://www.mofcom.gov.cn/article/i/jyjl/j/200811/20081105890642.shtml.

③ 商务部：《孟加拉考虑在孟印边境增设 2 个陆路口岸》，http://www.mofcom.gov.cn/aarticle/i/jyjl/j/201002/20100206774908.html.

④ 中国驻曼德勒总领馆经商室：《缅甸拟新增 5 个边境贸易口岸》，中国一东盟博览会官方网站：www.caexpo.org。

⑤ 陈铁军，牛鸿斌：《中印缅孟地区经济合作研究》，云南民族出版社，2005，第 278-279 页。

航班[①]。

缅甸是连接孟中印缅经济走廊的枢纽，同时与中国、印度和孟加拉国接壤。缅甸交通以水运为主，铁路多为窄轨。连接中国与缅甸的公路主要是滕密公路（腾冲至缅甸密支那），该公路全部由中国援建。印度政府也将提供 5 亿美元的经济援助，部分援款将用于修建连接印度、缅甸和泰国的三边公路，公路全长 3 200 公里。缅甸有国际航线可达北京、昆明、广州和南宁。缅甸主要依靠陆路进行货物运输，但其境内道路条件差，运输成本高，且缺乏统一的运费标准，一般情况下，运费需双方协商确定。此外，公路运输费用受季节性因素影响，雨季运费一般要高于旱季[②]。

孟加拉国公路总长 20.34 万公里，76%的货运和 73%的客运由公路运输承担。铁路总长 2 835 公里，其中宽轨铁路 660 公里，米轨铁路 1835 公里，仅承担 4%的交通运输量，但单位燃料消耗仅是其他运输方式的 10%。鉴于印度对孟加拉国国土过境运输的需求，孟加拉国使用印度资金在孟加拉国东西北 3 个方向上打通与印度的铁路连接。目前，孟加拉国有达卡、吉大港、锡莱特 3 个国际机场，其中达卡已开通到北京、广州和昆明的国际航班。目前，孟加拉国有 8 个出口加工区，最大的是吉大港出口加工区和达卡出口加工区[③]。

从整体上看，区域内孟中印缅经济走廊的交通基础设施已有很大改善。印度境内从英帕尔经迪马普—瑙员—密加拉亚—西隆—孟加拉国边境城镇德乃勃的公路都是二车道以上，从英帕尔经锡尔杰尔—阿加尔塔拉的公路也较好，从阿加尔塔拉即可到往孟加拉国东部的库米拉；中国境内通往缅甸的昆明—瑞丽的 819 公里公路已基本高速化；缅甸境内从木姐到曼德勒 451 公路为全天候双车道沥青路面，从曼德勒到德穆的 604 公里的道路状况也较好；孟加拉国从锡尔赫特经达卡—印度加尔各答的道路都是二、三级的沥青路面，从达卡经古大港—代格纳夫到缅甸实兑的道路大部分也是二、三级的路面。中印缅孟四国连接相互间主要城市和重点合作地区的交通网络已经初步形成，道路条件日益改善；各国内部都有铁路体系，条件成熟就可以连接为国际铁路；主要城市机场情况较好，已经具备了支持四方进一步开展经济合作的基础[④]。

云南是参与孟中印缅经济走廊的主体地区，历史上的重要军事运输线中印公路——史迪威公路——使云南与印度紧密相连，中印缅三国间的贸易变得更加频繁密切。在中印贸易主要依托海运的背景下，依托史迪威公路的重建实现中印缅陆路大通道的贯通，对改变和缓解目前中印贸易舍近求远的“马六甲综合征”，扩大与南亚、东南亚地区的经贸往来和提高流通效率无疑具有十分重要的战略意义。

---

① 商务部：《对外投资合作国别（地区）指南：印度（2013 年版）》，http://fec.mofcom.gov.cn/gbzn/gobiezhinan.shtml.

② 商务部：《对外投资合作国别（地区）指南：缅甸（2013 年版）》，http://fec.mofcom.gov.cn/gbzn/gobiezhinan.shtml.

③ 商务部：《对外投资合作国别（地区）指南：孟加拉国（2013 年版）》，http://fec.mofcom.gov.cn/gbzn/gobiezhinan.shtml.

④ 车志敏：《云南发展研究 2005》，云南科技出版社，第 120 页。

二、中印缅孟口岸及边境基础设施建设的构想

未来中印缅孟口岸及边境基础设施建设思路应该坚持以少走“弯路”，降低成本为原则。既要考虑区域内目前客货流量和成本，又要考虑未来客货流量的需求和趋势。在兼顾现实需要与未来发展的基础上加强跨境交通设施和口岸通关的便利化。

1. 以公路口岸为基础，提升主要通道的公路等级

孟中印缅经济走廊最多的是公路口岸，最便利的是公路运输。从中国境内来看，云南规划了 4 条出境公路，分别是昆明经宝山至缅甸到南亚公路、昆明至瑞丽到缅甸公路（昆明至孟定清水河高速）、昆明经磨憨至老挝到曼谷公路、昆明至河口到越南河内公路。[①] 目前这些跨境公路的国内段总体状况较好，主要干线全部实现了高等级化。跨境公路的瓶颈主要在于境外段，要加快境外主干连接公路的建设，提升道路等级，保障全线的顺畅性和便利性；要推动缅甸密支那至班哨公路、密支那至雷多公路的升级改造，实现主要通道的畅通，构建辐射南亚、东南亚的立体运输网络。从公路口岸来看，要结合口岸和出入境通道流量情况，科学调整公路口岸设置和资源配置。由于地理、历史原因，云南边境出入境便道众多，对呈现客货流量快速增长的通道，要加大基础设施建设力度，争取将有潜力的通道，如将腾冲滇滩通道等，纳入国家口岸建设规划，以提高进出口物资的通关效率。从边境口岸对接来看，要改变口岸规模和效率不对等的情况，加强四国协调与合作，提高口岸的通关能力和通过效率，降低通关成本。

2. 加快水路口岸建设，降低货物运输成本

目前，云南运输以公路为主，占全省货物运输总量的 91.6%。研究表明，发达国家的物流成本一般在 GDP 的 10%以下，我国为 18%，云南为 24%。云南公路的单位能耗是铁路的 18 倍，是水路的 22 倍。[②] 这种交通运输结构制约了云南经济的发展，也对国际大通道的吸引力造成影响。缅甸、孟加拉国的内河航运条件优越，实现水运航道的通畅有利于降低物流成本，也提高了运输的畅通性。要不断总结现有澜沧江 3 个水运口岸的经验，提高航道通行能力，推动湄公河全线通航；要适时协助推进缅甸密支那至八莫航道疏浚工程，加强水陆联运的设计与协调。

云南主要有澜沧江—湄公河、元江—红河、中缅伊洛瓦底江 3 条水运通道。其中，红河从河口出境后流经越南汇入太平洋，而独龙江作为伊洛瓦底江上游没有通航条件，只能通过水陆联运相连接。澜沧江水运通道情况较好，目前有 3 个内河水运口岸：澜沧江—湄公河通航河段起点的思茅港口岸、澜沧江景洪港口岸和关累港口岸。思茅港

---

① 罗仁坚，周小棋：《打造桥头堡昆明区域性国际交通运输枢纽》，人民交通出版社，2011，第 12 页。

② 李向春：《桥头堡建设中的云南交通能源建设》，云南人民出版社，2010，第 53 页。

口岸和景洪港口岸经关累港出境后沿湄公河连接老挝、缅甸，堪称我国连接东南亚的黄金水道。目前，这 3 个水运口岸面临的主要约束是境内澜沧江段和境外湄公河上游航段属于典型的山区航段，航道整治难度大，安全性不足，导致航道行船不畅。此外，受孔恩瀑布等河段的限制，目前湄公河还难以实现全线通航。在水道通行条件限制背景下，要积极探索公路口岸与水运口岸的对接，加快实现瑞丽至缅甸八莫公路、腾冲至缅甸密支那公路 2 个口岸与缅甸内河水运无缝对接，利用伊洛瓦底江将货物直接运抵仰光港，进入印度洋。

3. 填补铁路口岸空白，加快跨境铁路对接

目前孟中印缅经济走廊没有铁路口岸，制约着跨境运输成本的降低。云南规划了 4 条出境铁路，主要有昆明经河口进入越南的中越铁路（泛亚铁路的东线）、昆明经磨憨出境的中老泰铁路（泛亚铁路的中线）、昆明经瑞丽进入缅甸的中缅铁路（泛亚铁路的西线）和昆明经腾冲出境连接密支那、孟加拉国和印度雷多的铁路（泛亚铁路北线）。[①]但目前既有的铁路口岸只有中越边境的河口口岸，能通向境外的也只有昆河铁路。从云南出镜经缅甸到达印度的南亚铁路来看，全线始于昆明，经大理、瑞丽、密支那（缅甸）、雷多（印度）直抵新德里（印度）。目前，昆明至大理的铁路已经贯通运营，但其他各段情况不一。大理至瑞丽铁路已被列为我国《中长期铁路网规划》重点项目，全长 330 公里，投资概算约 200 亿元，预计在 2022 年建成。境外印度首都新德里至雷多铁路也已建成，只需要将瑞丽至缅甸密支那的铁路与印度雷多连接起来即可。现实的最大困难是实现瑞丽—密支那—雷多段的对接贯通。按目前公路距离计算，瑞丽到密支那约 325 公里，密支那到雷多约 410 公里，大量的资金需求和复杂的国际协调使该线铁路短期内难以实现。缅甸距离瑞丽最近的铁路节点是八莫，目前公路距离为 140 公里左右，按照地形特点，新建铁路可以控制在 100 公里左右；其次是缅甸腊戍，公路距离为 170 公里，新建铁路约 130 公里。目前，缅甸的腊戍—木姐铁路和缅甸木姐—中国姐告的跨境铁路计划都已制订。待大理—瑞丽铁路完工后，随着连接线跟进，如果连接缅甸若开邦深水港的皎漂—昆明铁路顺利建成[②]，瑞丽口岸将成为我国首个经缅甸连接南亚各国并直通印度洋的铁路口岸，所有途径印度洋的货物都可以通过从瑞丽出境来节约运输成本和时间成本。作为未来我国面向中孟中印缅经济走廊的第一个铁路口岸，瑞丽口岸需要提前部署铁路跨境对接问题，探索优化火车轨距差异方案：一是修建一定长度的双线，各采取不同轨距；二是通过协调，采取统一轨距实现一定距离的营运；三是实现全线的统一轨距运营，这是投资和难度最大的方案，中短期内难以实施。考虑到区域中四国都是发展中国家，要拓宽建设资金筹措渠道，争取世界银行、

① 罗仁坚，周小棋：《打造桥头堡昆明区域性国际交通运输枢纽》，人民交通出版社，2011，第 12 页。

② 《缅甸—昆明铁路有望后年建成》，《云南信息报》2013 年第 A20 版期。

亚洲开发银行和国际银团贷款，也要发挥各国企业、民间资本的参与积极性，采取 BOT（build-operate-transfer，即建设-经营-转让）、发行股票、债券等方式融资。

同时，云南作为打通铁路节点的主要地区，自身长期面临铁路总量不足、运量有限的矛盾，是全国拥有铁路最少的地区之一①。因此，在规划铁路国际对接的同时，也解决好云南省内铁路通达性问题，尽快推动昆明至北京、上海、广州高铁线的建设和贯通，加快国内高铁连接线的建设，构建昆明作为起始站点的内引外联的辐射影响能力，避免因境内段的运量瓶颈而限制跨国铁路通道的建设与发展。

4. 加强航空口岸建设，打造空中国际大通道

从境内看，目前联通南亚的空中国际大通道主要以昆明为基础。截至 2018 年上半年，昆明长水国际机场已经开通了覆盖东南亚 10 国、南亚 5 国（除巴基斯坦和不丹）的国际航线，至南亚东南亚的通航城市达 35 个（南亚 6 个，东南亚 29 个），数量排名国内第一②。但云南其他国际机场与南亚国家的联系非常滞后。西双版纳嘎洒国际机场航空口岸仅有直达老挝琅勃拉那，泰国清迈、清莱的国际客运航线。丽江三义国际机场口岸仅有一条通往缅甸仰光的国际客运航线。2012 年，德宏芒市机场升格为口岸机场被列入国家“十二五”口岸开放规划，目前仅有直达缅甸曼德勒的国际客运航线。云南国际航空市场的开拓力度有待进一步加强，要以昆明长水国际机场作为门户枢纽，加强中印缅孟航空国际大通道建设。加快拓展国际航线，构建昆明与东南亚、南亚和欧美、非洲大城市的航空网络，打造便捷的空中经济走廊。尽快开通经昆明直达周边国家和重要国际市场大中城市的直航线路，增加国内城市经昆明中转到印度、缅甸、孟加拉国主要城市的航班。加快推进腾冲驼峰机场、德宏芒市机场航空口岸建设，增强航空通道的便利性。

从境外来看孟中印缅经济走廊的航空口岸联系有待加强。印度在缅甸和孟加拉国邻近地区有西孟加拉、比哈尔、梅加拉亚等 7 个邦，每个邦基本拥有 1 个国际机场，但开通的航线比较有限，远不及大型国际机场。缅甸目前有仰光、内比都、曼德勒 3 个国际机场口岸，但只有仰光和曼德勒连接中印孟的航线相对较多。孟加拉国目前有达卡、吉大港、锡莱特 3 个国际机场口岸，但除了达卡外，其他 2 个机场口岸开通的客货运航线非常有限。适时增加中印缅孟四国之间的航线数量和密集度对孟中印缅经济走廊建设无疑具有重要的推动意义。

5. 加强区域国际协调，提高口岸整体通关效率

由于中印缅孟四国的边境地区经济发展水平总体滞后，口岸基础设施落后，物流

---

① 李向春：《桥头堡建设中的云南交通能源建设》，云南人民出版社，2010，第 52 页。

② 庞继光：《昆明机场将新开 3 条国际航线》，都市时报，2018-08-15，第 A13 版。

设施不足，信息化程度低，承载客货流量增长的能力有限，不能满足客流、货流的持续增长。[①] 另外，由于经济发展水平的差异，中印缅孟各国之间存在显著的口岸和基础设施不对等的情况，短板效应明显。中缅之间，云南境内的公路等级均高于缅甸，口岸通关设施更完备，效率更高，但硬件设施约束依然明显。缅印、缅孟、印孟之间都面临口岸数量少和口岸基础设施不对称的双重制约，限制了进出口物资的通关效率。各国通关手续繁简不一，便利化程度不高。目前，孟中印缅经济走廊的运输便利化不足，尚不能实现车辆过境直达运输，通关便利性也存在很大差异，简化通关过境程序是整个区域面临的当务之急。以我国为例，通关效率总体较高，但也面临通关监管模式的制约。除了将货物直接运输到边境口岸办理出库手续外，还可以进行属地申报、口岸验放，但后者有较高的门槛，目前只针对特定企业。为有效降低通关成本，提高边境口岸通关效率，应该考虑在昆明、大理等交通枢纽区域设置内陆口岸，便于货物集中地区高效、便捷办理出境手续。孟印缅三国普遍存在通关效率低、通关成本高等问题。以缅甸为例，入缅通关审批手续比我国复杂，腾冲至密支那公路境外段存在多卡收费情况，降低了相关通道和口岸的畅通性。要加强双边通关便利化合作，倡导采取中缅、印缅、缅孟和印孟双边口岸联席会议制度和四方联检部门定期沟通机制，为边境口岸和设施的高效畅通提供保障。

第二节　边境地区产业发展

产业是人口、要素和贸易、投资发展的基本载体。边境地区产业发展有利于加强边境人文经贸交流，降低双边交易成本，深化专业分工，通过规模经济效益、溢出效应、学习效应等机制，促进区域经济的发展。

一、中印缅孟边境地区产业发展的现状与前景

随着经贸交往的不断加深，中印缅孟的区域合作日益加强。其中，由于中国的对外开放程度更高，中缅经贸关系更为密切，中缅边境产业发展成效也更显著。在中缅边境地区，已经形成了一些特色产业带。旅游业已经普遍成为边境地区的支柱产业，除此之外，瑞丽汇聚了珠宝玉石和红木产业，腾冲是著名的翡翠集散地，在全国形成了一定的影响力。2016 年，云南在国（境）外投资设立的农业企业数量达 123 家，居全国首位，累计投资额达 7.4 亿美元；先后与柬埔寨、老挝、缅甸合作建设了 4 个农业科技示范园；与周边国家交换试验品种 264 个，推广示范适宜品种 38 个，示范面积近 9.75 万亩（1 亩≈$666.67m^2$）。随着国家间关系的不断缓和与改善，印缅、印孟和缅孟边境地区的产业也获得了一定发展。印孟、印缅和缅孟都通过增设边境市场和边境经

① 罗仁坚，周小棋：《打造桥头堡昆明区域性国际交通运输枢纽》，人民交通出版社，2011，第 211 页。

济区的方式加大对边境产业和边境贸易的支持力度。印度边境地区发展较好的是农业和药材，缅甸边境地区比较活跃的是农业和林业，孟加拉国边境主要是黄麻。但由于印缅孟交界地区贫困人口比重高，民族性强，孟中印缅经济走廊的发展仍在很大程度上受制于边境地区的经济发展水平。

二、推动中印缅孟边境地区产业发展的构想

1. 深化现代农业合作，力推一批具有示范效应的项目

中国和印度是农产品大国，而缅甸和孟加拉国也在农产品上富有特色。作为区域内第一梯队国家，中国应该多渠道、多形式促进区域现代农业合作，有选择性地打造一批各国广泛参与、企业与当地农户共同受益的示范项目。可以凭借技术和市场优势，加快农业生产技术的输出，并采取境外承包、境外租赁、公司与农户订单合作等形式，开发缅甸等周边国家的农业生产。在农产品流通环节，着力构建农产品现代流通体系，加快各国冷链物流的跨境对接，通过扶持发展农产品加工配送、包装仓储、检验检疫等方面的改造升级，为打造区域特色农产品交易市场和农产品冷链物流快速无缝对接奠定基础。

2. 加强林产业开放合作，打造中印缅孟林产业集群

孟中印缅经济走廊林产业有一定的合作基础。首先，四国的林业资源具有一定的互补性。区域内，缅甸是森林覆盖率最高的国家，中国和印度大致相当，孟加拉国则最低。这种内在差异性为林产业合作奠定了基础。其次，四国都面临保护林业资源的共同任务。缅甸已于 2014 年 4 月 1 日起停止原木出口，只允许出口木材制品。[①] 这对已经依托缅甸资源形成了一定的木料加工集群的瑞丽而言是一种挑战。为了促进区域林产业合作，要在协调区域内各国发展战略的基础上，统筹林业资源的开发利用。首先，推广商品林木的种植，扩大区域林业储备，特别是要和经济林木等替代种植和替代经济联系起来，大力促进商品林木的发展。其次，促进林业深加工，提升林化产品的档次，采取跨境合作办厂等方式，形成资源共享、合作共赢格局，增强区域林产业的贸易规模、加工深度和合作范围，打造区域林产品品牌，将林产业附加值留在区域内，做大做强区域林产业。

3. 加强矿产业合作，打造中印缅孟矿产业集群

除孟加拉国以外，中国、印度、缅甸的矿产资源都较为丰富，同时矿产品种存在

---

① 中国驻缅甸大使馆经济商务处:《缅甸 4 月 1 日起停止原木出口》, http://mm. mofcom.gov.cn/article/sqfb/201401/20140100452790.shtml.

较强差异性，具备资源优势互补的天然优势。特别是在中印缅孟边境地区，发展水平整体滞后，整合区域内矿产资源开发利用将有利于推动边境地区的经济发展，为整个孟中印缅经济走廊的交通、产业支撑和城镇体系发展奠定基础。可以结合资源分布特点，打造不同的矿产业集群带。在中缅边境地区，可以打造有色金属矿和宝石矿产业集群；在印缅边境地区，可以打造钢铁产业集群；在印孟边境地区，可以结合印度资源、技术优势，打造煤炭、钢铁产业集群。

4. 加强水利水电建设，促进电力工业合作

孟中印缅经济走廊水利资源丰富，但受制于电力工业的滞后，缅甸、孟加拉国都存在显著的电力短缺。目前，缅甸、孟加拉国分别从中国、印度进口电力，以满足国内用电需求。电力工业是孟中印缅经济走廊天然的优先合作领域，这为我国的电力企业提供了走出去获得发展的空间。以水利水电建设为基础，有利于形成区域能源开发的利益共同体，缓解水利开发的分歧和矛盾，提高区域内电力保障水平。四国应该依托水资源优势，加大对区域内江河资源的整合，促进区域内上下游水电项目的沟通、协调，大力发展水利水电的跨境合作，形成水利水电的协同开发、共同受益机制。继续鼓励南方电网公司、华能集团公司、中国电力投资集团公司、大唐集团公司和水利水电建设集团公司等企业走出去，采取多种形式合建、援建水利水电项目。

5. 整合区域旅游资源，加快中印缅孟旅游圈的建设

旅游业是深化孟中印缅经济走廊发展的重点领域，存在着供给和需求的双重优势。从供给上看，区域内四国旅游资源丰富，民族文化浓郁，自然景观各具特色，具有很强的增长潜力。从需求上看，四国人口总量大，市场需求旺盛，特别是中印都是出境游大国，构成了推动区域内跨境旅游增强的基础。同时，中印都是文明古国，对区域外国际游客有很强的吸引力，是国际旅游的重要目的地，中印缅孟旅游圈的繁荣可谓“万事俱备，只欠东风”。从资源整合上看，要加快四国旅游线路，特别是重点线路的考察、设计、整合和旅游产品合作，同时做好旅游市场规范和风险防控等保障措施。当务之急，是为区域内外国家游客的出入境提供高效便利的服务。要进一步增加孟中印缅经济走廊允许第三国人员出入境的口岸数量，改善现有口岸的通关效率和便捷性。

第三节　边境地区城镇建设

城镇是资源、要素、信息的集聚地和物流枢纽，边境地区的城镇建设和发展对促进我国与周边的经贸文化交流、提升我国对外辐射能力具有重要意义。

一、中印缅孟边境地区城镇建设的现状与前景

中印缅孟边境地区经济发展水平滞后，城市化水平也比较低，城镇建设比较薄弱。整体上，边境城镇的发展主要依赖的是传统的陆路、水路和航空口岸及通道，边境城镇建设水平和发展速度与口岸、通道的客货流量、资源状况密切相关。云南作为西部多民族地区，主要依托重点口岸和沿边开放城市建设，形成了瑞丽、腾冲、河口等一批中小城市和一系列特色沿边城镇。在境外地区，缅甸靠近我国边境的密支那、八莫、南坎、木姐、景栋等城镇建设水平得到了大幅提高。但缅孟、印缅和印孟边境地区，除了在重要口岸和交通干道形成了一定规模的城镇以外，整体城镇建设水平还很低，不利于为孟中印缅经济走廊的发展提供必要的基础设施和公共服务支撑。

二、加快中印缅孟边境地区城镇建设的构想

1. 以沿边开放城市为基础打造沿边区域经济的增长极

1992 年，国家实施沿边开放战略以来先后批准畹町、瑞丽、河口为沿边开放城市，1999 年畹町撤市，设立瑞丽畹町经济开发区。2013 年，瑞丽获批国家重点开发开放试验区。目前，瑞丽已经成为我国对缅甸贸易的最大口岸，是我国通向南亚经济圈最重要的经济区域之一，也是云南基础设施和城镇化水平最高的边境城市。加快边境城镇建设，首先要挖掘瑞丽潜力，发挥瑞丽的“领头羊”作用。要以沿边金融实验区为契机，加快完善瑞丽城市功能，为区域经济发展奠定信息、物流、金融基础，把瑞丽等沿边城市打造成为沿边区域经济的增长极。要加快实施瑞丽、畹町、姐告同城化，芒市、瑞丽、陇川一体化，形成以瑞丽为核心的城市群格局，把沿边先行城市打造成为沿边区域的增长极和“领头羊”。

2. 以主要口岸和通道为基础加快中小城镇建设

边境口岸和主要出入境通道是边境地区中小城镇发展的内在优势和动力。要在巩固现有城镇的基础上，提升孟中印缅经济走廊的城镇化水平。一是要依托目前形成的瑞丽、腾冲、河口等重点口岸，继续发挥口岸和通道的带动效应，促进节点城镇的建设。二是要加快培育重要节点城镇建设，多方面协调动员资源，推动和援助境外主要城镇建设——缅甸木姐、八莫、密支那和印度、孟加拉国主要口岸和通道经过地区的城镇——为整个区域的基本人流、物流、信息流的交换和中转提供必要的条件。

3. 以沿边经济区为基础加快特色小城镇建设

目前，中印缅孟沿边经济区合作尚处于探索阶段，发展最快的是我国云南毗邻缅甸边境的地区，已经形成了瑞丽、畹町、腾冲、孟定、勐阿、片马、勐腊等边境经济

合作区。今后，要在现有沿边经济区的基础上，依托资源、通道优势，打造特色小城镇。通过跨地区合作开放，加强跨境对接性小城镇的建设。一是围绕主要口岸和通道的小城镇，进一步提高发展水平，完善基础设施和提供公共服务能力。二是要加强境内外小城镇的对接。边境小城镇是贸易、资金和信息的重要集散地。要实现孟中印缅经济走廊各类商品和要素的有效流动，必须在沿边地区加快打造跨境对接的特色小城镇载体，也为运输便利化、信息网络化和人员出入境便利化提供基本条件。

4. 制定孟中印缅经济走廊城镇发展规划，形成支撑经济发展的城镇群落

首先，制定科学的城镇布局规划，结合孟中印缅经济走廊的产业、基础设施现状和未来发展，科学定位重点城镇的功能。如将瑞丽、密支那、八莫、雷多等城市定位为综合物流仓储集散中心，抓紧完善物流的高效无缝对接。其次，确定核心城市的重点规划项目和推进步骤，结合城市发展水平和功能地位，重点推动一批基础配套项目，确保区域的客货通道畅通。最后，建立跨境城市帮扶机制，采取中国帮扶缅甸、印度帮扶孟加拉国的方式，促进中缅、印孟之间形成多个结对帮扶城市，加快区域城镇化进程。采取城市功能区规划、资金筹集、项目建设援助、联合开发和无偿援助等方式，推进城镇群落的发展和完善。

第四节　边境地区公共服务体系建设

公共服务产品的提供是国家区域合作的重要内容和切入点。中印缅孟四国都属于发展中国家，但缅甸和孟加拉国的经济相对滞后，区域公共服务产品的供给能力不足。构建和完善跨境公共服务体系对提升区域经济一体化水平和促进区域经济发展意义重大。

一、中印缅孟边境地区公共服务体系的现状与前景

公共服务由政府主导提供，包括教育、社会保障、公共安全、交通、通信、公用设施、环境保护等领域。因此，公共服务体系的发展程度与各国的发展水平密切相关。中印缅孟四国均属于发展中国家，四国边境地区的公共服务体系发展滞后。落后的公共服务体系既是边境地区经济社会发展的一个建设特征，更是制约边境地区发展的重要因素。孟中印缅经济走廊面临加快公共服务体系建设的历史使命。落后的公共服务体系已经成为制约孟中印缅经济走廊实现跨境整合资源和提升区域竞争力的短板。我国政府一直在强调推动基本公共服务均等化。在我国临近缅甸边境地区，道路、通信设施不断得到优化，教育文化投入不断增加，公共服务体系不断得到完善，但仍然存在金融服务滞后，特别是金融产品和跨境支付的便利化程度不足的问题，还面临道路运输成本居高不下、环境保护与经济发展矛盾加剧等问题。从境外来看，孟中印缅经

济走廊范围内，基本公共服务不足的现象非常突出。公路等级低制约了交通运输的发展，通信网络覆盖不足制约了通信和信息化发展，电力供应不足和供应网络不完善制约了地方经济发展，同时，各国边境金融服务不足也成为普遍现象。

二、提升中印缅孟边境地区公共服务体系水平的构想

1. 完善交通基础设施，加快中印缅孟通道建设和区域物流合作

历史上，由于中印之间的地形地貌限制，缅甸天然地成为沟通中印贸易的重要通道，中印之间有多条经缅甸的陆路相通，还形成了著名的南方丝绸之路。目前，首先要以中缅互联互通为核心，继续提高中缅公路、铁路互通水平，促进区域交通设施的完善和对接。其次，要以云南对接内地的交通网络为基础增强中国对接南亚周边各国的出境通道建设。加强云南与东中部发达地区交通主干公路、铁路建设，既是我国发展西部经济的必然举措，更是促进印度、缅甸和孟加拉国加快基础设施建设、对接，获取更多潜在利益的必然要求。研究表明，泰国缓建清孔—会晒大桥而先建泰国那空帕侬/老挝他曲第三湄公河大桥，表明其将发展重点从昆明—曼谷公路转向南宁—曼谷的趋势。而其中的主要原因在于泰国产品到达昆明后只能就地销售，而南宁则临近我国广阔的东部发达市场[①]。因此，只有加快改善云南的基础设施与东部沿海地区的互联互通水平，降低运输成本，才能发挥区位优势。最后，要发展多式联运。鉴于目前的运输系统和海运的依赖性，应该考虑形成便捷的国际集装箱运输体系，并有效整合海陆空运输方式，形成便捷的运输路线，从而构建适应区域发展、面向世界的开放物流体系。

2. 加强金融合作创新，加快人民币区域化进程

研究表明，货币的汇兑管制和汇率风险是引起贸易的重要因素。在我国加强与周边国家合作，特别是促进孟中印缅经济走廊发展的进程中，必须依托我国与印缅孟三国的贸易基础和目前较为强势的人民币发展态势，积极加强金融合作，建立起边境地区银行结算平台，引导境内银行加强与外方金融机构合作。要利用国家支持沿边经济发展的契机，在人民币跨境结算基础上探索加快人民币区域化的步伐。首先，依靠中缅良好的贸易基础，加强两国央行的对接和银行的彼此覆盖，提高跨境资金结算的便利性。其次，要在孟中印缅经济走廊范围内扩展国际金融合作，争取国际金融组织和外国政府的优惠贷款向边境地区适当倾斜，多渠道筹集跨边境合作项目的资金。

---

① 古小松：《中国与东盟交通合作战略构想：打造广西陆海空交通枢纽研究》，社会科学文献出版社，2010，第 230 页。

3. 加强跨境帮扶，梯次完善区域公共服务体系

公共服务具有显著的外部性，对投资、贸易和人员流动都有重要影响。要克服孟中印缅经济走廊经济发展水平差距较大的困难，制订重点区域、重点领域的基本公共服务路线图计划，推动区域公共服务由急到缓、由点到面的梯次发展。首先，要对重点城市、口岸、通道进行摸底，在中印缅孟四国范围内确定一批需要重点推动的公共服务项目。前期以交通物流、国际结算、电力合作为重点，着重改善区域的贸易通商条件。其次，要结合中印缅孟优先发展产业，确定一批微观意义上的公共服务配套项目。例如，结合中印缅孟现代农业合作，把现代冷链物流系统、中转仓储系统和信息数据交换系统作为产业基本公共服务，对四国的管理方式、运营成本和数据交换等方面予以统筹。最后，要结合中印缅孟区域热点领域制订先导合作项目推进计划。以旅游业为例，中印缅孟旅游圈的形成需要一个过程，但可以先行推进四国边境地区跨境旅游的便利化措施和资源整合方案，结合国际客货流向特征，确定重点景区和线路，深入做好信息、资源共享和路线优化工作，吸引境内外大型旅游组织推广机构的进入。

4. 加强出入境合作，逐步出台人员流通便利化措施

边境口岸人员出入境管理是边境公共服务体系的重要组成部分，对边界屏蔽效应和边境地区经济发展具有重要影响。中印缅孟经济走廊出入境合作可以采取循序渐进的思路。一是研究制定边境人员出入境便利措施，促进边境贸易。二是逐步扩大对第三国人员开放的边境口岸数量，方便区域内客货流通。三是完善四国总领事馆、领事馆设置。目前缅甸、孟加拉国均在昆明设立了总领事馆，但印度大使馆位于北京，只在香港、上海、广州设立领事馆，不利于直接从昆明出境到印度。也不利于孟中印缅经济走廊的发展。要争取印度方面在昆明设立领事馆，方便办理相关签证、咨询和协调服务。同时，我国也应该加快在孟中印缅经济走廊主要城市设立领事馆，为加强区域人员往来提供便利。四是加快实现四国因私护照互免签证。目前，印孟之间已经实现互免签证，但中国与印度、缅甸、孟加拉国都只能在部分口岸落地签证，而且签证种类也受限制，尚无免签政策。中印缅孟之间的签证状况不利于商旅人员的流动和增长。要尽快推动中印缅孟四国在落地签证的基础上实现互免签证，多渠道激活区域内的商业、旅游流量，为经济走廊的发展提供保障。作为过渡，可以试行从昆明、西双版纳、丽江 3 个国际机场和瑞丽、腾冲等特定边境口岸出入境互免签证，这样有利于刺激边境地区的经济发展，也有利于加速云南国际航线的开拓和对接。

第五节　跨境经济合作区

跨境经济合作已经成为推动人才、资本、技术流动，促进产业发展和区域分工协

作的重要方式。跨境经济合作区推动我国企业加快走出去形成产业聚集、促进共同发展，提高对外投资水平、降低走出去的风险，是一种广受欢迎的产业发展和投资合作方式。

一、中印缅孟跨境经济合作区的现状与前景

跨境经济合作区是两国在边境地区的特殊经济合作形式。目前，孟中印缅经济走廊跨境经济合作区尚处于起步阶段，在建的只有中国与缅甸共同推动的瑞丽—木姐跨境经济合作区。该跨境合作区口岸政策落实情况较好，双边具有较好的合作意愿和基础。该跨境经济合作区面积达 600km^2（中国瑞丽和缅甸木姐各 300km^2），有望发展成为立足滇缅、面向东南亚、辐射南亚次大陆，融加工装配、仓储物流、金融服务创新、服务贸易和边境事务合作功能为一体的综合型跨境经济合作区。从 2007 年 1 月德宏州提出建设设想，到云南省政府于 2009 年 3 月正式向国务院上报，2012 年列入国家商务部与云南省政府对外开放合作备忘录，瑞丽—木姐跨境经济合作区成为孟中印缅经济走廊唯一在建跨境经济合作区。2012 年 7 月，《瑞丽重点开发开放试验区建设实施方案》获国务院批准，瑞丽—木姐跨境经济合作区成为瑞丽国家重点开发开放试验区的重要组成部分。该跨境经济合作区的发展成效对今后孟中印缅经济走廊跨境经济合作无疑具有重要的实践和指导意义。

目前，除了中缅边境以外，其他边境地区的跨境经济合作区都还没有真正启动。缅甸规划建设的经济特区主要有缅甸南部德林达依省的土瓦经济特区、缅甸西部若开邦的皎漂经济开发区及仰光南部迪洛瓦工业区。但目前上述经济开发区仅处于规划阶段，尚未开工建设实施，中缅边境以外也尚无保税区①。中印缅孟的跨境经济合作具有很大的想象空间。

二、促进中印缅孟跨境经济合作区发展的构想

1. 以瑞丽—木姐跨境经济合作区为基础，促进跨境经济合作区迈上新水平

瑞丽—木姐跨境经济合作区是孟中印缅经济走廊目前唯一在建的跨境经济合作区，实施与上海自由贸易区相近的“境内关外”监管模式，而且获批重点开发开放试验区，享有体制机制创新优势。目前，瑞丽已经成为我国对缅甸贸易的最大陆路口岸，占全国对缅甸贸易的 30%，占云南对缅甸贸易的 60%，而且很多商品经缅甸最终销往孟加拉国和印度市场。为了发挥该跨境经济合作区的引领作用，必须不断提高合作水平和层次。一是要加强合作区职能的规划发展。结合瑞丽—木姐跨境经济合作区的发展目标和城市功能定位，瑞丽作为国家重点开发开放试验区，规划了边境经济合作区、

---

① 商务部：《对外投资合作国别（地区）指南：缅甸（2013 年版）》，http://fec.mofcom.gov.cn/gbzn/gobiezhinan.shtml。

国际物流仓储区、国际商贸旅游服务区、进出口加工产业区、特色农业示范区、生态屏障区6大功能区。这些功能区的建设，有助于进一步巩固瑞丽作为对缅甸经济前沿和孟中印缅经济走廊主要通道的地位。二是要加强合作区功能的充分发挥。目前，孟中印缅经济走廊已经具备较好的互联互通基础，但作为四国贸易的主要通道和前沿，瑞丽—木姐跨境经济合作区的功能和优势需要进一步凸显。跨境仓储、旅游、产业链等方面合作要进一步提升自由化和便利化水平，努力形成机制性成果，为四国协调机制的研究制定提供实践平台。

2. 加强体制机制创新，打造跨境经济合作区新优势

跨境经济合作区是依托边境口岸、通道建立起来的双边合作形式，具有显著的区位优势和通道优势。随着经济合作的深入，跨境经济合作区需要打造新的发展优势。一是打造产业优势。跨境经济合作区要在贸易的基础上形成生产集群，凭借资源优势、市场优势，打造产业优势。二是凸显信息优势。跨境经济合作区涵盖双边企业，实现双边管理，在市场供求、市场准入等方面具有天然的信息优势，要在物流、人流的基础上，把跨境经济合作区打造成为真正意义上的信息交换集散中心。三是打造物流优势。依托传统的通道优势，通过双边协调和合作机制的构建，打造便捷高效的跨境物流网络，为区域内贸易提供支撑。四是构建生态优势。跨境旅游是跨境经济合作的重要领域。要利用中印缅孟边境地区得天独厚的气候条件，加强边境生态环境保护，打造特色边境生态文化旅游路线，为跨境旅游发展奠定基础。五是发挥政策优势。跨境经济合作区往往是各项特殊优惠政策的汇集地。要借助政策倾斜的重大历史机遇，打造区域发展的核心竞争力。首先，要加强金融合作。通过促进边境银行间合作，打通结算渠道，加快人民币跨境结算进程。借助亚洲开发银行在贸易融资项目中使用人民币和印度卢比进行结算的契机，探索中印缅孟金融合作机制。其次，要依托国家各项开发的特殊政策，加快吸引大企业、大集团进驻，形成示范效应。最后，要从沿边地区经济发展实际出发，提出机制体制创新思路和一系列改革创新措施，发挥先试先行作用，在把握先发优势的同时，也为国家下一步的改革积累经验。

3. 总结跨境经济合作区经验，按照互利共赢原则加快跨境经济合作区布局

目前，孟中印缅经济走廊在建的跨境经济合作区只有一个瑞丽—木姐跨境经济合作区，但云南本身还有中越、中老两个跨境经济合作区。这些跨境合作区的经验总结有利于我国进一步与周边国家实施跨境经济合作。为了加快跨境经济合作，应该推动以下几个方面的工作：一是加快布局和拓展中缅跨境经济合作区。在瑞丽—木姐跨境经济合作区基础上，结合中缅贸易和未来经济走廊的发展要求，探索建设猴桥边境经济合作区和缅甸密支那境外经贸合作区，并在此基础上形成新的跨境经济合作区，扩大跨境经济合作范围和形式。二是在孟中印缅经济走廊内推动缅孟、印缅、印孟跨境

经济合作区发展布局，加深区域经济合作程度。受边境、民族问题和经济发展水平的影响，目前孟中印缅经济走廊的经济合作程度还很低，但随着经济发展，各国都先后在边境地区设立了边境贸易区和边境经济开发区。我国应该积极推广中缅跨境经济合作区经验，推动四国以重要边境口岸和通道的边境合作为基础，逐步加强跨境经济合作，增强四国跨境经济协调，为孟中印缅经济走廊向更高层次合作积累经验，促进共识。

4. 按照先易后难原则，逐步推动跨境经济合作区向更高层次发展

跨境经济合作区本质上是在整合单一的边境贸易或加工功能的基础上形成的多功能经济合作区，是边境贸易区和边境开发区的升级版。从贸易、加工、物流、仓储、旅游等方面的功能来说，跨境经济合作区自身在覆盖领域、便利程度和影响范围等方面都具有内在升级的动力和可能，需要一个不断健全和深化的过程。首先，把打造跨境工业园区作为跨境经济合作区的核心加以推进。强化工业园区内产品深加工、货物交易、物流运输和特殊监管等核心功能的发挥，提高跨境工业园区的便利性和吸引力。其次，要以跨境工业园区为基础打造覆盖更多领域的跨境经济合作拓展区[①]。在加强基础设施合作的基础上，做好工业园区的配套，充分发挥拓展区对于跨境合作区内商品、要素和信息的高效率、低成本流动作用。通过加强农业、矿产业、旅游业等产业的合作，形成共同应对区域环境保护、毒品和跨境犯罪、疾病和医疗卫生等方面的合作机制，为跨境合作与双边协调积累经验。最后，以构建边境自由贸易区为目标，推动跨境经济合作区不断提高层次和水平。通过跨境工业园区的过渡和跨境经济合作区的实践，不断深化双边合作领域，凝聚双边合作共识，推动跨境经济合作向更高水平的经济的一体化水平迈进，最终促成中印缅孟自由贸易区的建立，打造区域利益共同体。

① 全洪涛，等：《沿边开放的战略选择：中缅跨境经济合作区研究》，经济管理出版社，2012，第 86 页。

第八章　云南依托 CAFTA 培育沿边开放新优势：环境及策略

云南最重要的区位优势是与缅甸、越南、老挝 3 个东盟国家接壤。云南培育沿边开放新优势，就必须挖掘这种内陆向西开放前沿的发展潜力和机会，深化参与 CAFTA 内的产业分工与合作，扩大对东盟的经济贸易往来，打造向西开放的产业集聚带、物流中转集散中心，塑造无可替代的区位优势和发展环境。

第一节　CAFTA 下中国和东盟现有的经济合作

由于东盟内部各成员国之间的经济和社会制度存在较大差异，CAFTA 在经济合作机制、规则和相关机构设置方面更强调求同存异、平等互利和协商一致的包容性和灵活性。CAFTA 在实践中发挥作用的组织机构主要包括首脑会议、部长会议、高官会议和联委会及专家组。[①]

在双边合作进展上，贸易自由化和便利化措施的成效最为显著，关税减让已经全面实施，覆盖了敏感清单以外的绝大多数商品，双边贸易成本进一步下降。便利化通关措施和出入境检验检疫合作作为区域经济合作的重要组成部分，中国与东盟之间的争端解决机制也基本成形。按照中国-东盟自贸区《争端解决机制协议》的表述，CAFTA 主要有磋商、调解和仲裁 3 种解决争端的方式。其中，磋商和调解建立在双方都具备沟通意愿的基础上，强制性不足。在磋商方式上，利益受损方以书面形式提出磋商请求，相对方需要在 7 日内答复；否则，磋商请求方可以直接要求通过仲裁处理。在调解方式上，双方都具有最大灵活性。双方都可以提出调解，同时调解可以随时被终止，其间不影响双方的权利义务关系。仲裁是 CAFTA 框架下最具强制力的机制和途径。现实中，双边经贸往来受国际关系的影响仍然很大，政治关系向经济传导的结果是我国与部分东盟成员国的贸易呈现较大波动性。而短期内，这些争端尚无完全平息的可能，使我国与东盟的经贸发展面临更为复杂的外部环境。

投资自由化和投资保护机制是 CAFTA 议定的重要内容，但目前来看，投资机制整合不足仍然是双边投资发展面临的重要阻碍。受东盟合作层次的制约，统一对外的外商投资法尚未形成。因此，各国的投资环境存在较大差异。各国在国际投资方式、投

① 王素芹：《中国-东盟自由贸易区与欧盟合作机制对比分析》，《郑州大学学报(哲学社会科学版)》2010 年第 5 期。

资比例和投资数额等方面存在不同的规定，甚至对企业经营权都会干涉。例如，菲律宾对外国人投资的企业一般规定了企业的经营管理人员和董事长、总经理由菲律宾国民担任，外国管理人员不得超过一定比例，根据企业的劳工人数相应确定外国管理人员的比例。同一外国管理人员任期一般不超过 5 年，期满，由相应的外国管理人员替换等。此外，各国投资准入的审批程序也不尽相同，审批效率差异较大，见表 8-1。

表 8-1　东盟国家设立企业和申请营业执照的程序及时间比较

国家	设立企业程序/项	设立企业天数/天	申请营业执照程序/项	申请营业执照天数/天
马来西亚	25	281	9	30
越南	14	133		
新加坡	11	129	6	6
泰国	9	127		

资料来源：刘菲，《中国企业对东盟投资若干法律问题研究》，西南政法大学硕士学位论文，2011。

除了贸易、投资的便利化和自由化合作机制以外，《中华人民共和国与东南亚国家联盟全面经济合作框架协议》规定了一系列优先领域和可能领域，但事实上，大多数领域的合作推进缓慢，如知识产权保护与合作、区域性金融监管合作等还处于萌芽阶段。CAFTA 的经济合作领域和合作措施具有广泛空间。其中，除了农业、信息技术、人力资源开发、投资促进及湄公河流域开发 5 个优先领域外，还包括银行、金融、旅游、工业合作、交通、电信、知识产权、中小企业、环境、生物技术、渔业、林业及林业产品、矿业、能源及次区域开发等诸多领域。合作措施包括但不限于贸易投资便利化、中小企业合作、电子商务、能力建设和技术转让等。但目前来看，大多数领域的合作成效仍十分有限。

第二节　中国和东盟合作机制存在的问题

目前 CAFTA 的合作机制仍有待深化和完善。从整体上看，由于东盟内部立场协调能力有限和成员国诉求的多样化，《中华人民共和国与东南亚国家联盟全面经济合作框架协议》在实践中往往又从“一对一”退回到“一对多”模式，增加了中国和东盟成员国的协调成本，降低了合作机制的灵活性和实施效率。从具体合作机制上看，目前双边合作机制仍然以商品、服务贸易和投资领域为基础，贸易和投资便利化仍以海关合作和跨境基础设施建设为核心，其他的合作机制尚未实现制度化。

一、合作机制需要进一步补充完善

中国与东盟在 CAFTA 框架下就关税和非关税领域达成了一系列协议，但就其构成基础和实践效果而言仍存在着一些有待改善的方面。首先，作为 CAFTA 相关协议的覆盖面仍有提升空间。目前双方已经签订的相关协议对双方贸易、服务及投资的发展发挥了积极作用，但与北美自由贸易协议相比较，很多内容仍有待细化。CAFTA 就产业合作和公共基础设施建设达成了协议，但其约束性和推进效率仍然对协议内容的落实形成了制约。其次，目前所签订的协议仍有进一步完善的必要。在相关议题的谈判过程中，为了尽快促成 CAFTA 建成，双方签订的相关条款采取了较多的灵活性策略，但这是以牺牲了部分协议的完整性为代价的，最突出的就是争端解决机制问题。出于尊重东盟国家维护国家主权的强烈意愿，双方没有就贸易政策审议机制形成约束条款，也没有涉及双边协定与各国法律发生冲突时的优先关系。CAFTA 的机制特点决定了，成员国之间在应对经济发展差异带来的潜在矛盾和主权问题带来的争端必将需要经历一个循序渐进的过程，这也是在今后的发展过程中逐步推进相关协议不断充实完善的基础。最后，就目前 CAFTA 协议的运行效果而言，企业实际运用相关协议优惠措施的情况并不理想。双方就贸易、服务和投资签订了协议，为双方相关企业进行经济贸易往来设定了优惠条件，其中比较重要的是原产地规则。然而，双方企业在进行贸易往来时通过主动开具原产地证书以享受关税优惠的比例还很低。这表明相关企业对 CAFTA 相关协议内容的了解和掌握程度不足，此外，相关手续的便捷性也有待加强。

二、双方互利共赢的空间和领域需要进一步探索和扩展

从 CAFTA 运行的整体效果来看，贸易创造效应较小。邝梅和周舟（2008）研究认为，CAFTA 属于第三世界国家之间的一体化类型，一般而言，南南经济一体化成员国之间由于经济发展阶段相近、水平较低、产业结构相似及产业间贸易和产业内贸易优势的互补性不强，因此贸易创造效应较小。事实上，国际货币基金组织对世界上 12 个南南型区域组织内部贸易统计得出的结论也佐证了这一结论。针对这一问题，当务之急就是要进一步构建互利共赢的产业基础和产业合作机制，避免区域产业的过度竞争和零和博弈。特别是，我国邻近东盟国家的地区应该积极调整产业结构、培育优势产品，扬长避短，加快融入周边国家市场。

三、周边经济发展水平和政策亟待协调

与周边国家间的贫富差距和经济发展水平极大制约着自由贸易区的实施效果，对自由贸易区区内贸易的增长形成了约束。东盟成员国之间的经济发展水平差异较大，如果任由这种状况持续甚至扩大，将最终影响 CAFTA 贸易区的稳定性和发展前景。同时受大多数东盟成员国的经济发展水平处于中等偏下的客观因素影响，东盟国家虽然人口众多，但是人均消费水平不高，购买力有限。这导致双方的贸易多集中在原料、农产品和初级产品等技术含量和附加值都较低、市场波动性较大的产品方面。这不利于提高区域获取经济一体化利益的能力，也不利于区域合作水平的提高。

四、区域外第三国依然是影响 CAFTA 发展前景的重要因素

目前来看，CAFTA 的进一步合作受到来自美国、欧盟和日本等国家和地区的影响，这使我国与东盟在深化区域合作面临掣肘。2017 年特朗普上台宣布退出 TPP（跨太平洋伙伴关系协定），对外政策从开放转向收缩和贸易保护。这为我国扩大开放，重构世界经济政治新秩序提供了机会窗口。国际环境的复杂性对亚洲地区的区域一体化进程带来不确定的影响。由于没有 TPP 来势汹汹的直接威胁，东边的区域一体化进程可能会由于缺乏压力而难以达成共识，从而进入某种停滞，影响 CAFTA 的进一步发展。同时，区域外大国对南海争端的介入也会使区域合作进程受到干扰。受“中国威胁论”等排华言论影响，东盟国家希望把主导权掌握在自己手中。这使 CAFTA 运行过程中必须应对区内外交叉博弈的现象。

第三节　云南培育开放型经济发展新优势的机制和路径

一、加强理论和实证研究，为新型南南经济一体化奠定理论发展基础

一般理论认为，传统南南型合作效果不及南北型显著，成功概率低。但在当前亚太分工格局下，我国与东盟各国具备在现有产业基础上实现合作共赢的内在优势。而这种优势的理论基础亟待梳理和整理，以便为区域经济合作集聚共识，为发展趋势和政策制定提供参考。云南和相关企业作为 CAFTA 建设的直接参与者，对 CAFTA 的建设有着最为直接的感受和认识，而 CAFTA 运行的过程中存在的不足也必然能通过对相关贸易、投资、产业发展呈现出来。加强相关理论和实证研究有利于我国有针对性地提出改进思路和建议，促进沿边地区以更好的姿态参与 CAFTA 的建设，更充分地享受到一体化收益。

二、加强典型案例和成功经验宣传，为区域经济合作的深化营造良好的周边氛围

在 CAFTA 带动下，我国沿边地区和周边国家的沿边地区的互联互通水平大幅改善，贸易成本大幅降低，涌现出了一大批新兴城镇和经济增长中心。这些案例和经验既是生动的发展成果，更是回应各种“中国威胁论”，传递合作共赢、和平发展信号，营造深化区域经济合作良好氛围的重要基础。在当前东盟部分成员国受多种因素驱动而导致与我国南海领土摩擦持续紧张的背景下，向周边国家传递和平发展和切实利益更具有重要战略意义。

三、注重 CAFTA 协议的解读宣传和服务工作，提高企业的实际利用水平和效率

在 CAFTA 下要想达到零关税促进贸易发展的功效，关键在于 CAFTA 协议的规定。

只有深刻解读协议，才能利用好类似原产地证书一类的规则，调动企业利用规则的积极性；只有通过便捷化的服务审批方式，才能降低企业运营成本，引导企业积极利用制度红利。同时，在国家加强沿边开放和沿边经济发展的背景下，相关部门要采取定期举办培训班、充分利用媒体传播等方式，引导相关企业熟知CAFTA及以外的贸易、投资优惠政策，切实为相关企业谋得利益，充分激发企业参与对东盟经贸的活力。

四、积极推进云南产业结构的转型，提高经济结构的互补性

我国与部分东盟成员国在经济发展水平、产业结构方面存在一定的相似性，这使双方产品的竞争性大于互补性，很容易引起相似产品的恶性竞争，危害其中一方的经济甚至民族工业的发展，增加贸易摩擦的可能性。为此，云南在继续经营烟草、花卉、磷化工产品等优势产业的同时还积极促进产业结构的升级，促进制造业和第三产业的发展，将产品的竞争性转换为互补性，开拓新的优势产品。

五、以边境贸易发展为基础大力推进跨境经济合作区建设

边境贸易是云南参与CAFTA活动的一种特殊方式，在云南对外贸易中占有重要的地位。但在CAFTA全面建成的背景下，边境贸易还需要进一步推动。要寄托长期以来与周边市场发展边境贸易的经验和共识，大力推动跨境经济合作区建设。一旦跨境经济合作区建设落地，将为云南贸易、投资和产业发展搭建新的平台，云南与周边市场的产业联系、政策协调和经济发展都将迈上新台阶。

六、利用沿边开发开放政策，加快制度洼地的形成和制度红利的释放

为了更好地发挥云南面向东盟开放的桥头堡作用，2013年11月21日，国务院同意实施《云南省广西壮族自治区建设沿边金融综合改革试验区总体方案》，这意味着中国沿边地区参与CAFTA配套的金融制度进一步优化。随着人民币跨境业务创新、金融开放水平的提高和金融生态环境的优化，沿边地区有望成为连接中国与周边国家的金融枢纽，对云南产业结构优化升级及对东盟贸易的快速增长提供持久的支持作用。在沿边金融改革试验区建设中，云南的重中之重就是要建立面向东盟的金融体系，从而奠定区域枢纽地位。

七、加快打造基础设施的高水平互联互通，巩固面向东盟、南亚和印度洋的大通道优势

通道作用是沿边地区的内在发展优势，是形成互联互通和内外关联的基础。在通道优势的发挥过程中，云南既要在CAFTA中起到对东盟开放的桥头堡作用，加强云南对东盟国家的经济来往，又要充分发挥云南作为中国面向东盟开放的窗口作用，加强云南与内地地区的联系。应该抓住中国与东盟在制度、文化、产业等领域进行深层次对接的契机，积极探索和推动区域重要互联互通项目的设计建设工作。同时，也要改变单枪匹

马发展的地域和产业局限，一方面要扬长避短，发挥差异优势，避免地区之间的恶性竞争；另一方面，要从企业战略、产业布局和生产网络多个层面形成内陆沿海联合开放的格局。只有这样才能在建设丝绸之路经济带的战略中巩固自身的发展优势。

第四节　云南利用 CAFTA 培育开放型经济发展新优势的策略

党的十八大以来，国家高度重视内陆沿边的改革开放，沿边地区的经济社会发展面临重大历史机遇。毫无疑问，新一轮对外开放的重心在内陆沿边，机会在沿边地区。云南与发达地区仍存在很大差距，面临自身高级生产要素不断流失、难以有效吸引区域外的产业转移和资本流入的困境。即使在西部大开发和多轮差别化区域政策的扶持下，内陆沿边地区与沿海地区仍呈现典型的外围-中心结构，沿边地区对厂商和要素都缺乏有效的吸引力，使沿边地区的经济集聚水平低下。随着 2010 年 CAFTA 的全面建成，地处西南沿边的云南成为真正意义上的开放前沿。CAFTA 的建立将使云南的对外贸易、投资和对外经济合作在更大范围和程度上转向东南亚，云南经济发展的重心将南移，沿边地区经济发展将显著加快，昆明有望成为中国西南和中南半岛的区域性国际中心（云南省社会科学院课题组，2002；贺圣达等，2003；梁双陆，2009）。这是地处西南沿边的云南突破的重要契机。能否把握住新一轮对外开放的契机，借助 CAFTA 和 CAFTA 升级版获得切实受益已经成为决定云南长期发展的决定性因素。

CAFTA 的发展使云南面临培育开放型经济发展和实现跨越式发展的重大机遇和历史使命。云南地处西南沿边，探索利用 CAFTA 培育开放型发展新优势对促进我国沿边地区的经济发展具有重要指导和借鉴价值。党的十八届三中全会对外开放的重心在内陆沿边，机会在沿边地区。这是云南获得国家层面政策支持的重要基础和有利外部条件。同时，云南与周边 3 个东盟国家直接接壤带来的独特区位优势也是云南在新一轮对外开放中获得主动性的关键。

1）把握和挖掘新一轮开放中的制度红利，以沿边金融综合改革试验区为支点凸显云南在人民币区域化的特殊优势和昆明打造国际区域金融中心的潜力及优势。国家和相关部委新一轮内陆沿边开放开发有一系列的配套支持，并在事实上允许各地区结合自身区位优势和区域战略定位的基础上直接争取国家的政策支持和制度配套。新的开放形势和发展阶段使云南“桥头堡”建设上升到了国家战略层面，2013 年云南获准成为沿边金融综合改革试验区。这让云南在政策倾斜、制约配置和外事协调等方面获得了重要支持。这些政策的落地，既是为了推动云南经济的发展，更是为了抢占全国经济发展的战略空间。这正是未来云南提升经济实力和争取国家支持的逻辑基础。目前，云南在挖掘新一轮开放中的制度红利并不充分，甚至在追赶国家的制度红利转换上尚显乏力，可以从以下几个方面挖掘区域的制度红利。首先，立足区位优势，打好争取瑞丽口岸作为西南沿边地区的改革开放高地，纳入自由贸易试验区试点，获得更大政策支持。其次，强化以昆明为核心构建国际区域金融中心的发展导向，围绕建设沿边金融综合改革试验区，从引导和扩大跨境贸易以人民币结算开始，逐步奠定区域国际金融中心的功能。最后，抓住经济增长空间从沿海向沿江内陆拓展的机遇，积极发挥内引外联作用，在长江经济带中发挥对东南亚、南亚开放的窗口和通道作用，通过服务中东西部市场的贸易、投资需求来凸显区域价值，发挥区域优势，为云南经济发展提供持久动力。

2）打好“内陆沿边”“孟中印缅经济走廊”“大湄公河次区域”三张牌，前瞻性地、大气魄地提出一批富有区域特色和国家战略价值的措施和项目。国家允许沿边开放采取特殊方法和措施的导向是进一步释放沿边开放红利的推动力。要用好用足国家有关政策，通过经济体制改革和制度政策创新扩大沿边开放红利，促进云南经济发展。目前沿边地区的经济发展和对外开放采取的常规财税优惠政策难以产生长效机制，要从制度和机制创新出发，探索尝试特殊方法和手段，加快沿边经济带来的发展。这要求沿边地区站在全局角度，从国家战略层面提出一批具有全局性的基础设施项目、金融财税改革方案和区域合作推进领域及具体项目。但目前来看，这方面的工作还比较薄弱。云南上升到国家层面的项目仍然主要以跨境公路、铁路等基础设施建设为主，在自由贸易园区、长江经济带和孟中印缅经济走廊等方面仍未能取得突破和进展。要立足内陆沿边区位特征，进一步发挥好内引外联作用，以长江经济带为支撑增强对外开放能力。同时，要在国际区域经济一体化浪潮中积极挖掘区域潜力和发展机遇，依托孟中印缅经济走廊和大湄公河次区域经济合作进程的推进，巩固云南优势地位的独特性和不可替代性。现阶段，可以率先尝试在跨境旅游、人民币跨境结算及贸易自由化和便利化领域推出一批富有区域特色和国家战略价值的措施和项目，明确提出大湄公河次区域跨境旅游示范方案，建设中印缅孟贸易投资便利化示范区和中国-东盟产能合作实验区。

3）借助打造CAFTA升级版契机，加快推进跨境经济合作区建设，并以跨境高铁和泛亚物流整合为特色争取自由贸易园区获得国家立项。与众多东南亚国家接壤和具备较好的边境贸易发展水平是云南推进对外经济合作的基础。边境贸易是云南参与CAFTA活动的一种特殊方式，在云南对外贸易中占有重要的地位。但在CAFTA全面建成的背景下，边境贸易还需要进一步推动。要依托长期以来与周边市场发展边境贸易的经验和共识，大力推动跨境经济合作区建设。一旦跨境经济合作区建设落地，将为云南贸易、投资和产业发展搭建全新的平台，云南与周边市场的产业联系、政策协调和经济发展都将迈上新台阶，云南的开发型经济发展也将迈入新的历史阶段。同时，要凭借云南在打造CAFTA升级版中的作用及区位优势，以贸易自由化、便利化措施的先试先行和国际产能合作及企业国际化经营为突破口，争取自由贸易区园区的落地。虽然云南已经落后于国内多个地区，但国内还没有以跨境高铁为支撑的自由贸易园区挂牌，云南的特殊区位条件和东南亚市场的战略价值都是云南获批自由贸易园区的重要优势。

4）加强国内区域经济合作，以对内开放为基础推进对外开放，形成东西联合开放和良性竞争的新格局。

云南对外开放是由国内外区域环境决定的。从国内来看，实践证明，加强国内区域合作是提高我国产业国际竞争力和促进产业结构升级的重要基础。长期以来，国内各地区之间缺乏有效协作，各自为政，多头竞争，使国内市场呈分割态势，既制约了空间溢出效应的发挥，又限制了商品的国际竞争力。云南开放水平的提高不能建立在单打独斗和一厢情愿的基础上，而是应该以国内市场的需要和跨区域协作为基础。另外，沿边地区的贸易发展面临来自国内发达地区的激烈竞争。国内企业在开拓东盟市场过程中，部分行业出现了较为普遍的不规范竞争甚至过度竞争，降低和损害了我国的贸易利益。因此，在进一步挖掘和提高沿边地区的贸易发展优势的同时，应该加快探索促进内陆沿边地区与国内其他地区，特别是沿海发达地区的产业合作、优势互补和政策协调，促进对外贸易的差异化、多元化发展，避免恶性竞争。从外部因素来看，云南的产业发展水平与周边缅甸、越南、老挝大致相当，都处于工业化加速发展阶段，在亚洲区域生产网络中的地位和作用相似，都以劳动和资源密集型环节的生产加工为主，表现出较强的同质化和竞争性。因此，产业之间的潜在利益冲突必然容易诱发市场和贸易保护行为，从而不利于推动国际经济一体化进程。为此，我国沿边地区应该加强与国内发达地区的合作，并出台激励政策，加快具有较强互补性和竞争优势的产业向西部地区转移，减小沿边产业与周边市场的同构性，扩大产业、贸易和投资方面的发展空间。

在新一轮开放中，云南要注重对内和对外的双重开放，既要积极推进自身开放，更要联合发达地区实现联合开放、创新开放。2014 年，长江经济带建设上升为国家战略，云南也被纳入其中，这是促进云南融入国内发达市场，提升国内市场一体化水平的重要契机。云南以长江经济带建设为切入点，开创东西联合开放，联合开拓周边市场的时机和条件都已经成熟。但目前来看，云南参与的积极性和主动性还不够，实际成效尚显不足。云南要积极与相关地区谋划合作领域，共商开放大计，形成差异互补、联合共赢的区域发展格局，更好地服务和融入国家发展战略。

5）顺应高铁时代的发展趋势和要求，提前谋划区域优势和功能定位，实现传统优势产业和特色产业的延伸拓展及创新性发展。高铁时代的来临正在改变和塑造全新的区域发展环境和发展模式。高铁有望成为内陆沿边地区加快发展和实现赶超的最重要推动力量。随着 2016 年云南连通国内主要城市的高铁贯通，滇中城市经济圈进入新的发展阶段。云南作为内陆地区在集聚要素方面的劣势有望大幅削减，对企业、投资和人流的吸引力大幅上升，长期以来东部产业难以向西部转移的问题有望逐步扭转。首先，高铁将大幅提升城市的人口承载率，推动以昆明为主的城镇化建设，国际区域中心城市群的优势和潜力更加凸显。其次，在人口红利逐步消失的背景下，高铁将颠覆过去“移民就业”模式，开启“移业就民”新时代，这将为落后地区承接外来产业和实现产业结构转型升级奠定基础。最后，高铁有望带来贸易模式和产业发展的重大变革。高铁降低了空间和交易成本的异质性，云南对东盟的贸易增长前景广阔，东西联合开放路径进一步拓宽。随着国际高铁项目的推进，高铁时代无疑将成为云南经济实现赶超的持久动力。

6）完善城市服务功能，提高城市国际化水平，把以昆明为中心的滇中城市经济圈打造成为连接东南亚、南亚和印度洋的国际区域核心城市群。云南的经济规模和发展水平与周边国家相比处于中游水平。云南要打造国际区域中心城市，实现从地理区位中心到经济金融中心的转变，最大的竞争来自以周边国家首都为主的大城市。目前，昆明在要素集聚能力、城市服务功能和国际化水平上显著落后于新加坡、曼谷、吉隆坡等城市，这显然不利于国际区域中心城市的建设。云南要利用滇中城市经济圈建设上升到国家战略层面的契机，大力优化城市服务功能，完善城市贸易投资环境，提高滇中城市群在东南亚、南亚乃至印度洋地区的影响力，为打造国际区域中心城市奠定基础。首先，从贸易环境上，要完善外向型经济承载平台的功能，打通国际物流、航空、口岸及海关通关和国际大通道，为货物进出口提供快捷和便利条件。其次，要以跨境人民币结算和国际金融服务为突破口，为资本和生产要素自由流动创造有利条件。再次，从城市功能上，提高区域贸易服务职能，构建高密度的国内外航空航线网络，从涉外医疗、学校和出行便利等方面入手，营造有利于吸引国际人才和跨国公司进驻的环境。最后，要以人流、物流和信息流为核心，把滇中城市圈打造成为我国向西南开放的最重要通道和平台，充分利用跨国铁路、国际航线、国内高铁和便捷通关把两亚和印度洋地区与东部发达地区紧密高效地链接起来，实现国际区域枢纽城市功能。

7）以物流业为龙头，在互联互通的基础上全面降低与周边国家的运输成本和贸易成本，提高流通效率，打造要素流动、产品循环的国际大通道和物流枢纽。云南具有辐射东南亚、南亚，直通印度洋的独特区位优势，只有以物流业为龙头，加强仓储物流集散辐射功能，通过物流的规模化、便利化，才能把云南打造为面向东南亚、南亚乃至印度洋的重要交通节点和经济桥头堡，以通道优势引领区域经济发展。要在基础设施互联互通的基础上加强国际协调与合作，全面降低与周边国家的运输成本和贸易成本，提高流通效率。以投资便利化、贸易自由化和产业集群化为突破口，把瑞丽等沿边口岸建设成为我国沿边开放新的增长极。大胆超前构思我国经云南连接东南亚、南亚乃至印度洋的陆路战略通道，拓展云南在路桥经济时代的战略地位。首先，要加强经云南连接东南亚的铁路项目，特别是高铁项目。从长远来看，我国加强与东南亚各国的陆路交通是大势所趋。云南要积极研究谋划相关项目，争取早日提上日程。其次，要借孟中印缅经济走廊发展契机，加强走廊地区在云南省内的公路、铁路和各类口岸的对接、提升项目，在完成国家战略部署的同时，也能进一步巩固云南的交通、信息枢纽作用。最后，要着力用现代物流业改造云南的仓储物流行业。现代物流业以信息技术为支撑，在运输、仓储、装卸、加工、整理、配送、信息等方面形成了完整的供应链，有利于提高流通效率，降低流通成本，优化区域产业结构。以现代物流业引领云南仓储物流行业的发展，有利于进一步挖掘云南区位和通道优势，提升辐射周边市场的能力。

8）大力发展科技服务业，增强辐射周边市场的能力和资源配置效率，打造面向“两亚”的国际技术服务外包基地。在区域和次区域经济合作不断加强的背景下，云南要结合周边市场发展趋势，加强服务业的引进来和走出去步伐，加快和引导信息传输、计算机、软件等行业的发展。特别是信息技术行业，在第三产业中又具有基础性地位，所提供的信息产品和服务具有公共产品性质，能极大改善地区的投资环境，提高商务的便捷性，降低交易成本。我国周边以发展中国家为主，缅甸、越南等东盟国家的发展水平落后于我国，云南的科技服务业具有走出去的巨大潜力。要以云南在生物、能源和文化等产业方面形成的技术优势和经验为基础，加快科技服务业开拓周边国家市场的步伐，抢占发展机遇，密切与周边国家企业在研发、生产、营销等方面的合作，打造面向东南亚、南亚的生物、能源、文化的服务业外包基地，从而形成云南区域经济增长的新动力。从内部因素看，云南无海运便利，经济滞后，周边市场不发达，还面临来自东部和广西等地的竞争。这是云南谋划和提升区域竞争力最重要的外部压力。为避免在新一轮开放开发中被边缘化，云南要加快培育区域核心竞争力，就必须立足区域环境，以科技服务业为龙头，从贸易、产业和投资领域实现差异化竞争，打造沿边开发新优势；要大力发展高附加值、高时效性和高体验性的科技服务产品贸易；要从贸易、产业和投资等多个层面和领域着力发展和培育运输成本占比小、运输条件要求高，时效性强的产品通过云南便捷的跨境基础设施快速出入境，形成高附加值产业实现大进大出、快进快出的格局。

综上所述，国际区域经济一体化是培育沿边开放新优势的重要动力，是沿边地区实现从边缘区域向中心区域跃升的最大契机。随着从昆明经万象抵达曼谷和新加坡的泛亚跨国高铁项目稳步推进，这一超过 230 亿美元的投资项目有望改变整个地区的商品贸易模式，并使昆明成长为东南亚市场的区域核心枢纽，同时将显著提升我国在东南亚地区的影响力，使云南成为真正意义上的区域经济中心。进入 21 世纪，东亚地区已经成为世界经济的重要增长极，亚太地区的区域合作也将进一步加强。在国际区域经济一体化迅猛发展的背景下，云南要充分珍惜和把握发挥地缘优势的机会，借助国家推进“一带一路”倡议、孟中印缅经济走廊和 CAFTA 升级版的契机，积极开拓并融入周边市场，奠定内引外联的核心优势，从而为沿边地区的经济增长营造良好的内外部条件，从根本上扭转东部产业和生产要素不向西部转移的局面。

参考文献

奥古斯特·勒施，1995. 经济空间秩序：经济财货与地理间的关系[M]. 北京：商务印书馆.

沃尔特·克里斯塔勒，1998. 德国南部中心地原理[M]. 北京：商务印书馆.

白重恩，杜颖娟，陶志刚，等，2004. 地方保护主义及产业地区集中度的决定因素和变动趋势[J]. 经济研究，(11)：29-40.

柏吉元，2014. 云南省产业结构转型升级综合评价研究[D]. 昆明：云南师范大学.

蔡昉，都阳，2000. 中国地区经济增长的趋同与差异：对西部开发战略的启示[J]. 经济研究，10（325)：30-37.

蔡昉，王德文，王美艳，2002. 渐进式改革进程中的地区专业化趋势[J]. 经济研究，(9)：24-30.

车志敏，2006. 云南发展研究 2005[M]. 昆明：云南科技出版社.

陈保江，2014. 云南省对外实际投资居西部省区首位[EB/OL]. [2017-1-23]. http://yn.yunnan.cn/html/2014-03/18/content_3129632.htm.

陈斌开，林毅夫，2013. 发展战略、城市化与中国城乡收入差距[J]. 中国社会科学，4（81)：102.

陈汉林，涂艳，2007. 中国—东盟自由贸易区下中国的静态贸易效应：基于引力模型的实证分析[J]. 国际贸易问题，(5)：47-50.

陈辉宗，2000. 西部经济结构陷阱及其破解[J]. 攀登，19（4)：33-36.

陈敏，桂琦寒，陆铭，等，2007. 中国经济增长如何持续发挥规模效应：经济开放与国内商品市场分割的实证研究[J]. 经济学（季刊)，7（1)：125-150.

陈铁军，牛鸿斌，2005. 中印缅孟地区经济合作研究[M]. 昆明：云南民族出版社.

陈芝芸，1996. 北美自由贸易协定：南北经济一体化的尝试[M]. 北京：经济管理出版社.

成崇德，1999. 18 世纪的中国与世界：沿边民族卷[M]. 沈阳：辽海出版社.

崔庆波，梁双陆，2016. 我国国内市场一体化的影响因素分析：基于面板数据的检验[J]. 工业技术经济，35（1)：26-35.

崔庆波，陶存杰，2014. 云南在国际区域经济一体化进程中的沿边开放新优势[J]. 东南亚南亚研究，(4)：44-50.

崔庆波，陶存杰，2015. 云南省与广西沿边开放新优势比较研究[J]. 东南亚纵横，(5)：74-79.

德怀特·珀金斯，2001. 中国经济对中国经济学家提出的挑战[J]. 中国经济问题，(5)：44-48.

范恒山，2012. 国家区域政策与区域经济发展[J]. 甘肃社会科学，(5)：77-80.

宫占奎，孟夏，刘晨阳，2003. 中国与东盟经济一体化：模式比较与政策选择[M]. 北京：对外经贸出版社.

古小松，2010. 中国与东盟交通合作战略构想：打造广西陆海空交通枢纽研究[M]. 北京：社会科学文献出版社.

贵州省高等学校人文社科基地，2009. 欠发达地区经济发展研究（一）[M]. 北京：中国经济出版社.

桂琦寒，陈敏，陆铭，等，2006. 中国国内商品市场趋于分割还是整合：基于相对价格法的分析[J]. 世界经济，29（2)：20-30.

郭树清，2007. 中国经济的内部平衡与外部平衡问题[J]. 经济研究，(12)：4-10.

韩民春，袁秀林，2007. 基于贸易视角的人民币区域化研究[J]. 经济学（季刊)，(2)：401-420.

贺圣达，王学鸿，宫占奎，等，2003. 中国—东盟自由贸易区建设与云南面向东南亚开放[M]. 昆明：云南人民出版社.

洪银兴，刘志彪，2003. 长江三角洲地区经济发展的模式和机制[M]. 北京：清华大学出版社.

洪勇，2013. 中国国内与国际边界效应比较研究[J]. 经济评论，（4）：88-96.

胡鞍钢，温军，王志，2001. 西南国际大通道建设与贸易自由化[J]. 中国软科学，（6）：5-9.

华晓红，2007. 国际区域经济合作：理论与实践[M]. 北京：对外经济贸易大学出版社.

黄玖立，李坤望，2006. 出口开放、地区市场规模和经济增长[J]. 经济研究，（6）：27-38.

黄文清，孙能利，张俊飚，2010. 基于 S-S 模型下的西部地区农业产业结构效益与竞争力分析[J]. 湖北农业科学，（12）：3242-3246.

黄文清，张俊飚，2010. 我国西部地区退耕前后农业产业的结构效益与竞争力分析：基于偏离-份额分析模型[C]. 全国中青年农业经济学者年会.

霍米·卡拉斯，2011. 中国向高收入国家转型：避免中等收入陷阱的因应之道[C]//吴敬琏. 比较. 北京：中信出版社.

霍伟东，杨碧琴，2013. 自由贸易区战略助推人民币区域化：基于 CAFTA 的实证研究[J]. 国际贸易问题，（2）：68-80.

邝梅，周舟，2008. 中国-东盟自由贸易区创建与发展的政治经济分析[J]. 当代亚太，（3）：50-64.

李东坤，邓敏，2016. 中国省际 OFDI、空间溢出与产业结构升级：基于空间面板杜宾模型的实证分析[J]. 国际贸易问题，（1）：121-133.

李华斌，2011. 边疆安全视角下新疆城镇化问题研究[J]. 兵团党校学报，（3）：39-42.

李萌，2013. 云南临沧与缅甸合作建特色农业基地[DB/OL]. （2013-08-06）[2017-02-03]. http://www.zj.xinhuanet.com.

李清均，2000. 后发优势：中国欠发达地区发展转型研究[M]. 北京：经济管理出版社.

李善同，侯永志，刘云中，等，2004. 中国国内地方保护问题的调查与分析[J]. 经济研究，（11）：78-84.

李铁立，姜怀宇，2005. 边境区位：一个基于企业集聚的理论框架和实证分析[J]. 世界地理研究，14（2）：7-13.

李向春，2010. 桥头堡建设中的云南交通能源建设[M]. 昆明：云南人民出版社.

李娅，伏润民，2010. 为什么东部产业不向西部转移：基于空间经济理论的解释[J]. 世界经济，（8）：59-71.

李娅，杨先明，2010. 发展失衡与社会预警：以中国西部五省区为例[M]. 北京：知识产权出版社.

厉以宁，石军，2013. 中国经济改革警示录[M]. 北京：人民出版社.

梁双陆，2004. 中国西部经济周期波动特征及影响因素分析[J]. 云南大学学报（社会科学版），3（6）：52-59.

梁双陆，2008. 国际区域经济一体化进程中的边界效应研究综述[J]. 思想战线，34（2）：109-114.

梁双陆，2009. 沿边经济学：国际区域经济一体化与中国沿边经济发展[M]. 北京：人民出版社.

林毅夫，刘培林，2004. 地方保护和市场分割：从发展战略的角度考察[Z]. 北京大学中国经济研究中心工作论文，15.

刘国光，1994. 中国地区经济发展战略的评估与展望[C]//刘树成. 中国地区经济发展研究. 北京：中国统计出版社.

刘宏杰，2010. 沿边民族地区突发事件应急机制研究[D]. 北京：中央民族大学.

刘小勇，2013. 市场分割对经济增长影响效应检验和分解：基于空间面板模型的实证研究[J]. 经济评论，（1）：34-41.

刘雪琴，2013. 2012 年云南对外投资合作业务简况. [EB/OL]. [2017-01-22]. http://www.ynoiec.gov.cn/htmlswt/nobody/2013/0226/news_5_64539.html.

刘再起，徐艳飞，2013. 对外贸易、市场整合与地区经济增长：基于 bootstrap 面板因果检验[J]. 世界经济研究，（3）：22-28.

卢中原，2002. 西部地区产业结构变动趋势、环境变化和调整思路[J]. 经济研究，（3）：83-90.

鲁勇，2002. 行政区域经济[M]. 北京：人民出版社.

陆铭，陈钊，2009. 分割市场的经济增长：为什么经济开放可能加剧地方保护[J]. 经济研究，（3）：42-52.

罗仁坚，周小棋，2011. 打造桥头堡昆明区域性国际交通运输枢纽[M]. 北京：人民交通出版社.

罗贞礼，2007. 边缘区域经济发展研究[M]. 长沙：湖南人民出版社.

马富英，2012. 中俄关系中的沿边安全研究[D]. 北京：中央民族大学.

毛其淋，盛斌，2012. 对外经济开放，区域市场整合与全要素生产率[J]. 经济学（季刊），（1）：181-210.

牛德林，1998. 全方位对外开放与沿边经济的超常发展[M]. 哈尔滨：黑龙江教育出版社.

皮埃尔·库姆斯，蒂里·迈耶，雅克·蒂斯，2011. 经济地理学：区域和国家一体化[M]. 安虎森，等译. 北京：中国人民大学出版社.

钱学锋，2010. 国际贸易与产业集聚的互动机制研究[M]. 上海人民出版社.

邱济洲，秦梦宇，2000. 边疆地区沿边开放战略及对策[J]. 世界经济文汇，（1）：65-70.

邱立成，马如静，唐雪松，2009. 欧盟区域经济一体化的投资效应研究[J]. 南开大学学报（哲学社会科学版），（1）：1-9.

全洪涛，杨寿禄，龙汝林，等，2012. 沿边开放的战略选择：中缅跨境经济合作区研究[M]. 北京：经济管理出版社.

荣毅宏，2009. 中国西南地区产业结构研究[M]. 北京：中国经济出版社.

商务部，2014. 对外投资合作国别（地区）指南：孟加拉国（2013 年版）[R/OL]. 商务部，[2014-12-06]. http://www.fdi.gov.cn/1800000121_25_365_0_7.html.

商务部，2014. 对外投资合作国别（地区）指南：印度（2013 年版）[R/OL]. 商务部，[2014-12-06]. http://www.fdi.gov.cn/1800000121_25_361_0_7.html.

商务部，2008. 印度将与东盟签署自由贸易协定[DB/OL].http://www.mofcom.gov.cn/article/i/jyjl/j/200811/20081105890642.shtml.

商务部，2010. 孟加拉考虑在孟印边境增设 2 个陆路口岸[DB/OL].（2013-12-26）[2017-02-02].http://www.mofcom.gov.cn/aarticle/i/jyjl/j/201002/20100206774908.html.

商务部，2014. 对外投资合作国别（地区）指南：缅甸（2013 年版）[R/OL]. 商务部，[2014-12-06]. http://www.fdi.gov.cn/1800000121_25_365_0_7. html.

盛斌，毛其淋，2011. 贸易开放、国内市场一体化与中国省际经济增长：1985～2008 年[J]. 世界经济，（11）：44-66.

苏振天，2010. 安徽省产业结构与进出口互动关系实证研究[J]. 财贸研究，21（3）：45-50.

汤建中，张兵，陈瑛，2002. 边界效应与跨国界经济合作的地域模式：以东亚地区为例[J]. 人文地理，17（1）：8-12.

汪小涓，2008. 中国开放三十年的回顾与展望[J]. 中国社会科学，（6）：66-85.

王怀民，李凯杰，2010. 加工贸易与地区收入差距[J]. 世界经济研究，（8）：45-49.

王静，2013. 缅甸—昆明铁路有望后年建成[N].云南信息报，9 月 11 日，第 A20 版.

王洛林，2003. 中国西部大开发政策[M]. 北京：经济管理出版社.

王素芹，2010. 中国—东盟自由贸易区与欧盟合作机制对比分析[J]. 郑州大学学报：哲学社会科学版（5）：73-76.

魏后凯，成艾华，2012. 携手共同打造中国经济发展第四极：长江中游城市群发展战略研究[J]. 江汉论坛，4：5-15.

肖慈方，2003. 中外欠发达地区经济开发的比较研究[D]. 成都：四川大学.

行伟波，李善同，2009. 本地偏好、边界效应与市场一体化：基于中国地区间增值税流动数据的实证研究[J]. 经济学，8（4）：1455-1474.

行伟波，李善同，2010. 引力模型，边界效应与中国区域间贸易：基于投入产出数据的实证分析[J]. 国际贸易问题，（10）：32-41.

杨艳俊，骆华松，刘韬，等，2012. 县域产业结构空间差异分析：以昆明市为例[J]. 工业技术经济，（3）：82-88.

姚大庆，2012. 对欧元区共同边界效应的检验：兼论欧元区是否满足最优货币区的条件[J]. 世界经济研究，（5）：16-21.

叶劲松，钟昌标，2003. 我国各省份协调内贸与外贸关系的模型研究[J]. 数量经济技术经济研究，（2）：90-95.

云南省社会科学院课题组，2002. 中国—东盟自由贸易区的建构与云南的对外开放研究[J]. 云南社会科学，（7）：1-8.

云南省社会科学院，广西社会科学院，2003. 滇桂合作应对中国—东盟自由贸易区[M]. 南宁：广西人民出版社.

张炜，1992. 调整西部经济结构促进西部工业化：论中国西部双层二元结构转化与工业化推进对策[J]. 广西社会科学，（3）：37-42.

赵永亮，才国伟，2009. 市场潜力的边界效应与内外部市场一体化[J]. 经济研究，（7）：119-130.

中国驻曼德勒总领馆经商室，2013. 缅甸拟新增 5 个边境贸易口岸[EB/OL].（2013-12-26）[2017-2-2]. www.caexpo.org.

中国驻缅甸大使馆经商参处，2014. 缅甸 4 月 1 日起停止原木出口[DB/OL].（2014-01-07）[2017-2-5]. http://mm.mofcom.gov.cn.

周黎安，2004. 晋升博弈中政府官员的激励与合作：兼论我国地方保护主义和重复建设问题长期存在的原因[J]. 经济研究，6（1）：203.

周学明，2013. 黑龙江省对俄罗斯贸易合作模式研究[J]. 哈尔滨师范大学社会科学学报，（1）：69-72.

邹加怡，2011. 发展更加平衡的中国对外经济关系[J]. 国际经济评论，（4）：44-52.

ANDRABI T, KUEHLWEIN M, 2010. Railways and price convergence in British India[J]. The journal of economic history, 70(2): 351-377.

BALDWIN R, JAIMOVICH D, 2012. Are free trade agreements contagious?[J]. Journal of international economics, 88(1):1-16.

BARRO R J, 2000. Inequality and growth in a panel of counties[J]. Journal of economic growth, 5(1): 5.

CHEN N, 2004. Intranational versus international trade in the European union: why do national borders matter?[J]. Journal of international economics, 63(1): 93-118.

DUNNING J H, 1997. The European internal market programme and inbound foreign direct investment[J]. Journal of common market studies, 35(2): 189-223.

EGGER H, EGGER P, GREENAWAY D, 2008.The trade structure effects of endogenous regional trade agreements[J]. Journal of international economics, (74): 278-298.

ENGEL C, ROGERS J H, 1996. How wide is the border?[J]. American economic review, 86(5): 1112-1125.

FRANKEL J, ROMER, D, 1999. Does trade cause growth?[J]. American economic review, 89 (3): 379-399.

FUJITA M, KRUGMAN P, MORI T, 1999. On the evolution of hierarchical urban systems[J]. European economic review, (43):

209-251.

HANSON G H, 1996. Integration and the location of activities-economic integration, intraindustry trade, and frontier regions[J]. European economic review, (40): 941-949.

HANSON, 1998. Regional adjustment to trade liberalization[J]. Regional science and urban economics, (28): 419-444.

HELBLE M, 2007. Border effect estimates for France and Germany combining international trade and intranational transport flows[J]. Review of world economics, 143(3): 433-463.

IANS–AGARTALA, 2013. Bangladesh violence hits bus service, trade with India[DB/OL].The New Indian Express. http://www.newindianexpress.com/ nation/Bangladesh-violence-hits-bus-service-trade-with-India/2013/10/27/ article1858677.ece.

IARA A, TRAISTARU I, 2004. Integration, regional specialization and growth differentials in EU acceding countries: evidence from Hungary[C]//European Regional Science Association: ERSA conference papers.

KINDLEBERGER C P, 1966. European Integration and international corporation[J]. Columbia journal of world business, 1(1): 65-73.

KRUGMAN P, ELIZONDO R L,1996. Trade policy and the third world metropolis[J]. Journal of development economics, 49(1):137-150.

LOW P, OLARREAGA M, SUAREZ J ,1998. Does globalization cause a higher concentration of international trade and investment flows?[R].WTO Staff Working Paper.

MCCALLUM J, 1995. National borders matter: Canada-US regional trade patterns[J]. The American economic review, 85(3): 615-623.

NITSCH V, 2002. Border effects and border regions: lessons from the German unification[J]. HWWA discussion paper, ssrn. 348642.

PARSLEY D C, WEI S J, 1996. Convergence to the law of one price without trade barriers or currency fluctuations[J]. The quarterly journal of economics, 111(4): 1211-1236.

PARSLEY D C, WEI S J, 2001. Limiting currency volatility to stimulate goods market integration: a price based approach[R]. National Bureau of Economic Research.

PONCET S, 2003. Measuring Chinese domestic and international integration[J]. China economic review, 14(1): 1-21.

STIERLE M, HAUSEN C, 2003. Determinants of growth and business cycles: theory, empirical evidence and policy implications[J]. Economics bulletin, 28(8): 181-202.

WEI S J, 1996. Intranational versus international trade: how stubborn are nations in global integration?[C]// National Bureau of Economic Research, Inc.

XU X, 2002. Have the Chinese provinces become integrated under reform?[J]. China economic review,13(2): 116-133.

YANNOPOULOS G N,1990. Foreign direct investment and European integration: the evidence from the formative years of the European community[J]. Journal of common market studies, 28(3): 235-259.

YOUNG A, 2000. The razor's edge: distortions and incremental reform in the people's republic of China[J]. The quarterly journal of economics, 115(4): 1091-1135.

附录　全国、云南和三大地区国内市场一体化影响因素分析

为了分析全国、云南、各地区的回归结果差异，本书在第四章对28个省级行政区面板数据进行回归分析的同时，还进行了全国、云南和三大地区面板数据的回归分析，回归结果都具有较强的一致性。

一、全国数据的回归结果

全国数据采用的是时间序列数据的简单回归。为了保证数据的平稳性，避免虚假回归，对时间序列进行了单位根检验。结果表明，在10%的显著性水平上无法拒绝数据存在单位根的原假设，序列不平稳。进一步对一阶差分进行单位根检验，结果表明在1%的显著水平上拒绝存在单位根的原假设，各变量为一阶单整 I（1）序列。使用Johansen方法继续对各变量的协整研究结果表明，在5%的显著水平上都拒绝原假设，各变量之间存在协整关系，使用原模型对相关数据回归的结论具有可靠性。为避免异方差和序列相关导致估计有偏差，直接使用普通最小二乘法估计，发现DW值为1.6，可以判断各序列不相关。同时，使用White检验，也没有发现残差存在异方差特征。

同时，各变量相关系数均小于0.8，可以认为不存在严重共线性。由于变量不服从正态分布可能导致相关性分析的结果失效，进一步采用对数据没有正态性要求的Spearman相关性检验。结果表明，在1%的显著性水平上，国内市场一体化水平与自由贸易区呈正相关（0.69），与地方政府的本地市场偏好呈负相关（-0.37）。两次检验的结果基本一致。

对自由贸易区与国内市场一体化的格兰杰因果关系进行检验，结果表明：从滞后1期到滞后7期，*P*值都在1%的显著性水平上拒绝自由贸易区不是一体化指数的格兰杰原因的原假设。对东中西部的市场一体化指数的检验结果也类似，都在1%的显著性水平上拒绝自由贸易区不是一体化指数的格兰杰原因的原假设。在确认自由贸易区与国内市场一体化的格兰杰因果关系的基础上，本书对前面设定的计量模型进行了回归分析，见附表1。

附表1　主要变量的含义及描述性统计

解释变量	含义	样本数	均值	标准差	最大值	最小值
Integ	国内市场一体化水平	23	42.73	19.21	86.48	15.26

续表

解释变量	含义	样本数	均值	标准差	最大值	最小值
FTA	自由贸易区	23	0.14	0.38	1.00	0
GOV	地方政府的本地偏好	23	52.03	9.35	78.00	44.3
TRADE	对外贸易	23	23.48	6.38	35.87	14.95
FDI	国际直接投资	23	3.77	1.94	7.72	1.27
RAIL	铁路里程增长	23	26.48	22.77	78.37	0
ROAD	公路里程增长	23	116.10	122.90	323.60	0
RATE	人民币汇率波动	23	4.28	10.07	49.57	0

附表2报告了以我国国内市场一体化指数为被解释变量，地方政府本地偏好、对外贸易、国际直接投资、铁路和公路里程增长、人民币汇率波动和是否属于同一个自由贸易区等因素为解释变量的回归结果。

附表2　全国数据回归结果

解释变量	（1）	（2）	（3）	（4）	（5）	（6）	（7）
FTA	29.585	26.190	17.902	18.878	-0.953	87.514	85.448
	(4.82)***	(4.52)***	(2.68)**	(2.80)**	(0.11)	(2.07)	(1.91)
GOV		-0.652		-0.330	0.120	0.044	0.041
		(2.28)**		(1.03)	(0.33)	(0.13)	(0.12)
TRADE			1.411	1.086	1.225	1.793	1.785
			(2.87)***	(1.86)	(2.17) **	(3.09) ***	(2.98)***
FDI					0.848	-0.975	-0.793
					(0.42)	(0.48)	(0.35)
RAIL					0.661	1.944	1.892
					(2.71)*	(3.03)***	(2.67) **
ROAD						-0.598	-0.579
						(2.13) **	(1.91)
RATE							-0.049
							(0.21)
常数项	33.726	68.704	4.137	28.671	-11.329	-7.592	-7.832
	(9.95)***	(4.40)***	(0.39)	(1.10)	(0.31)	(0.23)	(0.23)
可决系数	0.52	0.62	0.66	0.68	0.79	0.84	0.84
N	23	23	23	23	23	23	23

注：①（）为 *t* 统计量。②*、**、***分别表示在10%、5%和1%水平上显著。

附表 2 中列（2）～（4）列的回归结果表明，CAFTA 的建立对我国国内市场一体化水平的提高产生了积极作用。在仅仅考虑自由贸易区、地方政府本地偏好和对外贸易 3 个因素的情况下，自由贸易区对国内市场一体化水平的影响至少在 5%的水平上保持显著性。在包括对外贸易和基础设施建设的列（5）～（7）的回归结果中，把国内铁路和公路设施纳入模型以后，对外贸易和国内铁路建设始终保持显著，而 CAFTA 变得不再显著。这表明，在国内交通运输条件和分布存在显著的区域异质性背景下，我国国内市场一体化水平的主要影响因素是具有成本优势的铁路基础设施建设和地区对外贸易的发展。这与目前的理论分析是一致的。这意味着，在参与国际区域合作与竞争的过程中，提高互联互通水平，特别是促进区域间的铁路设施建设对加快我国区域协调发展具有重要意义。

二、云南数据的回归结果

把上述全国一体化指数替换为云南一体化指数得到的回归结果见附表 3。结果显示，在列（1）～（5）的回归结果中，CAFTA 都保持显著，这与全国的回归结果基本一致。结果表明，自由贸易区建设有利于促进云南融入国内市场，从而提高云南市场一体化水平，但在考虑公路、铁路基础设施情形下，自由贸易区不再是显著因素。在列（6）、（7）中看到，铁路、公路对提高云南的国内市场一体化水平具有正向推动作用，这与现有理论和实证研究保持一致，也和全国数据的回归结果保持一致。以上各项回归结果表明，虽然云南市场一体化指数在多个年份出现“上蹿下跳”的变化特征，但自由贸易区对国内一体化的推动作用还是得到了验证。

同时，铁路和公路对云南的国内市场一体化影响的作用正好相反。附表 3 列（7）、列（8）显示，铁路建设有利于提高一体化水平，而公路建设与一体化水平呈负相关。这可能与云南铁路增量的分布和结构相关。云南主要通过铁路（出于铁路的运输成本优势）与东部沿海城市和其他中西部城市进行商品、要素交易，并实现产业和产品层面的分工协作，因此铁路的回归系数为正。而从公路建设来看，最近几年，云南新增大量公路，尤其是高等级公路以出境大通道为主，集中于沿边州市，主要推动的是对外贸易，对国内贸易的影响有限，因而影响为负。这意味着，在当前阶段，提高云南的国内市场一体化水平，主要仍需依靠铁路建设来实现。

附表 3　云南省数据回归结果

解释变量	（1）	（2）	（3）	（4）	（5）	（6）	（7）	（8）
FTA	29.585	26.190	17.902	18.878	18.878	00.924	79.057	78.250
	(4.82)**	(4.52)**	(2.68)*	(2.80)*	(2.80)*	(0.11)	(2.10)	(2.02)
GOV		0.652		0.330	−0.330	0.036	0.131	0.100
		(2.28)*		(1.03)	(1.03)	(0.12)	(0.48)	(0.34)

续表

解释变量	（1）	（2）	（3）	（4）	（5）	（6）	（7）	（8）
TRADE			1.411	1.086	1.086	1.115	1.842	1.815
			(2.87)**	(1.86)	(1.86)	(2.28)*	(3.30)**	(3.15)**
RAIL						0.606	1.873	1.809
						(3.01)**	(3.07)**	(2.79)*
ROAD							−0.541	−0.528
							(2.17)*	(2.05)
RATE								−0.081
								(0.38)
常数项	33.726	68.704	4.137	28.671	28.671	0.271	−18.903	−15.805
	(9.95)**	(4.40)**	(0.39)	(1.10)	(1.10)	(0.01)	(0.81)	(0.62)
可决系数	0.52	0.62	0.66	0.68	0.68	0.79	0.83	0.84

注：①（）的为 t 统计量。②*、**、***分别表示在 10%、5%和 1%水平上显著。

为了克服以上经典单方程回归在数据量限制、违反经典假设和加总谬误等潜在问题，也便于对全国、云南和各地区的数据进行比较，本书进一步对数据进行拓展，使用包括三大地区和 28 个省级行政区的面板数据进行回归分析。

三、地区面板数据的回归结果

由于我国东中西三大地区的市场一体化指数存在明显差异①，同时，不同地区对东盟自由贸易区国家的进出口规模和结构存在内在差异，这使 CAFTA 对东部、中部和西部地区的影响可能存在差异。为了进一步验证在地区之间存在差异的背景下，CAFTA 对国内市场一体化的影响，将样本分为东中西三大地区，对 1990～2012 年面板数据进行估计。虽然引入了人民币汇率变动幅度、国际直接投资等变量，但由于这些变量始终不显著，这里对模型变量进行简化，把模型设定为

$$\text{INDEX}_{i_t} = \alpha + \beta_{i_1}\text{FTA}_t + \beta_{i_2}\text{GOV}_{i_t} + \beta_{i_3}\text{TRADE}_{i_t} + \varepsilon_{i_t}$$

主要变量的描述性统计见附表 4。

附表 4　主要变量的描述性统计

解释变量	含义	样本数	均值	标准差	最大值	最小值
Integ	国内市场一体化水平	69	44.50	21.18	117.97	10.68
FTA	自由贸易区	69	0.30	0.46	1.00	0.00
GOV	地方政府的本地偏好	69	52.03	9.40	78.00	44.30
TRADE	对外贸易	69	28.13	27.68	90.71	6.08

① 前面已经验证，三大地区的市场一体化指数显著不相等。

附表 5 的列（1）报告了使用混合最小二乘法的估计结果，列（2）和列（3）分别是 FE 和 RE 的回归结果。Hausman 检验结果表明，*P* 值为 0.48，无法拒绝模型为随机效应（FE 和 RE 的系数不存在系统性差异）的原假设，随机效应模型优于固定效应模型。而 Breusch and Pagan LM 检验的结果不显著，不能拒绝误差项独立同分布的原假设，混合 OLS 比随机效应模型更优。综上所述，应该选择混合 OLS 模型。这表明，CAFTA 对我国国内不同区域的市场一体化不存在显著差异。后续分析均以该模型为基础。

附表 5　三大地区面板数据回归结果

解释变量	估计方法						
	混合 OLS	FE	RE	FGLS	IV-GMM		
	(1)	(2)	(3)	(4)	(5)	(6)	(7)
FTA	27.280	25.364	27.279	26.262	27.625	24.261	27.528
	(6.54)**	(8.03)**	(6.73)***	(4.69)***	(5.72)***	(6.79)***	(7.97)***
GOV	−0.649	−0.557	−0.649	−0.408	−0.666	−1.376	−0.651
	(−6.43)**	(4.00)	(3.25)***	(1.63)	(5.53)***	(5.54)***	(4.15)***
TRADE	−0.00976	0.373	−0.010	0.241	−0.079	−0.042	−0.074
	(−0.31)	(17.50)***	(0.15)	(0.86)	(0.89)	(1.21)	(1.75)
常数项	70.270	55.312	70.270	41.463	72.972	109.527	72.185
	(8.41)*	(6.34)**	(6.28)***	(1.79)	(8.30)***	(7.63)***	(6.90)***
可决系数	0.52	0.55			0.52	0.40	0.49
Hausman 检验			2.45				
最小特征值统计量					121.25	17.78	19.00
					[16.38]	[16.38]	[7.03]
Breusch and Pagan LM 检验			0.00				

注：① ( ) 为 *t* 统计量；②最小特征值统计量中括号内为 2sls Wald test 在 10%显著性水平上的临界值；③Breusch and Pagan LM 检验的原假设是误差项独立同分布，结果不显著意味着不能拒绝原假设，从而混合 OLS 模型比随机效应模型更优。④*、**、***分别表示在 10%、5%和 1%水平上显著。

由于截面数小于时期，属于长面板（long panel）。为了解决可能存在的固定效应，本书加入表征不同区域的虚拟变量；为了解决可能存在的时间效应，加入时间趋势项。采用全面 FGLS 法同时考虑组间异方差、同期相关及组内相关的回归结果。结果显示，在 1%的显著水平上，CAFTA 的建立对我国国内市场一体化水平的提高发挥了积极的推动作用。

由于自由贸易区和国内市场一体化水平存在格兰杰因果关系，为避免由于变量之间的相关性和遗漏变量导致的内生性问题使 OLS 估计结果无效，进一步采用工具变量法解决内生性问题（与正文没有实质差别，故相关回归结果略去）。参照广泛使用的引力模型，采用市场接近度作为对外贸易开放度的工具变量。具体地，分别取各省会城市到东盟最大贸易伙伴国的距离作为各省级行政区到东盟国家的距离，并根据各省级行政区的区域归属分别按照东部、中部和西部取平均值，得到东中西三大地区到东盟国家的距离，再参照黄玖立和李坤望（2006）的做法，对距离取倒数并乘以 100 作为三大地区的市场接近度，相关距离数据来自 Google。把地区 GDP 差异度作为地方政府本地市场偏好的工具变量。先根据各省级行政区的区域归属，分别求得东部、中部和西部的各年 GDP 平均值，并将三大地区 GDP 均值减去当年全国 GDP 地区均值（GDP 总值除以 3），得到历年地区 GDP 差异度。

把市场接近度作为对外贸易的工具变量的回归结果和把地区 GDP 差异度作为地方政府本地市场偏好的工具变量的回归结果也保持稳定。由于最小特征值统计量均大于 10%水平上的临界值，拒绝“弱工具变量”的原假设，所选工具变量与内生变量之间的相关性较强。所有的回归结果都证实，CAFTA 对提高我国国内市场一体化水平发挥了积极影响，各次回归结果的系数大小和方向均高度一致，而且均在 1%水平上保持显著，证实了以自由贸易区为主的国际区域经济一体化对我国国内市场一体化水平存在显著的正向拉动作用。

后　记

作者在国家社会科学基金青年项目“自由贸易区促进我国产业结构转型升级机制研究”（项目编号：15CJL051）、云南哲学社会科学规划项目“云南利用 CAFTA 培育沿边开放新优势研究”（项目编号：YB2013115）和云南教育厅科学研究基金项目“云南视域下中国—东盟自贸区实施效果及制度障碍研究”（项目编号：2013Y381）部分阶段性研究成果的基础上提炼整理成本书。本书得到了杨林教授云岭学者项目的出版资助，同时也感谢云南大学一流大学建设项目“区域合作理论创新高地”（C176240103）、云南“一带一路”研究院、云南大学服务云南行动计划面上项目“沿边开放与边疆经济发展理论研究成果转化”（项目编号：2016MS10）、云南省级高校新型智库“沿边开放与经济发展智库”的支持。

云南大学经济学院院长、博士生导师梁双陆研究员长期专注和致力于边疆经济发展研究，在本书撰写的过程中，梁双陆研究员对本书的研究主线、逻辑思路、研究方法和文字撰写及联系出版等方面都给予了悉心指导和无私帮助，在此致以由衷感谢和无限敬意。

部分老师和研究生参与了本书部分章节的数据整理和资料编撰工作。具体如下：云南师范大学文理学院杨艳老师参与了本书第一章、第三章部分数据资料的收集整理；西南财经大学博士生陶存杰参与了第四章和第六章部分内容的数据整理和图表绘制；云南大学部分博士、硕士研究生参与了第五章部分内容的数据整理编撰，其中，第五章第一、第二、第三节主要由王阳琛完成，第五章第四节、第六节主要由杨丽娜完成，第五节主要由唐旖完成。

内陆沿边地区的对外开放和经济发展仍是一个亟待探索和推进的领域。随着国家“一带一路”倡议的引领，基础设施互联互通水平的提高，以及国际区域经济合作的加强，我国沿边地区的发展前景广阔，影响深远。本书仅是一个初步探索，不足之处在所难免，希望有更多的理论、政策研究者参与到沿边开放问题的研究中，为我国更好地推动沿边重点地区开发开放、“一带一路”倡议和构建更高水平的开放型经济体系贡献更多富有理论价值和现实意义的成果。

崔庆波
云南大学东陆园
2017 年 6 月 28 日